기독교사회복지와 사회선교

이 정 서

교육과학사

머리말

하나님의 은혜로 한국교회는 1900년대 장대현교회의 영적 대 각성 운동이 있은 후 세계 기독교 역사 흐름 속에서 그 유래를 찾아 볼 수 없을 정도로 급성장 해왔다. 동시에 한국 사회 역시 급속한 산업화와 도시화 현상을 거치면서 경제적으로도 고도의 성장기를 누려왔다. 그러나 사회적으로는 이로 인해 각종 어려움이 드러나고 발생하여 기존의 한국 사회체제의 근본적인 혁신이 절박하게 요구되어 왔다. 이러한 현상들을 해결하고자 사회복지계는 제도개발과 개혁을 수행하기 위한 정책을 세우고 집행하는 과정에 국민들에게 혼란을 가중시키는 일도 있게 되었다. 이러한 사회 상황 속에 사회복지실천 과정에 있어서 중요한 방법론적인 측면으로 떠오르고 있는 종교사회복지, 즉 기독교사회복지는 한국교회가 사회선교를 실천하는 중요한 요소이다. 하지만 정작 방법적인 면에서는 그 이론적 한계를 넘지 못하고 있는 실정이다.

물론 체계적인 이론적 접근이 미약한 면도 있으나 이에 못지않게 교회적 관심도 상대적으로 볼 때 그렇게 높지 못하다. 이러한 면을 고려할 때 기독교사회복지는 특정 분야의 사회복지서비스 분야를 개발하고 발전시켜 교회의 사회선교를 확장시켜 나갈 필요성이 증대되는 것이다.

본서는 이 같은 측면에서 기독교사회복지와 사회선교 이론을 정리하기 위하여 I.장 기독교총론을 통해서 기독교복지에 대한 이해, 교회와 사회선교, 신구약 성경에 나타난 사회복지, 교회사와 한국교회사에서의 사회복지를 고찰하였다. II장을 통해서 교회의 사회선교의 실천분야로 정립해 나가야 될 가족과 기독교복지, 아동과 기독교복지, 청소년과 기독교복지, 노인과 기독교복지, 여성과 기독교복지 등을 한국교회의 사회선교적 실천적 방향으로 제시하였다. III.장을 통해서는 기독교사회복지 실천의 대상으로 현 사회에 사회적 문제로 크게 대두되고 있는 한부모가족의 문제와 결혼 이민자 문제 그리고 노숙자 문제를 기독교복지와 교회의 사회선교 차원에서 다룸과 동시에 사회복지를 기독교선교 신학의 실천적 차원에 두고 전개하였다. 물론 이 같은 배경에는 선행 연구자들의 연구결과가 커다란 힘이 되었음은 감사드린다.

특히 본 『기독교사회복지와 사회선교』를 저술하는 데 있어서는 본인의 기본적인 개혁 신학적 배경과 사회복지적 학문 위에서 기독교사회복지의 분야에 적합한 이론들을 정리하여 전개하였다. 이 분야의 세부 이론들은 학술자료로 내놓은 기독교사회복지의 이론 분야와 기독교사회복지연구소에서 발행된 자료들이 기독교사회복지의 이론을 정립하는 데 큰 힘이 되었다. 따라서 이론적 기초를 세우는 일 못지않게 중요한 사회복지방법론의 범주에 포함되는 여러 차원의 복지도 그간 본인의 연구 분야였기에 사회조사방법에 의한 자료수집, 평가 등을 통해 나타난 결과들을 모아서 한국교회의 기독교복지와 사회선교 서비스 분야의 발전에 일조한다는 차원에서 정리하였다.

무엇보다 열심을 기한다고는 했지만 필자의 수차례에 걸친 착상과 편집 과정을 통하여 사회복지학계와 기독교 사역 현장에서 대두되고 있는 축적된 지식과 기술을 담고자 노력하였음에도 불구하고 다소 미진한 부분이 있을 줄로 생각한다. 이는 향후 독자들의 의견을 받아들여 더욱더 쉽고 알찬 내용을 담은 「기독교사회복지학개론」 이름으로 계속적으로 개정·증보해 나갈 생각이다. 끝으로 늦어진 원고에도 불구하고 기한 내에 발간을 맡아주신 교육과학사 관계자 여러분께 깊은 감사의 인사를 드리며 보다 많은 사람들이 기독교사회복지 분야에 지대한 관심을 갖고 사회선교의 실천에 활용할 수 있는 책이 되기를 간절히 바란다.

2009년 1월
한영신학대학교 연구실에서
저자 **이정서** 씀

차례

I. 기독교사회복지 총론

II. 사회선교의 실천 분야

III. 기독교사회복지실천의 대상

제 1 부

기독교사회복지 총론

제1장 기독교사회복지 총론

1. 기독교에 대한 이해
2. 교회의 사회복지에 대한 이해
3. 기독교사회복지에 대한 이해
4. 한국 기독교의 현황

1 기독교에 대한 이해

1) 교회의 정의

성경에서는 '교회'라는 말을 두 가지 의미로 사용하고 있는데, 첫째는 지리적 지역에 따라 믿음을 가진 교인들이 모인 모임으로서의 개교회(個敎會), 즉 '고린도 교회', '에베소 교회' 등의 유형(有形)의 교회를 가리키며, 둘째는 예수 그리스도를 믿는 모든 성도들, 즉 무형(無形)의 교회를 의미하는 것으로 "몸이 하나이요, 성령이 하나이니 이와 같이 너희가 부르심의 한 소망 안에서 부르심을 입었느니라"[1]와 같은 말씀이 이와 같은 경우에 해당된다.

이상과 같은 맥락에서 교회의 본질에 대한 여러 신학자들의 연구결과를 종합해 보면 다음과 같이 정리할 수 있다.[2]

1) 신약성경. 에베소서 4:4-6 .
2) 김성철(2000), 『Diakonia』, 서울:평화사회복지연구소, pp. 19-20.

첫째는, '에클레시아(Ekklesia)'로 일반적으로 '회중' 혹은 '모임'이라는 뜻으로 사용되었으며, 헬라인들에게는 협의를 목적으로 구성된 모임을 의미했다. 신학적으로는 "불러냄을 받은 자들"이라는 의미를 갖는다. 성경은 그리스도인들을 "성도로 부르심을 입은 자[3]"라고 말한다.

둘째는, '코이노니아(Koinonia)'로 성도가 서로 교통(交通)하며 모든 일에 참여하고 유무상통(有無相通)하는 영적 교제를 갖는 공동체를 의미한다. 즉 '코이노니아'는 공산(共產), 공유(共有), 공생(共生), 상부상조(相扶相助)의 공동체를 의미한다. 교회 안에서 하나님과 교통할 수 있을 때 이웃과도 교통할 수 있다는 의미이다.

셋째는, '디아코니아(Diakonia)'로 '섬긴다'는 의미를 가지고 있으며 보다 구체적으로 해석하자면, '봉사', '구제', '부조'의 뜻이라 할 수 있다. '디아코니아'라는 용어는 신약성경에서 모두 34회 등장하는데, 좁게는 '식사의 시중을 드는 것'에서부터 넓게는 '육신을 위해 음식물을 제공하는 것'의 의미로 사용되었으며, 이는 초대교회(初代敎會)가 공동체를 위한 모든 중요한 활동을 '디아코니아'로 묘사한 것을 보면 알 수 있다.[4] '디아코니아'는 교회가 세상 속에서, 세상을 향하여, 적극적인 봉사의 사명을 감당해야 할 것을 분명히 보여주는 부분이라 할 수 있다.

2) 교회의 사명

사회조직의 유기적인 집합체로서의 교회는 일방적으로 교회는 선교, 친교, 예배, 교육, 봉사의 5대 사명을 띠고 있다. 교회의 5대 사명을 구체적으로 보면 다음과 같다.[5]

첫째, 교회는 선교(Evangelism, Mission, Kerygma)의 사명을 갖고 있다. 선교

---

3) 신약성경. 로마서 1:17.
4) 신약성경. 에베소서 4:11-12.
5) 전광현(1988), "기독교사회복지와 지역복지", 「사회복지학연구」3, 서울신학대학, pp. 21-23.

란 하나님의 메시지를 전달하거나 맡겨진 임무를 수행하게 할 목적으로 하나님의 대리자들을 파견하는 것을 말한다. 달리 말하면 그리스도인들이 사회 속에 들어가 기독교 신앙을 전파하는 일에 헌신하는 활동을 가리킨다. 폭넓게 생각할 때, 선교는 복음을 모든 사람들과 함께 나누고, 다른 사람들에게 대한 하나님의 사랑을 그들과 우리의 관계 내에서 표현하며, 우리의 삶을 영화롭게 하는 것이다. 교회는 예수 그리스도를 구세주로 믿고 고백하는 사람들의 공동체이다. 그 믿음의 공동체는 이웃과 불가분의 관계를 맺고 그들이 함께 모여 사는 지역사회 복지를 구현하는 데 참여함으로써 하나님 나라의 뜻을 펴 나가는 가운데 교회공동체 본래의 선교사명을 다할 수 있는 것이다.6)

둘째, 교회는 친교(Fellowship, Koinonia)의 사명을 갖고 있다. 교회는 예수그리스도를 믿는 자들이 서로 교제하는 단체이다. Koinonia란 '남과 함께 나눈다'는 뜻으로 친교란 하나님의 뜻을 따라 사는 무리들이 그 일속에서 생사를 같이 하고 고락을 같이 하는 가운데 이루어지는 성도 간의 교통을 말한다. 이는 성도들의 신앙적 교제를 의미한다. 사도행전 2장 42-47이 대표적인 예이며, 가난한 이웃과 함께 서로 나눔의 공동체를 이루는 기독교회복지의 실천이라고 할 수 있다.

셋째, 교회는 예배(Worship)의 사명을 갖고 있다. 예배란 우주 만물을 창조하신 하나님을 경배하는 것이다.

신구약성경에서 "예배"라고 번역되어 있는 열쇠가 되는 단어들은 공통적인 의미를 가지고 있다. 핵심적인 신구약성경의 단어들은 단순히 "엎드리다" 또는 "경의를 표시로 부복하다"라는 뜻을 가진다. 또한 부수적인 단어들(구약성경에서는 의식적인 관습들과 연관되며 신약성경에서는 마음 자세와 삶의 방식과 연관되는)은 예배하는 자세로 주님을 섬기는 것을 지적한다. 예배는 주님이 어떤 분이시며, 어떤 일을 행하셨는가에 초점을 맞추고 찬양을 드림으로써 주님을 높이는 것이다.7)

넷째, 교회는 교육(Education, Didache)의 사명을 갖고 있다. 구약에서 훈계, 가르침, 지도 등을 의미하는 교육에 대한 전문용어는 '토라(וֹתָּרה)'로서 이는

6) 정종우(1991), "가독교 사회복지자원화에 관한 연구", 「성공회 대학논총」 제9호, pp. 195.
7) "예배", Larry Richards, pp. 249-50.

방향을 세우다', '가르치다'라는 뜻을 지니고 있다.[8] 교회는 말씀을 선포하는 동시에 그 말씀이 지니고 있는 진리를 가르쳐야 한다.

다섯째, 교회는 봉사(Service, Diakonia)의 사명을 갖고 있다. 봉사란 헬라어에서 왔고 '섬기다(service)'는 뜻이 있으며 그 위에 '섬기는 일(ministering)' 곧 직능 개념으로 사용되었다. 그래서 아랫사람이 윗사람을 섬기는 것, 사용주가 맡긴 일을 노동자가 하는 것, 공무원이 국사를 처리하는 것 외에 사회사업 더 나아가서 구호사업, 선교사업에 종사하는 것을 봉사라고 한다. 그러므로 "봉사"란 위로 하나님의 뜻을 이루어 영광을 돌리는 일, 즉 예배드림을 말하며 한편 우리 이웃을 섬기는 일, 즉 이웃들의 필요(need)를 채우기 위해 하는 모든 노력을 뜻하는 것이다.[9] 교회는 교육을 통하여 가르침을 받은 대로 세상에 나아가 봉사하여야 할 사명이 있는데 봉사는 신앙의 표현이요 결단으로 나타나는 것이기도 하다. 특히 병자, 고아, 의지할 것 없는 노인들을 돌보는 일은 봉사활동의 중요한 내용들이다.

3) 교회의 기능

하비콕스(Harvey cox)는 그의 저서 <세속도시Secular City, 1998>에서 사회를 향한 교회의 선교를 누가복음 4:18-19을 근거로 하여 케리그마(Kerygma), 디아코니아(diakonia), 코이노니아(koinonia)로 구분하고 교회가 선교적 차원에서 세 가지 책임을 가진다고 보았다.

(1) 케리그마(Kerygma)

케리그마(Kerygma)는 하나님의 말씀을 선포하는 의미로서 기독교는 신언(神言)을 인간에게 전달하는 종교라 할 수 있다. 구약에서 선지자들이 하나님의 말씀을 받아 이스라엘 백성들에게 전파하였다. 주께서 제자들에게 "내가 너희에게 분부한 모든 것을 가르쳐 지키게 하라"(마 28:20)고 말씀하셨으며, 제자들은 이 명령에 따라 예루살렘과 유다와 사마리아와 땅 끝까지 복음을 전하였다.

---

8) "교육", 「기독교대백과사전」, 한국기독교교육협의회(서울: 기독교문사, 1980), p.1151.
9) "봉사", 「기독교교육대사전」, 1권, 서울: 복자서원, 1992, p. 578.

(2) 교회의 봉사적인 기능

디아코니아(diakonia)는 우리말로 '봉사'라는 의미로서 디아코니아에 관한 성경적 의미는 세속적인 봉사의 개념보다는 종교적 성격을 지닌 어떤 특정한 섬기는 종의 임무를 볼 수 있다(기독교대백과사전, 1994:11-15). 교회는 디아코니아의 봉사적 기능을 가지고 있다. 사실 디아코니아는 질병을 치유하거나, 알력을 화해하는 일, 찢어진 상처를 꿰매고, 금간 것을 땜질하고 유기체의 건강을 회복시켜주는 것을 뜻한다. '예수님의 선한 사마리아 사람의 비유'가 가장 적당한 디아코니아다. 치유한다는 것은 전체성을 유지하는 일이고, 각 지체들 사이에 상호의존성과 통합성을 의미한다는 것을 뜻한다. 그래서 교회가 치유자가 되려면 병든 사회의 병을 진단할 줄 알아야 하고, 어디서 어떻게 치유해야 할지를 알며, 치유의 과정을 키워나가야 한다. 그러므로 교회는 치유의 봉사의 기능을 가지고 있다고 한다(한중식, 1992-246). 디아코니아에 대하여 신약에서는 '음식을 준비하는 자'(눅 10:40), '성도 섬기기를 작정한 자'(행 16:1), '사도직 직분을 영광스럽게 여기는 자'(롬 11:13), '구제헌금'(고후 8:20) 등으로 번역한다. 헬라어 디아코니아는 단순히 '섬긴다(service)'는 뜻 외에 '섬기는 일(ministering)' 곧 직능(職能)의 개념으로 사용되었다. 누가복음 10:44-45에서 예수께서는 "너희 중에 으뜸이 누구든지 되고자 하는 자는 모든 사람의 종이 되어야 하리라 인자의 온 것은 섬김을 받으려 함이 아니라 도리어 섬기려 하고 자기 목숨을 많은 사람의 대속물로 주려 함이니라" 고 말씀하실 때 본문에서는 '섬기는 자', '돕는 자(helper)', '봉사자'(servant; 종)이란 말도 '섬기는 자'와 의미상 차이는 없으나 자신의 권리를 포기하고 주인의 뜻을 따라야 한다는 점에서 '섬기는 자'보다 더 낮은 위치라 할 수 있다.

(3) 교회의 친교적인 기능

헬라어로 코이노니아(koinonia)는 '친교(fellowship)', '교제'라는 의미를 지니고 있다. 교회는 구원 받은 하나님의 백성들이 서로 그리스도 안에서 교제하는 신앙의 공동체이다. "저희가 사도의 가르침을 받아 서로 교제하며 떡을 떼며 기도하기를 전혀 힘쓰니라 사람마다 두려워하는데 사도들로 인하여 기사와 표적이 많이 나타나니 믿는 사람이 다 함께 있어 모든 물건을 서로 통용하고, 또 재산과 소유를 팔아 각 사람의 필요에 따라 나눠주고 날마다 마음을 같이하여 성전에 모이기를 힘쓰고 집에서 떡을 떼며 기쁨과 순전한 마음으로 음식을 먹고 하나님을 찬미하며 도 온 백성에게 칭송을 받으니 주께서 구원받은 사람을 날마다 더하게 하시느니라"(행 2:42-47). 본문에서 '교제하며'는 헬라어로 '테코이노니아'(τῆ κοινωνίᾳ)인데 성도의 교제는 가능하며 (엡 3:15) 하나님의 제정이며 (엡 4:3-16), 높은 특권이며 (요일 1:3-7), 또 의무(히 10:25)이다. 그러므로 코이노니아는 사랑의 공동체로서 성도들은 공동체의 유익을 위하여 자기의 재산과 물건들을 모두 내어놓은 것이다. 물론 이것은 어떤 종류의 압력이나 강제에 의해 이루어진 것이 아니라 전적으로 하나님의 은혜를 입은 초기 기독교인들의 자발적인 결단에 의해 이루어진 현상으로 그리스도의 한 몸이 된 것을 외적으로 나타내는 사랑의 표현이었다. 초대교회의 성도들은 누구나 차별 없이 떡을 떼고 음식을 먹음으로 주 안에서 모두가 한 형제라는 인식을 가지고 교제를 나누었다. 즉 유무상통(有無相通)한 삶을 보여 준 것이다.

2 교회의 사회복지에 대한 이해

1) 사회복지의 정의

과거의 전통사회에 있어서의 사회문제는 주로 가족이나 이웃, 교회, 작은 부락(Local Community)의 차원에서 그 해결이 가능했으나, 19세기와 20세기에 걸친 사회의 산업화에 따라 사회가 복잡해짐에 따라 발생되는 사회문제는 과거의 원초적인 인간복지제도(Human Institutions)로는 해결할 수 없게 되어 좀더 광범한 규모의 서비스를 조직적으로 제공할 필요가 있게 되었다. 현대 산업사회에 있어서 사회문제의 중대성과 심각성은 그것의 예방과 해결에 관한 주도권이 정부 및 공공기관에 속하건 민간기관에 속하건 간에 보호를 필요로 하는 국민들에 대한 사회적 서비스를 조직화함에 따라 사회복지의 개념이 나타났다고 보는 것이다.

현재 가장 많이 인용되고 있는 사회복지의 정의는 1958년 윌렌스키와 르보(Wilensky & Lebeaux)가 내린 정의라고 할 수 있다. 윌렌스키와 르보는 그의 저서에서 사회복지의 개념을 잔여적 개념(residual concept)과 제도적 개념(institutional concept)으로 구분하여 설명하고 있다.

(1) 잔여적 개념

잔여적 개념의 사회복지는 사회복지의 부족한 부분을 보충해 주는 소극적인 개념의 사회복지로 보다 한정된 사회적 약자나 요보호대상자들에 대한 실천활동이다. 윌렌스키와 르보의 잔여적 개념의 사회복지는 바로 이러한 한정된 사회복지 개념이며 가족이나 시장기구로부터 탈락된 자들에게 정상적인 사회활동을 유지할 수 있도록 보호, 치료, 예방의 정책이나 방법을 활용하는 경우를 말한다. 즉, 이러한 견해에 따르면 사회복지사업은 개인들이 더 이상 자신을 보호할 수 없거나 자체 내부의 가족으로부터 지원을 받거나 문제 해결할 자원이 없는 경우에 한해서 수반하게 된다.

(2) 제도적 개념

잔여적 개념의 사회복지 수혜자들이 비정상적이고 병리적인 사람들에 제한적으로 적용되기 때문에 잘못된 간혹 인식되기도 한다. 따라서 이런 분위기가 지배적일수록 사회복지 수혜자들은 적응이 잘못된 사람으로 인식되어 경멸의 대상이 되기 쉽고 심지어 사회복지 대상자가 된다는 것은 수치스럽고 치욕적인 것으로 인식되기도 한다. 이에 반하여 제도적 사회복지란 현대사회에서 개인이나 집단이 만족할 만한 수준의 삶과 건강을 누릴 수 있도록 하기 위해 만들어진 사회적 서비스와 제도의 조직화된 체계이다. 이 제도의 관점은 현대사회의 복잡성을 감안할 때 개인이 자신의 힘만으로는 생활상의 어려움에 충분히 대처할 수 없음을 정상적인 상태로 인정하며 여러 가지 생활상의 문제에 도움을 주는 원조기관은 정상적인 제도적 지위를 갖게 된다.

2) 사회복지의 이념

프리들랜드(Friedlander)는 사회복지의 기본이념은 인간의 존엄성, 자기결정권, 균등한 기회, 사회의 연대책임성으로 구성된다고 하였으며, 김만두는 여섯 가지의 기본원리를 바탕으로 다음과 같이 현대사회에서의 사회복지의 목적을 정리했다[10].

첫째, 사회복지의 가장 기초적인 사상과 가치는 인간의 존엄성을 확보하는 것이다. 인간은 어떠한 차이를 가지고 있든 존귀한 인격을 갖추고 생존하는 존재라고 하는 인간이해로부터의 출발이다. 우리나라의 헌법 제20조에서도 모든 국민은 인간으로서의 존엄과 가치를 가지며 행복을 추구할 권리를 가진다고 선언하고 있다.

둘째, 인간다운 생활의 보장이다. 인간다운 생활이라고 하는 의미는 인간의 육체적·정신적·사회적 곤란을 치료하고, 예방하며, 건전성을 육성하는 다양한 시책을 의미하며또한 창조적이며 개척적인, 그러면서 인간의 행복을 파괴하지 않는 교양 있는 생활양식을 추구하는 것이라고 해석할 수 있다.

셋째, 자립적인 생활의 촉진이다. 자립적인 생활이란 다른 사람에게 의존하지 않고 생활하고, 스스로 혼자 자주적으로 독립적인 생활을 영위하는 것을 말한다. 다시 말하면 사회복지에서의 자립이란 경제적 자립과 더불어 요보호 대상자에 내재하고 있는 잠재적 능력을 발전시키기 위한 끊임없는 노력과 스스로의 독자적이고 사회적인 주체적인 삶, 그리고 스스로 선택하고 결정하는 삶에 대해 책임을 질 수 있는 삶이라는 관점이 강조되어야 한다.

넷째, 건강한 성장과 발달의 보장으로 건강하고 자율적인 인간의 성장과 발달을 확보하는 것이다. 사회복지의 대상은 자기 자신과 사회의 부정적인 영향을 끼치는 존재로 보일 때도 있지만, 다른 한편 인간은 끊임없이 긍정적이고 건설적으로 변화되고 성장할 가능성이 있는 존재인 것이다.

다섯째, 정상화(normalization)이념을 확보하는 것이다. 오늘날의 사회복지는 일반국민들이 가지고 있는 수혜자(client)에 대한 편견, 차별의 이데올로기를 감소시켜

10) 김만두·한혜경(1993), 『현대사회복지개론』, 서울: 홍익재, p. 26.

서 정상화의 이데올로기를 사회 내부에 정착시켜 나가는 것이 중요한 목표가 된다.

여섯째, 사회적인 통합의 촉진이다. 수혜자로 하여금 다른 사회성원과 마찬가지로 사회생활에 적극적으로 참여하게 하고 통합시켜 가는 것이 전체 사회의 발전과 모든 국민들로 하여금 인간다운 생활을 확보하게 하는 첩경이 된다는 신념에서 사회적인 통합을 중요한 사회복지의 목표로 간주하는 것이다.

3) 사회복지의 목적

오늘날의 사회복지는 사회적 약자나 낙오자에 대한 보호를 기본으로 하면서도 점차 일반 국민과 지역사회를 위한 보편적 욕구와 서비스 충족으로 그 영역이 확대되고 있다. 이러한 개념 하에서 사회복지가 추구하는 목적을 다음과 같이 크게 요약할 수 있다. 사회복지의 목적은 다음과 같이 정리할 수 있다.[11]

(1) 생존권 보장

사회복지의 첫 번째 목적은 인간의 생존권을 보장하는 것이다. 생존권은 기본적 인권의 하나로서 인간이 인간답게 살아갈 권리이며, 국가에 대하여 인간의 생존을 유지할 수 있는 생활에 필요한 서비스를 요구하는 권리를 말한다. 헌법상 생존권의 개념을 처음으로 언급한 것은 바이마르 헌법(1919년)이다. 우리나라는 국민의 생존권을 보장하기 위해 헌법 제34조 제1항에 "모든 국민은 인간다운 생활을 할 권리를 갖는다"라고 규정하고 있다.

(2) 자립성 유지

사회복지의 목적은 개인이 의존에서 벗어나 자기 스스로 삶을 영위하도록 하는 데 있다. 사회복지제도나 정책차원에서의 사회복지의 궁극적인 목표는 공공부조제도나 사회보험제도를 통한 각 개인의 경제적 자립이라고 할 수

11) 이재규(2001), "사회복지 및 제3부문 관점에서의 종교단체의 인적자원 개발에 관한 규범적 연구", 사회과학연구 제9권2호.

있다. 또한 사회사업실천 차원에서 사회사업가의 개입목표는 문제를 가진 클라이언트가 자신의 문제의 원인과 의미를 스스로 인식하여 해결할 수 있도록 도와주는 데 있다.

(3) 개인의 성장과 발달

사회복지는 모든 인간은 무한히 발달하고 성장할 수 있는 잠재력이 있다는 전제를 수용하면서 시작된다. 성장할 수 있는 잠재력은 각자 고유하며 환경과의 상호작용 속에서 만들어진다. 그러므로 사회복지의 목적은 모든 사람들이 각각 능력에 따라 성장하고 발달할 수 있는 가능성을 계발하도록 돕는 데에 있다.

(4) 사회통합

사회통합이란 모든 사람들이 사회생활에 적극적으로 참여하고 살아가는 것을 의미한다. 사회복지의 발달과정을 살펴보면 빈민이나 장애인, 혹은 노인이나 아동과 같이 생산적이지 못한 계층들을 도와줄 가치가 없는 인간으로 낙인찍고 사회에서 제거하려는 노력이 있었다. 그러나 현대사회에서의 사회복지는 요보호자를 사회에서 제거시키려는 것이 아니라 그들을 경제적으로 자립시키거나 신체적으로 재활시켜 생산적인 인간으로 만들어 사회통합을 이루려는 데 목적을 두고 있다.

4) 사회복지의 가치

사회복지의 실천은 가치를 기반으로 동기화나 기능화가 이루어지기 때문에 사회복지에 있어서 가치의 중요성은 아무리 높이 평가한다 해도 지나치지 않을 것이다. 이러한 사회복지의 가치를 프리들랜더(W. Freindlander)는 다음과 같이 설명하고 있다.

첫째, 인간존엄의 원리이다. 모든 사람은 인간으로서의 가치, 품위, 존엄을 가진다. 둘째, 자발성, 자기 결정의 원리이다. 셋째, 기회균등의 원리이다.

모든 인간에 대한 균등은 기회이다. 그러나 각인의 능력에 따라 제한될 수 있다. 넷째, 사회연대의 원리이다. 사람은 자기 자신, 가족 및 사회에 대해 책임을 진다는 상호부조의 원리이다.12)

이와 같이 사회복지의 가장 기초가 되는 가치는 오랫동안 '인간의 존엄성'이었다. 왜냐하면 하나님의 형상을 따라 지음 받은 인간은 그 무엇과도 바꿀 수 없는 귀중한 존재이기 때문이다. 한편, 미국 사회사업가협회(NASW)의 윤리강령에 나타난 사회복지의 가치는 다음과 같다.

윤리강령에는 전문직으로서 사회복지가 지향하는 여섯 가지의 핵심가치를 분명히 제시하고 있고, 이들 핵심 가치에서 도출되는 윤리적 원칙을 수록하고 있다. 첫째, 서비스(Service)의 가치이다. 사회복지사는 자신의 이익보다 욕구를 갖고 있는 사람들을 원조하고 서비스를 제공하는 것을 윤리원칙으로 하고 있다. 지식과 가치, 기술을 사람들을 원조하고 사회문제를 해결하는 데 활용한다. 둘째, 사회정의(Social Justice)이다. 사회복지사는 취약하고 억압된 사람들과 집단을 위하여 그들과 함께 사회적 변화를 추구하며, 사회변화 노력은 우선적으로 빈곤, 실업, 차별, 기타 사회적 불의의 문제에 초점을 둔다. 셋째, 인간의 존엄성과 가치존중(Dignity and Worth of the Person)이다. 사회복지사는 인간의 천부적인 존엄과 가치를 존중한다는 윤리적 원칙이다. 사회복지사는 각 개인을 개인적 차이와 문화적 인종적 차이를 고려하는 보호와 존중의 원칙으로 대한다. 넷째, 인간관계의 중요성이다. 사회복지사는 개인과 가족, 집단, 지역사회, 조직의 복지를 증진, 개혁, 유지, 향상시키기 위한 목적 있는 노력으로 사람 사이의 관계를 강화하려고 노력한다. 다섯째, 통합이다. 사회복지사는 통합(Integrity)하려는 태도로 행동하는 가치와 윤리원칙을 갖는다. 여섯째, 능력이다. 사회복지사는 능력(Competence)의 범위에서 실천하고, 그들의 직업적 전문성을 증진시키고 발전시킨다.

12) Friedlander, W.A.(1976), Concepts and Methods of Social Work, (Englewood Cliffs), NJ: Prentice- Hall, pp. 2-7.

5) 사회복지 분야

오늘날의 사회복지는 대상자의 연령, 성별, 지역, 서비스기능 등에 의해 다양한 사업을 시행하고 있는데, 이 사업을 일정한 기준에 따라 분류하고 체계화한 영역을 사회복지의 분야라 한다. 사회복지의 분야는 새로운 문제가 발생하면 이에 따라 새로운 활동분야가 개발되고 사회정책, 사회보험, 보건의료, 교육 등의 사회적 제도의 발전에 수반하여 이들 제도의 대체적 기능을 수행해오던 사회복지는 이들에 대해서 보완적 기능을 수행하는 것으로 스스로 변화한다.

또한 철학, 심리학, 사회학 등의 행동과학의 발달에 수반하여 인간관계 기술이 전문화하고 이에 따라 사회복지 분야의 분화가 촉진되어진다. 이와 같이 사회복지의 분야는 역사적 및 기능적인 특성을 갖는 것으로서 오늘날의 사회복지는 분류하는 기준여하에 따라 다양하게 설정된다.

3 기독교사회복지에 대한 이해

기독교에서 "기독교사회복지"의 유사한 의미로 "사회봉사", "사회사업" 등의 용어가 잘 쓰이고 있으며 기독교사회복지란 기독교의 근본정신인 이웃사랑과 봉사와 헌신을 통해서 세상 가운데 열악한 처지에서 살아가는 사람들의 물질적, 신체적, 정신적 고통을 양적 질적으로 완화시키고 생활상의 곤란을 개선시켜 줌으로써 그들의 삶의 질을 향상시키고 성서적 정의를 실천하며 상실된 하나님의 형상을 회복시키려는 기독교인들의 제도적이고 체계적인 노력이자, 가치체계를 말한다.[13)]

한편, 기독교사회복지는 일반 사회복지와 구별되는 특징을 갖고 있다.[14)]

첫째, 교회사회복지사업은 구속된 개인(redeemed individual)에 의하여 실천

---

13) 김기원(1998), 「기독교사회복지론」, 대학출판사, pp. 34-35.
14) 유장춘(A), 한국교회의 사회목회적 사명과 과제, http://www.welfare.net/goodnews/library/profjcyoo/index.htm.

되는 활동이라는 것이다. 사회봉사는 모두가 할 수 있지만 교회사회복지사업은 오직 하나님의 구속적 은혜에 의하여 구원받은 사람만이 할 수 있다.

둘째, 복음을 선포하기 위한 독특한 사명을 위하여 하나님의 부름을 받은 결과로서 나타난 활동이라는 것이다. 이것은 박애주의 또는 인간주의적 동기의 결과로서가 아니라 하나님의 부르심과 그것에 대한 순종의 결과로서 나타난 것이기 때문에 가장 강하고 지속적이며 운명적인 근거를 가지고 있는 것이다.

셋째, 교회사회복지사업의 대상을 모든 사람과 곤궁한 사람(needy)으로 설정하였다. 곤궁한 사람이 모든 사람 안에 포함됨에도 불구하고 구별한 것은 곤궁한 사람이 그 사역의 일차적인 대상이 되기 때문이다.

넷째, 교회사회복지사업의 내용은 공의를 이루고(to seek justice), 곤궁한 사람을 돌보는 것(to minister to the needy)이라고 제시하였다. 복음을 전하기 위하여 하나님께 부름 받은 사람들이 모두 똑같은 내용으로 일하는 것은 아니다. 말씀을 선포한다든지, 교육을 제공한다든지, 예술을 통하여 표현한다든지, 전도운동을 전개한다든지 등등의 여러 가지 내용으로 일한다. 그 중에 사회목회는 모든 사람을 위한 공의를 이루고 곤궁한 사람을 돌보는 일로서 그 활동의 내용을 삼는 것이다.

1) 기독교사회복지의 근본가치

기독교사회복지는 하나님의 형상을 본따 창조된 인간으로서, 존엄한 가치를 지닌 인간이라는 측면에서, 다른 하나는 우리들 가운데 내재하는 하나님의 모습을 회복함으로써 하나님과의 온전한 관계를 맺으려는 측면에서 이해되어야 한다.[15)]

첫째, 최초로 피조된 인간 속에서 악이 없으며 죄가 없고 의로우며 자연에 대한 지배권을 가지고 있었다. 그러나 인간은 하나님께 대한 불순종으로 말미암아 인류 모두에게 고통스러운 결과를 초래하게 되었다. 하나님의 형상으로 태어난 인간들이 비록 죄로 인해 본래의 형상이 왜곡되고 고통 가운데 살아가

15) 김기원(1998), "기독교사회복지의 학문적 정체성에 관한 연구", 서울장신논단, vol. 14, pp. 219-221.

고 있다. 그럼에도 불구하고 인간 속에는 은혜의 성령이 남아 있어 하나님과 인간 간의 올바른 수직적 관계와 인간과 인간 간의 올바른 수평적 관계를 정립함으로써 상실된 하나님의 형상을 회복할 수 있는 것이다. 믿는 자들이 하나님의 부름에 응답하는 삶이, 하나님 사랑과 이웃 사랑을 실천하는 여생을 얻게 되는 은혜로운 삶이, 지극히 작은 자들에게 베푸는 나눔의 삶이, 하나님과 인간간의 올바른 입체적 관계를 정립하는 삶이 인간에게서 상실되어진 하나님의 형상을 회복하는 삶이요, 또한 이 기독교사회복지 그 자체인 것이다.

둘째, 하나님의 형상을 회복하는 것이란 아담과 하와가 타락 이전에 주가 원하셨던 인간적인 체험을 회복하는 것이다. 이는 성화(聖化) 즉 거룩해지는 것이다. 이는 의와 진리로 새 사람이 되는 것 즉 하나님을 닮아가는 삶을 살아감으로써 하나님과의 관계를 온전히 하는 것을 의미한다(Macaulay & Barrs, 1992:15-21).

2) 기독교사회복지의 기능

기독교의 사회복지의 기능은 다음과 같다.[16)]

첫째, 사회통합(docial intergration)의 기능이다. 특히 뒤르켐(E. Durkheim)의 사상에서 그 근거를 찾을 수 있는 이 기능은 종교가 사회의 지배적인 가치와 규범을 정당화하면서 사회 구성원들 사이에 공통된 집단의식을 마련해주고, 이에 따라 사회질서와 안정에 기여할 수 있다는 것이다. 따라서 기독교는 믿음과 가치들에 대한 권위적인 가르침과 다양한 인간 견해의 갈등과 모호성 가운데서 확립된 준거점을 제공하여 통합과 일치를 가능케 하며 현상유지에 공헌하게 된다. 그러므로 기독교는 사회의 분열과 갈등가운데서 화합과 일치를 촉진시키는 사회적 기능을 수행할 수 있는 것이다.

둘째, 사회변형(social transformation)의 기능이다. 종교는 때로 사람의 의식을 변화시키기도 하고 사회비판을 통하여 태도나 행위의 변화를 유발시키기도 한다. 사회적 부조리의 모순, 경제적 불평등과 부정, 정치적 부패와 타락 등에 대하여 비판하고 그 질서에 도전하면서 사회변혁을 촉구하기도 한다. 이

16) 이원규, "한국교회의 사회적 역할과 과제", 「기독교와 사회복지」, (서울: 도서출판 예안, 1995), p.31.

와 같은 사회변형의 기능은 기독교에서 사회구성원들에게 도움을 주는 인도주의적 개혁방법이라고 할 수 있다.

셋째, 사회통제(social control)의 기능이다. 기독교는 기성사회의 규범과 가치들을 성화시켜서 개인적인 소망 위에 집단목표의 우월성, 개인적 충동 위에 집단적 훈련의 우월성을 유지하게 한다.[17] 특히 집단적인 목표와 이상을 위하여 개인적인 모교와 이상을 통제하며 여기서 일탈하는 행위들에 대하여 도덕적인 제재를 가하기도 한다. 또한 각종 범죄와 부도덕한 행위를 신앙적으로 통제함으로써 윤리적으로 사회적 무질서와 무규범을 예방하고 억제하는 힘이 될 수 있다.

3) 기독교사회복지 주체로서 교회의 역할

기독교사회복지의 주체는 다양하지만 주된 주체는 교회이다. 교회는 기독교사회복지를 실시하는 데 의미 있는 역할을 수행할 수 있다.[18]

첫째, 가치판단자(value-judge)의 역할이다. 교회는 무규범의 아노미적 상황 하에서 사회의 가치혼란적 이슈들에 대해 성경적 정의에 근거해 일관성 있게 사회에 대해 올바른 가치와 규범을 제시해 줌으로써, 가치혼란 과정에서 파생되는 사회문제를 예방할 수 있고, 잘못된 기존의 관행들을 교정시키는 역할을 수행할 수 있다.

둘째, 이슈제기자(issue-initiator)로서의 역할이다. 이슈제기자란 일정한 사회문제를 해결하기 위해 그 문제를 제기하고 국민들에게 널리 인식시키는 사람을 말한다. 빈민, 장애인, 노인 등 사회적으로 열악한 처지에 있는 사람들은 대체로 자신의 문제를 드러내지 않으려는 경향이 있다. 또한 설령 사회에 알리려고 해도 이를 체계적으로 하기 위한 자원과 수단이 없거나 이들 자원과 수단에 접근하기가 어려운 경우가 많다. 따라서 교회는 이들을 대신해서 이들이 겪는 고통과 문제를 정부나 국민을 상대로 인식시키고 공공정책상의 논점으로 끌어갈 수 있도록 이슈제기자로서의 역할을 수행할 수가 있다.

셋째, 서비스제공자(service-provider)로서의 역할이다. 교회는 빈민, 노인,

---

17) Thomas F. O' Dea, 권규식 역, 「종교사회학 입문」, (서울: 대한기독교서회, 1969), p. 30.
18) 앞의 책. pp. 222-225.

장애인 그 밖에 사회적으로 열악한 처지에 있는 사람들이 겪는 고통을 완화해 주기 위해 인적 물적 서비스를 제공해 주거나 구제사업을 실시함으로써 이웃 사랑을 직접 실천하는 서비스제공자로서의 역할을 수행할 수 있다.

넷째, 사례관리자(case manager)로서의 역할이다. 사례관리자는 수혜대상자를 확인하고, 그들의 욕구를 조사하고, 적절한 서비스를 찾아내고, 서비스 사용계획을 세우고, 수혜대상자와 자원을 연결시키고, 적시에 적절한 서비스가 전달되도록 서비스전달과정을 감독하는 역할을 담당한다. 교회의 인적 물적 자원이 부족한 경우 교회는 직접적인 서비스제공자로서의 역할을 수행하기가 어려운 경우가 많다. 이러한 경우 교회는 지역사회에서 도움이 필요한 자를 확인하고 이들에게 도움을 줄 수 있는 지역사회 자원을 찾아낸 후 당사자들의 도움을 줄 수 있는 지역사회 자원을 찾아낸 후 당사들의 동의를 얻어 도움을 필요로 하는 자와 도움을 주고자 하는 자를 연결시켜 주고, 양자 간의 필요한 재화나 서비스가 잘 전달되도록 도와주는 사례관리자의 역할을 수행할 수 있다.

다섯째, 프로그램 개발자(program developer)로서의 역할이다. 교회는 정부나 사회복지기관들과는 달리 지역사회 주민이 곧 교인이므로 주민의 문제와 욕구를 가장 정확하게 파악할 수 있는 장점이 있다. 문제가 무엇인지, 욕구가 무엇인지, 누가 그 문제로 고통을 받고 있는지, 문제가 얼마나 심각한지, 얼마나 광범위하게 퍼져 있는지, 문제를 발생시킨 원인이 무엇인지, 프로그램은 실현 가능한지 등에 관해서 지역사회의 교회는 정확하게 확인할 수가 있다. 따라서 지역교회는 이러한 정확한 정보에 근거해서 그가 위치한 지역사회의 특성에 가장 적합한 프로그램을 개발해 낼 수 있는 프로그램개발자로서의 역할을 수행할 수 있다.

여섯째, 사회교육자(social educator)로서의 역할이다. 교회는 사람들이 그가 속한 사회의 행동기준이나 건전한 문화를 수용하고, 독립된 주체로서 사회생활을 해나가는 데 필요한 원리나 기술을 학습시키는 역할을 수행할 수 있다. 교회는 이미 바람직하지 못한 형태로 사회화된 청소년들이 잘못된 행동습관이나 문화로부터 벗어나게 하는 탈사회화(desocialization) 기능과 이들을 사회교육을 통해서 성경적으로 올바르고 사회에 바람직한 인성으로 변환시키는 재사회화(resocialization)의 기능을 수행할 수가 있다.

일곱째, 자원봉사관리조정자(volunteer manager of coordinator)로서의 역할이다. 교회는 자원봉사의 황금어장이다. 교회사회사업과 일반사회사업과의 차이점 가운데 하나는 교회사회사업은 때로는 사회사업에 지지적일 수도 저항적일 수도 있는 유동적인 자원봉사집단의 인적자원을 활용하여 수행되어진다. 교회는 지역사회 빈민들의 간병활동, 가정봉사, 탁아, 학습지도, 호스피스 등과 같은 분야에서 필요한 자원봉사 수요를 파악하고, 활용 가능한 자원봉사를 확보한 후, 필요한 곳에 자원봉사자를 공급하여 주는 자원봉사관리조정자의 역할을 수행한다. 최근 사회일각에서 시도되고 있는 지역교환거래제도(Local Exchange Trading System, LETS)를 통해서 교회가 지역사회를 나눔과 사랑의 공동체로 형성해 나가는 역할을 수행할 수 있다.[19] 교회는 봉사나 물질이 필요한 사람과 봉사나 물질을 제공해줄 수 있는 사람에 관한 필요한 정보를 수렵하고 양자를 적절히 연계한 후 이를 계정으로 만들거나, 지역사회 내에서만 통용되는 화폐나 수표를 만들어 관리하는 역할을 행하는 것이다.

4) 기독교사회복지의 영적원리

인간에게 있어서 참된 복은 성경의 신구약을 막론하고 하나님과의 관계에서 시작된다. 하나님과 의 관계가 온전하게 유지될 때 복된 상태가 되는 것이다. 인간의 참된 구원은 물질이 아닌 영혼이 누리는 평강과 안식이다 이러한 것이 인간에게 참된 부흥임에도 불구하고 오늘날 사회복지의 현장에서 간과되기 쉬운 부분이다.[20] 그래서 이러한 서비스가 충족되어도 그 사람 가운데 있는 마음의 상처, 회복되지 못한 영혼의 고통은 계속해서 남아 있다. 그러나 기독교사회복지는 다르다. 기독교사회복지의 근간이 되는 성경은 한 사람의 죄의 문제에서 결여상태가 시작된다고 본다. 따라서 비교적 빠른 시간 안에 인간이 가지고 있는 문제의 핵심적 근원에 다가갈 수 있다. 사람들이 자연스럽게 하나님과 대화하고 영적인 충족을 얻으며 외적이고 인위적인 치유가 아닌 자연스러운

19) LETS는 우리나라에서 지역화폐(local money)란 이름으로, 또는 녹색화폐(green money:gm), 미래화평(future money:fm)란 이름으로 시도되고 있다.

20) William B. Sprague(1987), Lectures on Revivals of Religion 서문강역, 서울:도서출판 엠마오, p.20-25

치료의 상태에 빠져들게 된다. 자신의 죄의 문제를 해결한 인간은 오히려 자신의 어려움을 감당하고 적극적으로 해결해 나가려는 모습이 나타나게 된다. 이러한 모습은 내적 복지에서 시작되어 외적 복지에 이르는 실질적인 외적복지 활동이고 여타의 서비스가 제공되지 않아도 내면적인 고통에 허덕이지 않게 된다. 이것이 기독교가 생각하고 말하는 참된 복지의 기초이자 시작인 것이다.

5) 사회복지 정신의 기초로서의 기독교 정신

사회복지 정신의 기초로서의 기독교 정신이란 기독교사회복지를 이야기함과 동시에 원초적 복지의 기초를 이야기하는 것이다. 사회복지에 관한 일반적 정의는 이미 이야기한 것처럼 인간들이 사회 유지에 필요하다고 생각하는 가장 기본적인 것들로 사회적, 경제적, 교육적 그리고 건강한 욕구를 충족시키는 일련의 프로그램과 서비스의 국가적인 체계 지역 사회의 집단적 이익의 상태 등을 통칭하는 말로 사용되고 있다.[21]

많은 사람들은 사회복지를 사회체계의 모든 수준에서 사회적으로 공인된 경제적 서비스 체계와 이를 통한 사람들의 고통을 최소화하고 사람들의 사회적인 기능을 제고하는 것으로 이해하고 있다. 그러나 기독교사회복지의 신학적 기초에서 보여지는 것들은 오늘날의 사회복지에서 말하고 있는 이런 점들만을 목적으로 하지 않는다. 기독교사회복지는 기존의 현상적이고 실천적인 사회복지의 한계를 뛰어넘어 더 근본적 결여가 무엇이며 그것을 채움으로서 사회복지가 극복하지 못한 부분을 극복할 수 있도록 비전을 제시하는 것이다.

6) 기독교사회복지의 실천의 자세

기독교사회복지를 실천함에 있어 사회복지실천론, 사회복지실천기술론, 지역사회조직과 같은 사회복지에서 발전된 다양한 기술적 실천방법들이 활용

21) Robert, Barker, The Social Work Dictionary (Washington D.C: NASW Press, 1995), 406.

될 수 있다. 이와는 별도로 기독교사회복지는 하나님을 본받는 자세로 실천되어야 하는데, 구체적인 방안으로는 다음과 같다.[22)]

(1) 섬김의 실천

예수께서는 이 땅에 봉사자로, 섬기는 자로 오셨다. 봉사는 섬긴다는 의미이다. 남을 섬기기 위해서는 스스로를 낮추어야 한다. 예수께서는 이 세상의 천하고 멸시받고 궁핍한 천민계급의 사람들까지도 섬기기 위해, 이들을 위로하고 도와주고 치유해주고 희망을 주시려고 스스로 가장 낮은 자로 임하셨다.

기독교사회복지를 행함에 있어 실천가는 예수님의 봉사 자세를 본받아 실천해야 한다. 공무원이 공복이라는 봉사자세로 국민들을 대하여야 하듯이 기독교사회복지사들이나 관계인들은 성복 즉, 거룩한 종, 하나님의 종이라는 봉사자세로 세상과 구별되게 봉사에 임해야 한다. 참된 의미의 섬김은 주님께서 사용하시도록 자신을 맡기는 것이며, 참된 섬김은 주님께서 사용하시도록 그에게 굴복하는 것이다. 그러면 성령께서 행위자가 되시며 우리는 그의 도구가 된다. 그와 같은 섬김이 거룩한 섬김이다.

(2) 거룩하게 실천

거룩에는 예배적인 요소와 도덕적인 요소가 있다. 거룩한 여호와의 백성의 본질적인 특질이다. "여호와께서 모세에게 일러 가라사대 너는 이스라엘 자손의 온 회중에게 고하여 이르라 너희는 거룩하라 나 여호와 너의 하나님이 거룩함이니라(레 19:1-2)", "사랑을 입은 자녀 같이 너희는 하나님을 본받는 자가 되고, 그리스도께서 너희를 사랑하신 것 같이 너희도 사랑 가운데서 행하라", "너희가 순종하는 자식처럼 이전 알지 못할 때에 좇던 너희 사욕을 본 삼지 말고 오직 너희를 부르신 거룩한 자처럼 너희도 모든 행실에 거룩한 자가 되라 기록하였으되 내가 거룩하니 너희도 거룩할지어다 하셨느니라"(벧전 1:14-16). 기독교사회복지를 실천함에 있어서 서비스 제공과정에 관련된 사람들은 자신의 사리

---

22) 박승탁(2003). "청소년복지를 위한 기독교사회복지의 실천방안", 『신학과목회』, 제19집, pp.471-477.

사욕을 좇지 말고 이타적인 정신으로 거룩하게 실천해야 한다. 참된 의미의 거룩함이란 자신을 자신의 소유가 아닌 하나님의 소유물로 만드는 것이다.

(3) 사명감으로 실천

성서는 기독교사회복지는 사람들을 천국으로 인도하여 영생을 얻게 하는 필수적인 조건임을 천명하고 있다. 예수께서는 율법의 가장 큰 계명은 하나님 사랑과 이웃 사랑임을 가르치고 계신다. "네 마음을 다하고 목숨을 다하고 뜻을 다하여 주 너희 하나님을 사랑하라 하셨으니 이것이 크고 첫째 되는 계명이요, 둘째는 그와 같으니 네 이웃을 네 몸과 같이 사랑하라"(마 22:37-39).

이것은 하나님의 계명을 지키고 동시에 이웃사랑을 실천할 것을 말씀하신 것으로 기독교사회복지의 실천적인 모습인 이웃사랑은 율법의 가장 큰 계명 가운데 하나를 실천하는 것이다. 보다 구체적으로 성서는 강도 만난 자의 이야기를 통해 무엇을 해야 영생을 얻을 수 있는지를 선포하고 있다. 율법사가 예수를 시험하여 가로되 '무엇을 하여야 영생을 얻으리이까?' 예수께서 이르시되 '율법에 무엇이라 기록되었으며 네가 어떻게 읽느냐?' 율법사가 대답하기를 '네 마음을 다하며 목숨을 다하여 힘을 다하여 뜻을 다하여 주 너의 하나님을 사랑하고 또한 네 이웃을 네 몸과 같이 사랑하라'고 하였나이다. 예수께서 이르시되 '네 대답이 옳도다. 이를 행하라 그러면 살리라' 율법사가 이웃이 누구인지에 대해 묻자 예수께서는 강도를 만나 거반 죽은 자를 보고 가서 자비를 베푼 자가 바로 강도 만난 자의 이웃이라고 말씀하신다(눅 10:25-37).

"어떤 관원이 물어 가로되 선한 선생님이여 내가 무엇을 하여야 영생을 얻으리이까? 예수께서 이르시되 네가 계명을 알고 지키었으나 오히려 한 가지 부족한 것이 있으니 네게 있는 것을 다 팔아 가난한 자들을 나눠 주라... 하나님의 나라를 위하여 집이나 아내나 형제나 부모나 자녀를 버린 자는...... 내세에 영생을 받지 못할 자가 없느니라"(눅 18:18-30). 예수 그리스도께서 자기 영광으로 모든 천사와 함께 올 때에 모든 민족을 그 앞에 모으시고 양과 염소를 분별하듯이 의인과 악인을 구별하시고 의인들은 복을 주사 창세에 예비하신 나라를 상속케 하시어 영생을 누리게 하시고, 악인들은 저주하시어 마귀와 마귀의 사자들을 위해 예비하신 영원한 불에 들어가게 되는 영벌을 받게 됨을 천명하고 계신다.

예수께서 말씀하시는 의인은 형제 중에 주린 자, 나그네, 헐벗은 자, 병자, 옥에 갇힌 자와 같은 지극히 작은 자들이 고통 속에 신음하고 있을 때 이들 하나에게 베푼 자를 의미하고 이들에게 베푼 것이 곧 자신에게 베푼 것이라 말씀하셨고, 반면에 악인은 이들 지극히 작은 자들이 고통 가운데 있을 때 이들 하나에게 베풀지 아니한 자들을 의미하며, 이들 지극히 작은 자 하나에게 베풀지 아니한 것이 곧 자신에게 베풀지 아니한 것이라 천명하셨다(마 25:31-46).

(4) 하나님의 영광을 위한 실천

기독교사회복지를 위한 모든 구제와 봉사행위는 사람의 영광을 위해서 하는 것이 아니라, 하나님의 영광을 위해서 '그리스도의 이름'으로 행해져야 한다. 병자를 방문하고 가난한 자를 공궤하고 감옥에 있는 자를 도와주는 것을 자신의 이름을 빛내려 하거나 자신의 영광을 구하려는 공명심으로 행하는 것이 아니라, 그리스도의 명령에 대한 순종으로 그리스도의 정의가 이 땅에 실현되도록, 하나님의 영광을 구하기 위해 행해져야 하는 것이다. 즉, 오른손이 하는 것을 왼손이 모르게 은밀한 가운데 봉사하고 구제에 임해야 한다.

(5) 은혜의 실천

하나님께서는 믿는 사람들에게 서로 다른 직분을 주시고 서로가 자기에게 맡겨진 직분에 충실하고 협력하여 서로 하나가 되어 하나님의 뜻을 이루시길 원하신다. 기독교사회복지 사업을 행함에 있어서도 어느 한 사람이 모든 업무들을 다하려 하거나 다른 직분의 일까지 하려 하지 말고 각 사람에게 맡겨진 은사에 따라 충실하게 봉사하도록 노력해야 한다. 믿음의 형제들인 동료를 사랑하고 서로 우애하고 존경하길 서로 먼저하며, 주의 뜻을 행하는 것이므로 부지런히 그리고 열심히 행해야 한다. 아무 일에든지 다툼이나 허영으로 하지 말고 오직 겸손한 마음으로 봉사해야 한다.

"내게 주신 은혜로 말미암아 너희 중 각 사람에게 말하노니 마땅히 생각할 그 이상의 생각을 품지 말고 오직 하나님께서 각 사람에게 나눠주신 믿음의 분량대로 지혜롭게 생각하라. 우리가 한 몸에 많은 지체를 가졌으나 모든 지체가 같은 직분을 가진 것이 아니니...... 우리에게 주신 은혜대로 받은 은사가 각각 다르니...... 혹 섬기는 일이면 섬기는 일로...... 구제하는 자는 성실함으로...... 긍휼을 베푸는 자는 즐거움으로 할 것이니라...... 형제를 사랑하여 서로 우애하고 존경하기를 서로 먼저하며 부지런하여 게으르지 말고 열심을 품고 주를 섬기라... 성도들의 쓸 것을 공급하며 손 대접하기를 힘쓰라"(롬 12:3-13).

"그리스도 안에 무슨 권면이나 사랑이 무슨 위로나 성령의 무슨 교제나 긍휼이나 자비가 있거든 마음을 같이 하여 같은 사랑을 가지고 뜻을 합하며 한 마음을 품어 아무 일에든지 다툼이나 허영으로 하지 말고 오직 겸손한 마음으로 각각 자기보다 남을 낫게 여기고 각각 자기 일을 돌아볼뿐더러 또한 각각 다른 사람들의 일을 돌아보아 나의 기쁨을 충만케 하라"(빌 2:1-4).

4 한국 기독교의 현황

1) 종교유형별 인구

종교를 가지고 있는 인구는 <표 1-1>에서 보는 바와 같이 24,971천명으로 전체 인구의 53.1%이며, 1995년에 비해 2.4%p 증가하였으며, 종교유형별 분포를 보면 총인구 중 불교인구가 22.8%로 가장 많고 기독교(개신교) 18.3%, 기독교(천주교) 10.9% 순으로 나타났다. 3대 종교 중 불교와 기독교(개신교)가 차지하는 비중은 소폭 감소하고, 기독교(천주교)의 비중은 증가하였다.

[표 1-1] 종교유형별 인구 추이

(단위 : 천명, %)

	1995		2005		증감	
	인구	구성비	인구	구성비	인구	증감율
총인구	44,551	100.0	47,040	100.0	2,489	5.6
종교 있음	22,598	50.7	24,970	53.1	2,372	10.5
· 불교	10,321	23.2	10,726	22.8	405	3.9
· 기독교(개신교)	8,760	19.7	8,616	18.3	− 144	− 1.6
· 기독교(천주교)	2,951	6.6	5,146	10.9	2,195	74.4
· 유교	211	0.5	105	0.2	− 106	− 50.4
· 원불교	87	0.2	130	0.3	43	49.6
· 기타	268	0.6	247	0.5	− 21	− 7.7
종교 없음1)	21,953	49.3	22,070	46.9	117	0.5

출처 : 통계청(2006), 2005 종교인구 센서스.
 * 종교단체 집계 신도 수는 각 종교단체에서 제출한 수치를 집계한 것임.
 * 통계청 집계 우리나라 인구수(1995. 11. 1 기준) : 44,553,710명.

[그림 1-1] 종교유형별 인구 추이

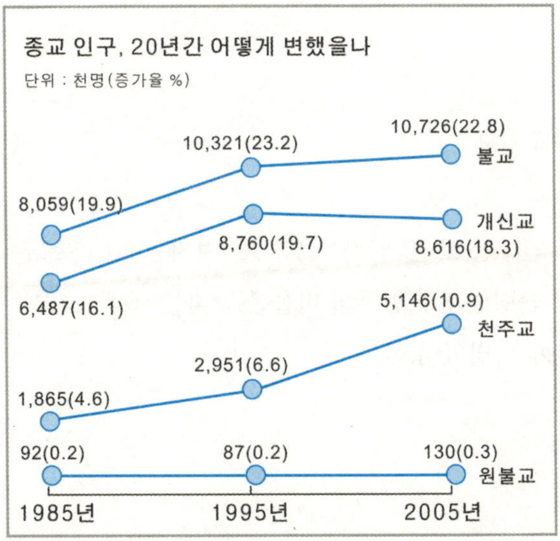

자료: 통계청

2) 종교별 교세 현황

[표 1-2] 종교별 교세 현황

구분 종교별	단체수 (개)	교당수 (개소)	교직자수 (명)	신 도 수 (명)		
				종교단체집계 (2002)	인구 및 주택 센서스 집계 (1995.11.1)	인구 및 주택 센서스집계 (1985.11.1)
불 교	105	22,072	41,362	37,495,942	10,321,012	8,059,624
개신교	170	60,785	124,310	18,727,215	8,760,336	6,489,282
천주교	1	1,258	12,536	4,228,488	2,950,730	1,865,397
유 교	1	730	31,833	6,004,470	210,927	483,366
천도교	1	283	5,670	996,721	28,184	28,818
원불교	1	520	2,455	1,337,227	86,823	92,302
대종교	1	109	358	477,342	7,603	11,030
그밖의 종교	44	4,992	280,685	12,864,820	232,209	175,477
계	280	85,757	218,524	82,132,225	22,597,824	17,203,296

* 종교단체 집계 신도수는 각 종교단체에서 제출한 수치를 집계한 것임.
* 통계청 집계 우리나라 인구수(1995. 11. 1 기준) : 44,553,710명.

자료: 문화관광체육부

3) 성·연령별 종교인구

성별 종교 인구를 보면, 남자는 49.7%, 여자는 56.4%로 여자가 6.7%p 높게 나타났으며, 연령별 종교인구의 비율은 남자는 50대~60대, 여자는 60~70대에서 가장 높게 나타났다.

[표 1-3] 성·연령별 종교 인구

(단위 :%)

	종교 인구 비율		
	계	남자	여자
계	53.1	49.7	56.4
0～9	43.6	43.2	43.9
10～19	50.6	49.9	51.4
20～29	49.1	49.0	49.3
30～39	47.9	43.8	52.1
40～49	56.5	51.0	62.2
50～59	62.7	57.6	67.7
60～69	63.3	57.9	68.0
70～79	63.3	56.2	67.9
80～84	62.5	54.5	66.2
85세 이상	60.6	53.4	63.0

출처: 통계청(2006), 2005 종교인구 센서스

[그림 1-2] 성·연령별 종교 인구

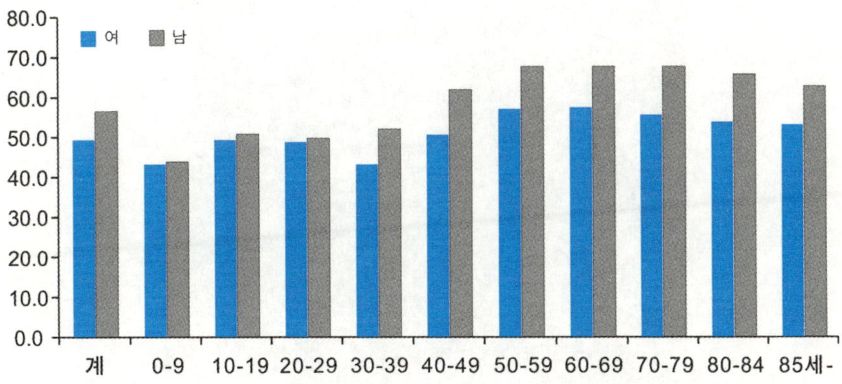

4) 지역별 종교 인구

2005년 통계청이 조사한 인구주택총조사 중 종교인구 분포에 따르면, 해당 지역 인구 대비 개신교도의 비율로 볼 때 호남권(광주, 전북, 전남)이 영남권(부산, 대구, 울산, 경북, 경남)의 2배에 달하는 것으로 불교신자가 가장 많이 사는 지역은 경남으로 40%인 반면, 기독교신자가 가장 많이 사는 지역은 전북으로 26.3%였다.

또한, <표 1-4>에서 보는 바와 같이 한국 불교는 초등학교 졸업 이하의 저학력층(43.8)이 많고, 한국 기독교는 대졸이상의 고학력층(26.6%)이 많다. 한국 기독교인은 18-24세의 저연령층(23.9%)이 많고, 한국 불교인은 50대 이상의 장년(35.2%)이 많다.

[그림 1-3] 지역별 종교 인구

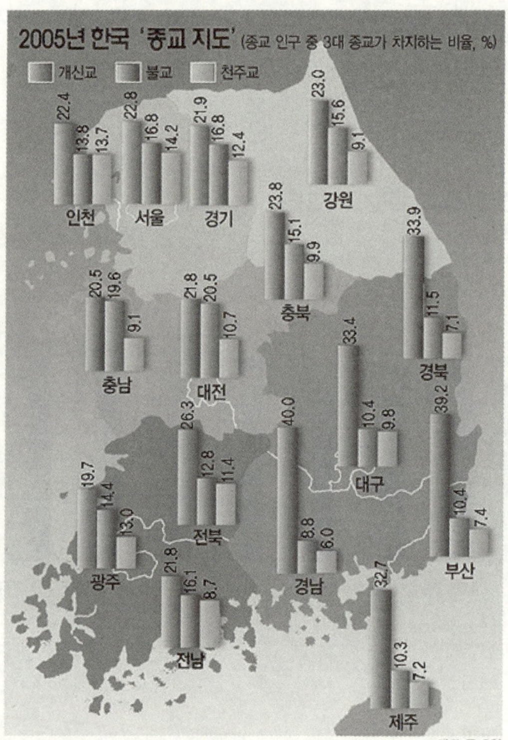

자료:통계청

[표 1-4] 종교인 비율의 비교(%)

구 분	불교인	개신교인	천주교인	종교없음
전 체	24.4	21.4	6.7	46.5
성 별				
남 자	20.3	17.7	5.7	55.7
여 자	28.4	25.0	7.7	37.5
연 령 별				
18-24세	14.6	23.9	6.6	54.9
25-29세	15.1	22.7	5.7	55.1
30-39세	20.5	22.5	6.1	50.6
40-49세	26.6	21.1	8.5	42.7
50세 이상	35.2	18.8	6.4	38.0
교육수준별				
초등졸이하	43.8	11.0	4.4	32.9
중 졸	24.7	20.5	4.6	50.1
고 졸	24.8	21.0	6.8	46.1
대재이상	15.6	26.6	8.4	49.0
지 역 별				
서 울	15.7	30.8	6.6	45.8
인천 / 경기	17.7	26.3	8.9	46.8
강 원	20.5	16.3	5.3	57.8
대전 / 충청	24.2	22.6	8.7	42.9
광주 / 전라	18.8	17.9	7.9	53.0
대구 / 경북	33.5	11.1	5.6	49.2
부산/울산/경남	44.4	11.7	2.6	40.7

자료: http://www.gallup.co.kr (한국갤럽)

5) 종교인의 개종경험

종교인들을 대상으로 현재 종교 이전에 다른 종교를 믿은 적이 있는지를 물어본 결과, '있다'라고 응답한 비율은 전체 종교인 중 16.2%로 나타났다. 종교인별로 보면, 천주교인의 개종경험이 28.1%로 가장 높았고, 그 다음으로 개신교인(14.5%), 불교인(13.2%)순이었다. 지난 1984년 조사와 비교해 보면, 천주교 신자는 개종경험률이 증가(+4.9%)했고, 개신교의 개종경험률은 이전과 비슷한 수준으로 나타나고, 불교인은 감소(-3.1%)하였다

[그림 1-4] 종교인의 개종경험

(%)

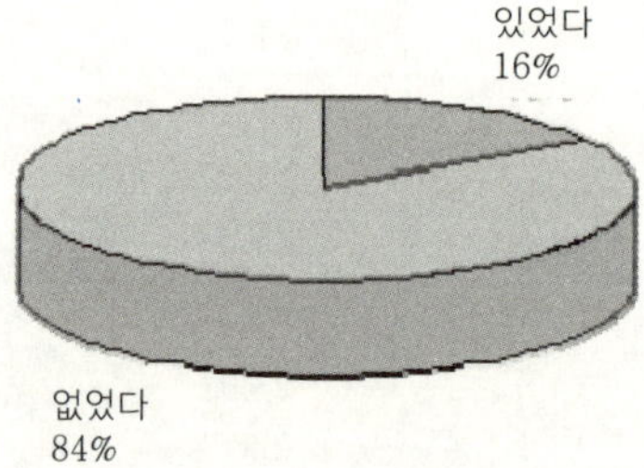

종교인의 개종경험-응답자 특성별 (%)

구 분	있었다.	없었다
전 체	16.2	83.8
종교인별		
불 교 인	13.2	86.8
개신교인	14.5	85.5
천주교인	28.1	71.9

자료: http://www.gallup.co.kr (한국갤럽)

한편, 개종경험이 '있다'고 응답한 종교인들(N=130)에게 현재의 종교를 믿기 이전에 무슨 종교를 믿어본지를 물어본 결과, 개신교가 45.5%로 가장 많았다.

[그림 1-5] 개종전 종교

(%)

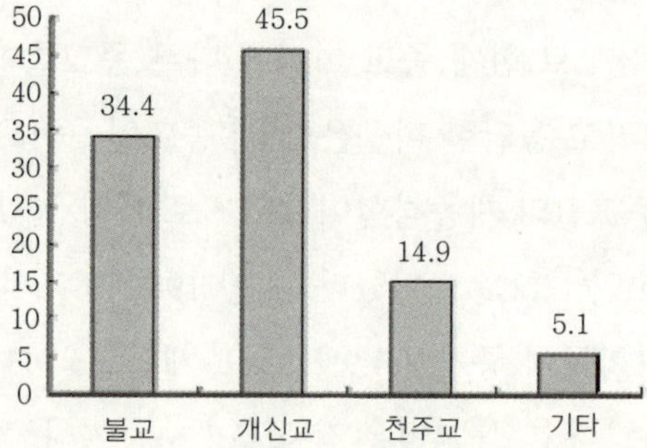

또한, 종교인별로 개종 이전에 믿었던 종교를 보면 다음과 같다.

현재 불교로 개종한 사람이 이전에 믿었던 종교는 개신교 78.9%, 천주교 18.0%였다.

현재, 개신교로 개종한 사람이 이전에 믿었던 종교는 불교 70.0%, 천주교 22.9%였다.

현재 천주교로 개종한 사람이 이전에 믿었던 종교는 불교 34.4%, 개신교 59.2%였다.

개종전 종교- 응답자 특성별 (%)

구 분	불교	개신교	천주교
전 체	34.4	45.5	14.9
종교인별			
불 교 인	.0	78.9	18.0
개신교인	70.0	.0	22.9
천주교인	34.4	59.2	.0

제2장 교회와 사회참여선교

1 교회의 사회 이해

교회는 삼위 하나님의 구원 활동 안에서 태어났으며, 그것은 교회의 세 가지 본질에 대한 원인이 된다. 이 세 가지 교회의 본질은 교회와 사회 간의 필연적 관계를 보여주는 근거로 작용한다. 그렇다면 사회에 대한 교회의 이해는 무엇인가?

1) 사회에 대한 기본적 개념 정의

사회의 영어 단어인 society는 "동료·공동·연합·동맹 등의 결합하다"라는 의미인 라틴어 societ as '에서 그 어원을 찾는다.[1] 따라서 사회(society)는 사전적으로 인간의 결합으로서의 공동체, 서로 결합되어 상대적으로 일정한 자체적 전체를 형성한 공동체[2] 등으로 정의 되어진다. 그렇다면 성경은 사회에 대해 어떻게 말하는가?

1) 「브리태니커 세계대백과 사전」 Vol.11, (서울: 한국 브리태니커 회사, 1993), 159.
2) 「동아 대백과사전」 Vol. 16,(서울: 동아 출판사, 1983), 77.

구약에서 '세상(혹은 세계)'의 뜻으로 쓰인 단어는 '에레쯔(אֶרֶץ)', '테벨(תֵּבֵל)', '헬레드(חֶלֶד)' 등이다. '에레쯔(אֶרֶץ)'는 우주론적 의미로 땅을 가리키거나, 특정한 영토를 가리키는 의미로 쓰인다(창1:9- 13, 시24:1 등)[3]. 이 단어는 세상 이라는 가장 넓은 의미로 쓰인다. 반면, '헬레드(חֶלֶד')는 삶의 지속, 혹은 땅 위에서의 삶과 행위의 전체적인 장면을 의미하는 것으로 사용된다(시49:1, 17:14 등)[4].

신약에서도 이러한 이해는 비슷하게, 혹은 확장되어 나타난다. 신약에서 세상을 지칭하는 단어는 '아이온(αiώv)', '코스모스(κόσμφ)', '오이쿠메네(οἰκ ουμένη)' 등이다. '아이온(αiώv)'은 본래 세상의 시간 이라는 뜻으로부터 세상 그 자체를 의미하게 되었고(마 13:22, 고전7:33), 동등하게 여겨지게 되었다(고전1:20, 2:6, 3:19).39). 이 단어는 성경에서 하나님의 나라나 진리의 말씀에 대하여 주로 부정적인 의미로 사용되었다. '코스모스(κόσμφ)'는 창조된 모든 존재의 총체인 우주를 지칭한다(요1:10, 21:25, 행17:24, 고전8:6, 빌3:21, 등). 또한 그것은 인류의 거처, 역사의 현장, 사람이 사는 세계 의미로도 사용되며(마 4:8, 요1:9, 딤전1:15 등), 인류나 타락한 피조물(막16:15, 벧후2:5), 구속사의 배경(요4:42, 요일 4:14 등)으로 나타나기도 한다(막16:15, 벧후2:5, 고전4:13, 등).

2) 기독교의 사회선교실천의 이론

경제위기가 도래하기 전에 한국교회는 이미 선교적 위기에 대한 논의가 활발하게 진행되고 있었다.[5] 한국교회가 선교적 위기에 직면한 원인은 무엇인가? 그것은 사회와의 괴리감의 형성이 주된 이유였다. 따라서 이 시점에서 한국교회에 요구되는 것은 이웃과 세상을 위한 교회로 거듭나는 것이다. 교회가 이웃과 세상을 위한 교회표상을 나타내기 위해서는 우선적으로 교회는 사회봉사 사명을 잘 감당해야 한다.

이제 봉사공동체로서의 교회는 어떤 일에 더욱 관심을 기울여야 하는지를 다음을 통해 알아보도록 한다.[6]

---

3) R. Laiad Harris 외, 구약원어신학사전 (上), (서울: 요단출판사, 1996) p. 91.
4) 위의 책, 359.
5) 최무열(1998), "한국교회의 의도적 나눔을 통한 경제위기의 극복", 교회와 신학, 여름, p. 65.

첫째, 인간본래의 문제, 즉 이 사회 속에서 인간의 문제가 어떻게 해결되어질 것인가에 대해서 관심을 기울여야 한다. 왜냐하면 예수 그리스도가 "안식일이 인간을 위해 있지 인간이 안식일을 위해서 있지 않다"라고 우리에게 말씀하셨기 때문이다.

둘째, 사회정의를 위한 우리의 관심과 노력이 무엇보다도 인간의 기본적인 필요와 문제를 해결하는 데에 기초를 두어야 한다.

셋째, 인간적인 사회를 위한 교회의 책임이, 즉 인간을 위해서 교회가 참여해야 한다는 것은 여러 사회구조 가운데서 고통을 당하고 있는 약한 자들, 힘없는 자들, 말 못하는 자들의 변호사가 되어주는 일이며, 그들을 대신하여 나설 수 있는 역할이 되어야 한다.

넷째, 교회가 사회정의와 사회구조의 개혁을 부르짖으면서도 무엇보다도 교회 자신이 가지고 있는 것을 아낌없이 투자해야 한다. 교회가 가지고 있는 인적, 물적 자원들을 사회 밑바닥에 있는 사람들의 필요와 그들의 힘을 양육하는 데 바쳐져야 한다.

교회의 주된 신앙계층은 바로 '집사'의 직분을 맡은 평신도 중에 평신도이다. 이것은 무엇을 의미하는가? 교회가 봉사공동체로 부름 받았음을 알리는 당연한 실례인 것이다. 집사는 전체 공동체를 봉사하는 개념에서 나온 용어이다. 초대교회 당시에 사회봉사의 업무는 교회의 중요한 사명이기 때문에 남성뿐만 아니라 여성에게까지도 사회봉사의 업무가 주어졌다고 보여진다.

2 교회의 사회선교에 대한 이해

1) 교회의 사회복지선교의 필요성

(1) 하나님의 뜻으로서의 사회복지

하나님은 세상을 창조하셨다(창세기 1:1). 그리고 모든 피조물들을 다스리

6) 콘라드 라이저(1990), <기독교와 사회발전>, 숭실대학교 기독교사회연구소편, 사회발전과 사회운동, 서울:한울출판사, p. 308.

고 주관하신다. 하나님의 주권의 영역을 벗어나서 존재할 수 있는 것은 없는 것이다. 모든 자연 만물과모든 인간은 하나님의 절대 주권 속에서 그의 통치하심을 받는 것이다. 하나님은 그의 창조된 인간을 향한 지대한 관심을 가지고 그의 선하심으로 통치하신다. 그리고 인간에게 그의 통치권을 위임하신다. 그러므로 하나님이 사랑하시고 주관하시는 자연과 인간을 향한 사회적 복지는 마땅한 그리스도인의 도리요, 하나님의 뜻을 이루는 것이다.

(2) 교회의 본질성 회복을 위한 사회복지

교회는 예수께서 이 땅위에서 하시던 사역을 계속하기 위해 세워졌다. 교회는 구원받은 하나님의 자녀들의 공동체이다. 우리를 구원하신 하나님은 목적을 세우셨다.

> "그의 만드신 바라 그리스도 예수 안에서 선한 일을 위하여 지으심을 받은 자(에베소서 2:10)"

봉사와 섬김과 돌봄은 교회를 구성하는 성도의 존재 목적이다. 예수님께서는 우리들에게 섬김의 대상을 구체적으로 제시하셨다. "주린 자에게 먹을 것을 주는 것", "목마른 자에게 마실 것을 주는 것", "나그네 된 자를 대접하는 것", "병든 자와 옥에 갇힌 자를 돌아보는 것", 이 모든 행위들이 곧 주님께 하는 것이라고 예수님은 거듭해서 강조하셨다.

또한 전도와 선교의 사역도 성도의 존재 목적이 된다. 예수님은 "백성 중에 모든 병과 모든 약한 것"을 고치셨다(마태복음 25:40).

어떻게 교회는 사람들로 하여금 하나님께 영광을 돌리게 할 수 있을 것인가?

> "이같이 너희 빛을 사람 앞에 비취게 하여 저희로 너희 착한행실을 보고 하늘에 계신 너희 아버지께 영광을 돌리게 하라(마태복음 5:16)"

교회의 봉사와 돌봄의 사역은 하나님께 영광을 돌리게 하는 가장 확실하고 중요한 방법인 것이다.

(3) 교회의 내면적 성장을 위한 사회복지

교회는 주님의 몸이다. 누가복음 2장 52절은 "지혜와 키가 자라가며 하나님과 사람에게 더 사랑스러워"가셨다는 사실로서 신체적 성장의 모습을 보여주고 있다. 키의 성장이 외형적 성장이라면 지혜의 성장은 내면적 성장이라고 할 수 있을 것이다. 하나님과의 관계가 성장되는 것을 영적 성장이라면 사람들의 관계가 성장하는 것을 사회적 성장라고 할 수 있을 것이다.

"누구든지 하나님을 사랑하면서도 그 형제를 미워하면 이는 거짓말 하는 자니 보는바 그 형제를 사랑치 아니하는 자가 보지 못하는바 하나님을 사랑할 수 없느니라(요한일서 4:20)"

따라서 교회의 진정한 성장 수준은 교회와 그를 둘러싼 지역사회와의 관계에 있다고 해도 과언이 아닐 것이다.

2) 사회선교 사역으로서의 사회복지 활동

사회복지선교의 대상은 우리 사회에서 가난하고 병들고 소외당하고 고통당하는 모든 사람이 포함되며 단순히 경제적 차원뿐만 아니라 정신적, 심리적 차원이 합쳐져 적용시켜야 한다. 사회복지의 영역은 인간의 발달단계를 따라 아동복지, 청소년복지, 성인복지, 노인복지 등으로 분류를 하며, 문제의 영역을 따라 병자들을 위한 의료복지 또는 의료사회사업, 빈곤을 원조하기 위한 긴급구호사업, 정신장애자와 신체장애자를 위한 장애인복지, 범죄자들의 사회적응과 인성개발을 위한 교정복지, 산업체에서의 노동복지, 가정의 안정과 평안을 위한 가정복지, 모자복지, 학생들의 건전한 성장과 적응을 돕는 학교사회사업 등 다양한 영역으로 구분되어 발전하여 왔으며 최근에 외국인 노동자와 북한 주민 등에 대한 지원사업이 사회선교로서의 사회복지 활동에서 다루어지고 있다.

이러한 사회복지활동을 살펴볼 때에 사회복지의 각 영역에서 각 개인봉사자와 선교자들 그리고 선교단체들이 많은 역할을 담당해 왔으나 이제 교회가 당위성을 가지고 이 일에 적극적으로 참여해야 한다. 각 교회는 인적, 물적, 시설자원의 정도에 따라, 그리고 지역사회의 특성에 따라 다양하고 적절한 사회복지사업을 할 수 있을 것이다.

현대사회의 특성상 교회의 활동이 단순한 교회 중심의 목회활동이 아닌 전반적이고 적극적인 사회참여를 요구하며 신앙생활도 현실적인 검증을 요구하게 될 것이기 때문에 교회의 사회복지 선교는 확대되어야 할 것이다. 하나님의 문화명령에 따라 교회의 위상은 지역사회 공동체 형성의 도덕적, 가치 창조적 구심점이 되도록 요구받고 있다. 이제 교회는 사회로부터 교회가 얼마나 사회복지를 위하여 헌신적으로 봉사하며 섬기는 자세를 보이느냐 하는 것이 평가의 주요한 부분이 될 것이다. 교회가 사회를 섬기는 모습, 그것은 자체가 교회의 본질 회복인 동시에 선교의 전형적인 방식이 되는 것이다.

3) 교회의 사회선교의 기능

교회가 사회문제에 대처하기 위한 교회의 기능으로는 사회통합 기능과 그 밖의 다른 사회복지 기능들이 있다.[7)]

첫째, 교회의 사회적 기능으로 사회통합의 기능을 수행한다. 종교학자들은 종교는 항상 사회적이며 공동선을 위해 봉사하며 인간들을 이기적 집착에서 구하고, 그들 가운데서 타인들을 사랑하며 그들을 포용하며 초월하는 실재에 대하여 굴복하도록 양육한다.

둘째, 교회의 사회적 기능으로 기독교적 차원에서 사회복지 서비스를 창출하고 분배하며 이를 위해 인적·물적 자원을 사용하고 있다. 즉, 생산-분배-소비의 기능을 수행한다. 하지만 이러한 서비스를 제공함에 있어서 기독교기관은 일차적 서비스의 수혜대상이 자신들의 조직에 관계된 성도들, 즉 조직구성원이 되는 상호수혜조직(mutual-benefitorganization)의 폐쇄성을 가지며, 이러한 폐쇄성에서 탈피하여 지역성 내지 폐쇄성의 문제가 발생하지 않도록 하여야 한다.

셋째, 교회는 사회화 및 재사회화 기능(Socialization-Resocializationfunction)을

7) 김기원(1995), 「기독교와 사회복지」, 서울: 예안, pp. 13-26.

수행한다. 교회는 올바른 가치와 규범을 학습시킴으로써 긍정적인 사회화(socialization)의 기능을 수행하며, 다른 한편으로는 이미 바람직하지 못한 형태로 사회화된 청소년들의 가치와 규범을 바로 잡아 신앙적 가르침에 합당하고 사회에 바람직한 형태로 변환시키는 재사회화(resocialization)의 기능도 수행한다.

넷째, 교회는 소외집단의 사회적 지위를 향상시키는 기능을 수행한다. 고아, 장애인, 이주근로자, 빈민 등과 같이 상대적으로 열악한 처지에 있는 집단들의 사회적 지위를 향상시키기 위해 노력한다.

다섯째, 교회는 친교의 기능을 수행한다. 비인간적인 개인주의가 지배하는 사회에서 서로 친근하게 지낼 수 있는 일차집단에 대한 사람들의 욕구를 교회는 그들의 공동체를 통해 충족시킬 수 있다.

여섯째, 교회는 사회연대 기능을 수행한다. 교회는 사회 구성원 간 또는 사회 내의 계층 간에 집단적 책임의식과 사랑을 바탕으로 결속력을 조성하여 사회적으로 서로 다른 처지나 계층의 사람들이 서로 하나 되어 '더불어 살아가는 사회'를 형성한다.

일곱째, 사회를 안정시키는 기능을 수행한다. 교회는 불안정한 상황 하에서 하나님의 절대적 권위와 영원불변한 진리에 바탕을 두고 일관성 있게 전체 사회가 따라야 할 가치와 규범을 제시하고 보존해줌으로써 무규범 상태에서 발생할 수 있는 혼란과 갈등을 예방하고 사회적 안정에 기여하고 있다.

여덟째, 교회는 사회통제 기능을 수행한다. 기독교 기관은 기독교적 규범의 실현을 위하여 개인이나 집단이 사회규범을 준수하도록 함으로써 범죄나 비행을 통제하고 사회의 목적에 부합하는 바람직한 행동을 취하도록 한다.

아홉째, 교회는 사회를 개혁하는 기능을 수행한다. 산업발전 과정에서 나타나는 절대자의 정의에 벗어나는 경제적 사회적 문화적 해악들을 개인적 회개와 사회적 회개를 통해서 깨닫고 뉘우치게 하고, 기독교적 규범에 따라 사회활동과 구조가 하나님의 선에 합당하게 이루어질 수 있도록 노력한다.

열 번째, 교회는 구제기능을 수행해 왔다. 하나님 앞에서 모든 인간의 생명은 존귀하기 때문에 빈곤 가운데 고통 받고 있거나 소외된 사람들에게 존귀한 생명체로서의 삶을 누릴 수 있도록 노력을 행한다. 교회는 지역사회 현장에서 오랫동안 경제적으로 고통 받는 이웃들을 위해 구제봉사기능을 수행하여 왔다.

3 교회와 지역사회

교회는 하나님과 지역사회가 만날 수 있는 통로이다. 따라서 교회는 하나님과 분리될 수 없는 관계인 동시에 자신이 속한 지역사회와도 떨어질 수 없는 관계에 있다. 사실 교회와 지역사회의 관계는 상호의존적이면서 상호필요를 충족시켜줄 수 있는 관계이다.

교회의 복음은 복음을 받아들이는 지역사회를 풍요롭게 한다. 또한 교회는 한 지역사회에 복음을 전파함으로써 더욱 확장되고 부흥된다. 교회는 전체 지역사회를 복음화시켜야 할 사역대상으로 삼고 있다. 지역사회에서 교회가 영향력을 끼치면서 성공적으로 지역사회봉사 사역을 이루기 위해서는 먼저 그 지역사회와 교회 간에 맺고 있는 관계와 확보되어야 할 관계를 깊이 인식하여야 할 것이다. 교회가 지역사회와 결코 분리될 수 없는 이유는 상호간에 지역적으로 연합되어 있다.[8] 교회의 성도가 그 지역의 주인이며, 지역주민들을 교회의 성도로 전도해야 되기 때문이다. 이것은 교회와 지역 간의 기존관계이다. 그리고 지역사회에 대한 교회의 지역사회봉사활동은 이와 같은 관계를 더욱 깊고 광범위하게 확보함으로써 보다 나은 성과를 가져올 수 있다.

지역사회와 교회와의 관계는 신앙적 관계와 일반적 관계를 포함하고 있다. 그러나 지역사회의 사회봉사는 상호공동적 성격을 띤 일반적 관계에서 그 출발점을 발견하게 된다. 그리고 그 관계가 발전하게 될 때 한국교회는 소신을 갖고 지역사회에 보다 폭 넓게 봉사활동을 할 수 있게 된다. 교회는 어떠한 형태의 지역사회에서도 상호공동적인 영역을 찾아낼 수 있다. 그 공동적 영역을 발견하고 상호협력의 관계로 들어설 때에 교회와 지역사회는 매우 창의적인 관계를 맺게 된다.

한국 교회가 지역사회에서 지도자적 위치를 확보하고 봉사활동을 하기 위해서는 그 지역 사회의 특수성을 포함한 모든 상황을 깊이 이해하고 관심을 기울여야 한다. 그리하여 교회가 지역사회의 요구에 전반적으로 응답할 때 지역사회와 관계를 형성할 수 있다. 한 지역사회에서 교회가 성공적인 봉사활동의 성과를 거두기 위해서는 지역사회 대한 교회의 이미지가 긍정적인 것이어

8) 서정운(1992), 선교신학에서 본 사회봉사, 서울 :도서출판 한울, pp. 55-57.

야 한다. 즉 한국 교회가 지도자적 위치에 서기 위해서는 정신적 신뢰감을 확보해야 하는 것이다. 교회의 정신적 공신력은 보이지 않는 것이지만 교회의 선교행위를 위한 가장 귀중한 자산이라고 할 수 있다. 이와 같은 것들을 배경으로 교회는 지역사회와의 실제적인 공동관심사를 발견해야 한다. 그러한 공동관심사의 성격은 기독교 복음에 의미를 주고 지역사회에 유익을 주는 것이어야 한다. 교회와 지역사회간의 교류로 인한 공동관심사의 발견으로 피차 의식의 공감대를 이룰 때 서로간에 개방된 입장을 취할 수 있다.

지역사회봉사에 있어서 교회와 지역사회간의 단절의식이나 이질감 등은 매우 해로운 것이다. 교회는 교인이 아닌 지역주민들에게까지 '우리 교회'라는 인식을 줄 수 있어야 한다. 그러한 일이 이루어지면 지역사회는 자신들의 문제를 교회에 알리고 협력을 요청하기도 한다. 이때 교회는 관심을 갖고 적극적으로 그에 응답하여야 한다. 그러나 교회가 자발적으로 그 지역사회에 기여할 수 있는 성질의 영역은 지역사회가 직면하고 있는 삶의 현실적인 차원의 문제로서 지역사회봉사활동의 대상이 되는 성격을 띠어야 한다. 모든 지역사회가 부딪히는 문제들은 대체적으로 인간관계와 물리적인 환경에 관한 것이기 때문이다.

현대 사회는 가족 간의 관계, 이웃 간의 관계에서 빚어지는 불협화음으로 인해 발생되는 각종 불행한 사태로 고심하고 있다. 이 같은 문제는 교회의 전문적 사역에 부합되는 성격의 문제이다. 지역사회에는 이러한 사회문제의 해결과 방지를 위한 각종 교육기관과 치안기관, 교정교육기관, 고아원, 양로원 및 각종 문화예술활동기관 등이 있다. 이와 같이 교회는 스스로의 기능과 본질을 발휘하면서 자신이 위치한 지역사회와 동체가 됨으로서 사회변화를 가져오게 하며, 국가와 사회의 모든 문제에 깊이 있는 정신적 지도력과 삶의 현장에서의 지도력을 끼치어 보다 확고하고 지속적인 관계를 확보하여야 한다.

1) 교회의 지역사회봉사의 실천

근대에 와서 복지국가 이념과 사회사상의 발전, 박애, 자유, 평등의 증진으로 말미암아 현대의 지역사회봉사가 사회의 사명이거나 역할일 수 없다 하더라도 교회의 사회봉사적 역할과 위치가 축소될 수 없거니와 축소되어서도 안 될 것이다. 오히려 교회는 개인 구원의 차원이나 사회복지의 차원, 사회개발의 모든 차원에 관심을 가지고 참여하여 그 역할을 담당해야 하고 하나님의 사랑이 변질되어 가는 현대 사회에서 사회복지 사업적 역할, 봉사자로서의 자리를 회복해야만 할 것이다.

2) 지역사회봉사 접근모델

교회가 지역사회 내에서 교회사회봉사를 전개하기 위해서 선결해야 될 과제는 어떻게 교회가 지역사회에서 거부감 없이 함께하는 공동체로서 참여할 수 있겠는가에 있다고 할 수 있다. 이것은 교회와 지역주민들의 상호이해와 협조가 없이는 올바른 교회사회봉사를 실시할 수 없기 때문이다. 그러므로 지역사회 속에서 삶과 현실, 현장이 되는 실천의 과정을 거치지 않으면 안 된다.

(1) 지역사회 홍보참여 모델

교회가 홍보하는 입장에서 지역구성원들에게 교회를 알리고 구성원들을 교회로 모여 들이는 것으로서 교육, 상담, 정보교환 등을 통하여 지역사회의 정보센터 역할을 하는 것이다. 이때, 교회의 위상은 교회를 알리는 세일즈맨 또는 전도자, 상담자 그리고 지역연구가 또는 지역보존자로 보일 수 있게 된다.

(2) 지역사회 조직참여 모델

교회가 지역사회의 조직에 참여하여 지역내·외 간의 문제를 해결하고 갈등을 중재하며, 지역사회운동을 전개하는 것을 말한다. 이를 위해서 교회는 지역사회 모임에 가입하거나 참석해야 하며, 지방정부 및 공공기관 단체와 접촉을 하여야 한다. 이때, 교회의 위상은 지역사회의 구성원, 지도자, 중재자, 대변자 그리고 투쟁가로 보이게 된다.

(3) 지역사회개발 참여 모델

교회가 지역사회에서 주체가 되어 실시하는 지역복지사업에 참여하는 방법이며, 교회 건물이나 장소를 개방하여 지역사회의 '공동의 장' 곧 지역사회복지센터로 제공하고 또한 재정, 시설, 인력, 조직을 동원하여 이웃돕기 및 지역공동체운동에 참여하는 것이다. 이때 교회의 위상은 전문가, 구제가, 독지가 또는 관리자와 자원봉사자로 보이게 된다.

교회는 이와 같은 세 가지 접근방법으로 지역사회와의 유대를 강화하여 지역공감대를 형성할 수 있으며, 하나 또는 그 이상의 복합된 참여 방법으로 교회사회봉사를 실천하는 것이 바람직하다 하겠다.

4 교회와 사회복지실천

1) 기독교의 사회복지시설 운영현황

[표 2-1] 종교계의 사회복지시설 운영현황(2004): 조사시설

		계	기독교1)	천주교	불교2)	원불교	그 외 종계3)
계(%)		1,891 (100.0)	893 (47.2)	450 (23.8)	102 (21.2)	75 (3.9)	71 (3.8)
생활시설	소 계	1,023	555	297	101	25	45
	신고 시설	365	129	128	64	23	24
	미신고시설	655	426	169	37	2	21
이용시설	소 계	868	338	153	301	50	26
	신고 시설	776	259	143	299	50	25
	미신고시설	92	79	10	2	–	1

1) 기독교: 장로회, 감리교, 성공회, 구세군, 침례교, 하나님의 성회 등
2) 불 교: 조계종, 진각종, 천태종
3) 그 외 종교: 재림교, 천도교, 기타 등
* 참고 – 고경환(2006), 한국종교계의 사회복지시설 지원금 실태분석, 「보거녹지포럼」, 통권115호

<표 2-1>을 보면 총 1,891개소 중 893(47.2%), 천주교 450개(23.8%), 불교 402개(21.2%), 원불교 75개(3.9%), 그리고 그 외 종교 71개(3.8%)로 나타났다.

다음 시설종류별로 보면 생활시설 1,023개(54.1%)와 이용시설 868개(45.9%)로 구성되어 있음을 알 수 있다. 또한 시설 종류별로 보면 생활시설 1,023개(54.1%)와 이용시설(45.9%)로 구성되어 있음을 알 수 있다. 시설유형별로 보면 신고시설 1,144개(60.5%)와 미신고시설 747개(39.5%)로 분포되어 있다.

2) 교회의 사회복지 관련 프로그램

교회의 사회복지 프로그램을 살펴보면 노치준(2000)이 2,008개 교회를 조사한 바에 의하면 다음과 같다.

첫째, 대상은 아동, 청소년, 노인의 순으로 나타나고 있다.

둘째, 공부방, 장학사업, 주부교실, 노인대학, 경로잔치 등 비교적 경비도 적게 들고 시행하기에 수월한 프로그램을 많이 실시하고 있는 것으로 나타났다.

[표 2-2] 교회의 사회복지 관련 프로그램

분야		종류
아동복지	493(24.6%)	선교원(204), 유아원과 유치원(181), 어린이집과 놀이(61), 어린이 공부방(22), 농번기 탁아소(7), 기타(18)
청소년복지	246(12.3%)	청소년 공부방(112), 장학사업과 장학관(116), 계절학기(5), 야학(7), 기타(6)
여성복지	43.2(2.1%)	주부교실(39), 직업훈련(1), 모자원(1), 후원사업(2)
노인복지	204(10.2%)	노인대학(90), 경로잔치(78), 양로원과 요양원(6), 급식프로그램(6), 경로당과 노인정(6), 재가노인복지(9), 기타(9)
장애인복지	32(1.6%)	장애인교회(6), 사회재활(8), 상담(1), 공동체(2), 기타(5)
보건정신의료	46(2.3%)	무료진료(30), 병원봉사(3), 보건위생과 방역(4), 이미용 기타(9)
교정복지	9(0.4%)	재소자서비스(6), 출소자서비스(2), 기타(1)
지역사회복지	151(7.5%)	결혼교실(2), 도서실(22), 시민대학(17), 농산물공동구매(22), 소득증대사업(4), 무료급식(5), 바자회(25), 인권사회운동(5), 영농교육(6), 소식지(15), 종합복지관(4), 기타(24)
기타	62(3.1%)	가족상담(12), 노동상담(3), 공원선교(2), 빈민구제(31), 특수선교(5), 기타(9)

출처: 노치준(2000), “사회복지를 향한 개신교회 사회봉사”, 이삼열 외, 『한국사회발전과 기독교의 역할』, (서울: 도서출판 한울), p. 179.

사회복지에 있어서는 사회성과 실천성이 매우 중요한 의미를 가진다. 사회복지의 사회성은 사회복지정책과 제도가 그 구조를 이룬다면, 실천은 사회복지를 기능하도록 하는 행동개념이라고 하겠다.

3) 사회복지실천에 있어서의 기독교윤리의 기초

기독교를 신앙하는 사람에게 있어서의 사회복지실천은, 기독인의 기독교윤리와 현재의 사회구조에 대한 경험적 사실, 사회문제 또는 생활 문제적 상황과 접하게 되는 곳에서 성립한다고 할 수 있다. 하우워와스(S.Hauerwus)는 기독교윤리는 모든 사람을 위하여 있는 것이 아니고 하나님께서 이루신 구별된 사람들을 위하여 있고, 기독인은 사회적 존재라는 것으로 출발하고 있다고 말하고 있다.[9)]

하우워와스는 기독교윤리의 과제로서,

첫째는, 사람들로 하여금 세계를 바르게 보게 하는 것이며,

둘째는, 사람들로 하여금 죄인인 것을 배우게 하는 것이며,

셋째는, 기초적인 과업으로서 기독교인의 삶의 기초와 본질을 이해하는 것이다고 하였다. 이러한 과제를 훈련받음으로써 자아의 지속(duration), 성장(growth), 일치(unity)에 관심을 갖게 되며, 성화(sanctification)에 관련 된다고 하였다.

우리는 하나님의 형상대로 지음 받은 고귀한 인격체들이다. 지금 많은 우리의 이웃은 빈약한 사회보장제도와 사회복지서비스의 부재로 하나님과 우리와의 사랑의 교제에서 탈락하려고 하고 있다.

4) 사회복지실천의 당위성과 실천방법

성경적 사랑은, 하나님을 사랑하는 우리가 사회적 고난을 당한 우리의 이웃을 단지 생각이나 동정하는 것으로 끝나지 않고, 삶의 위기를 당한 이웃에게

9) 맹용길(1987), Stanley Hauerwas의 윤리사상, 教會와 神學(제19집), 장로회신학대학출판부, p. 190.

사회적 원조의 실체 즉 사회복지적 방법으로 "무엇인가를 행함"으로써 사랑의 실천을 구체화하도록 말하고 있다.

기독인에게 있어서의 사회복지실천은 성경적 요구이며 따라서 그 당위성이 존재한다고 하겠다. 역사적으로 교회의 자선행위(Charity)는 원조행위자의 주관적·자의적 태도에 의하여 자선대상자의 위기, 고민 등의 생활문제에 대하여 객관적 사실과 동떨어진 우발적·무차별적 행위로 접근함으로서 원조의 중복, 비인격적 행위 등 많은 문제를 야기시켜왔다. 따라서 사회복지실천은, 사회적 고난을 당한 우리의 이웃에게 사랑의 행위 주체자의 내면적 의지에 따라 이루어지는 것이 아니라, 근대의 사회과학으로 거듭나서 전문적인 사회서비스로 전환되어야 비로소 객관적인 효과를 거둘 수 있다.

제3장 구약성경에 나타난 사회복지

교회의 사회복지 활동에 대한 성서적 근거는 신·구약성경에 분명히 나타나 있다. 신·구약 성경 전체에 나타나 있는 증거는 하나님의 창조의 역사와 이스라엘의 역사, 특히 예언자들을 통하여 분명히 나타내셨다.

구약성경에 나타난 사회복지의 규범으로는 약자 보호의 규범(출 22, 23장), 담보물에 관한 규범(신 24:10-13), 품삯에 관한 규범(신 24:10-13), 추수에 대한 규범(레 23장), 안식년의 규범(출 23:10-11), 구제를 위한 십일조에 대한 규범, 희년제도에 대한 규범(레 25:1-7), 도피성에 대한 규범(민 35:6-32) 등이 있다.

1 창세기에 나타난 기독교사회복지 사상

하나님께서 태초에 하나님의 형상을 따라 만든 인간 속에는 악이 없으며 죄가 없고 하나님의 자신의 존엄성과 유사한 존엄성을 가지고 있었으며, 죽음이 없고 선악과를 제외한 지상의 도익물에 대한 지배권을 가지고 풍요로운 삶을 영위하고 있었다. 그러나 인간은 하나님의 명령에 불순종하여 죄악을 범하고 타락하게 되었다. 그런데 인간의 타락은 인간에게만 영향을 미친 사건으로 끝나지 않았다. 하나님이 만드신 세상 전체를 타락시켜 버렸다.[1] 생물과 동물, 식물(植物)까지도 사람의 범죄와 부주의로 홍수와 화재와 태풍과 심지어는 혹한(酷寒)과 한재(旱災)로 고통을 당한다. 그것은 모든 동식물이 사람에게 종속되어 있기 때문이다. 노아시대 때에 많은 사람들이 자기들의 죄로 심판을 받았다. 불의한 백성들을 홍수로 멸절하시는 중에 일차로 120년을 기다렸다. 그리고 방주가 완성된 후 다시 7일을 기다렸다. 그러나 노아의 가족 외에 아무도 하나님께로 돌아오는 사람, 즉 방주로 달려오는 사람이 없었다. 하나님은 사람의 생명뿐 아니라 모든 생명을 사랑하셨다. 하늘을 나는 새를 비롯해, 정결한 짐승은 암수 일곱 쌍씩, 부정한 짐승도 두 쌍씩 방주로 받아들여 생명을 보존하였다. 사회복지는 생명을 사랑함에서부터 비롯된다. 내 생명이 소중한 만큼 이웃의 생명도 소중히 여기는 마음, 나아가서 동물과 생물을 비롯하여 식물까지도 창조주의 정성이 깃든 모든 생명을 사랑하는 마음은 기독교사회복지의 근본이다.

2) 출애굽기에 나타남 기독교사회복지사상

출애굽기에 나타난 기독교사회복지의 구체적인 특징은 다음과 같다.

첫째, 가난한 채무자를 위한 복지. 고대 사회의 사회문제 가운데 하나는 당시 사회에서 통용되던 높은 이자 곧 고리와 관련된 문제였다. 당시 이자의 비율이 상당히 높았기 때문에 채무자들은 원금은 물론 제 때 이자를 갚지 못하는 경우가 다반사였다. 채권자는 채무자가 이자나 빚을 갚지 못하는 경우 채무자와 그의 가족을 노예로 취할 수 있었다. 이제 출애굽기에는 채무자들을 착취하지 말고 보살피라는 하나님의 명령이 나타나 있다.

네가 만일 너와 함께한 나의 백성 중 가난한 자에게 돈을 꾸이거든 너는 그에게 채주같이 하지 말며 변리를 받지 말 것이며 네가 만일 이웃의 옷을 전당 잡거든 해가 지기 전에 그에게 돌려보내라. 그 몸을 가릴 것이

1) 박요한(2007), 『함정』, 서울: 나남출판사, p. 78.

이뿐이라 이는 그 살의 옷인즉 그가 무엇을 입고 자겠느냐 그가 내게 부르짖으면 내가 들으리니 나는 자비한 자임이니라(출 22:25-27).

하나님은 자비의 분이시기에 채무자라 할지라도 이들이 생존을 위협받거나 학대받거나 다른 사람의 노예가 되는 것을 용납하지 않으셨다.

둘째, 이방나그네를 위한 복지. 이방나그네(sofoumer, ger)란 어떤 나라에서 다소 제한된 시민권을 누리면서 반영구적으로 거주하는 또는 시민권을 갖지 못한 외국인 거주자를 말한다. 이들은 일시적으로 잠시 머무는 외국인과는 대조적으로 다른 민족 사이에서 실제로 거주하는 사람이다. 이방 나그네의 대부분은 사유재산도 없고 보호받을 후견인도 없었으며 노동으로 생계를 유지하며 생활하였다. 하나님께서는 이러한 이방나그네들을 핍박하지 못하게 하고 계실 뿐만 아니라 그들의 경제적인 삶까지도 보살펴 주시고 계신다.

"너는 이방 나그네를 압제하지 말며 그들을 학대하지 말라 너희도 애굽 땅에서 나그네이었음이니라"(출22:21)

오늘날 우리에게 이주근로자, 산업연수생, 국내 체류 외국인 등이 이방나그네의 모습에 해당된다.[1)]

셋째, 고아와 과부를 위한 복지. 고아와 과부는 사회적 약자이다. 하나님은 고아와 과부의 보호자이심을 피력하고 계신다.

"너는 과부나 고아를 해롭게 하지 말라 네가 만일 그들을 해롭게 하므로 그들이 내게 부르짖으면 내가 반드시 그 부르짖음을 들을지라 나의 노가 맹렬하므로 내가 칼로 너희를 죽이리니 너희 아내는 과부가 되고 너희 자녀는 고아가 되리라"(출 22:22-24)

하나님께서는 고아와 과부를 해롭게 하는 자들에게 반드시 무서운 징벌로서 징계하신다.

1) ILO나 UN에서는 migrant worker(이주근로자)라는 용어를 사용하고 있다(김기원, 2002에서 재인용).

3 레위기에 나타난 기독교사회복지 사상

구약성경에서의 사회복지적 원리는 레위기 25장을 중심으로 기록되어진 희년법이라 할 수 있다. 희년이라는 단어의 뜻은 크게 "수양의 뿔,"나팔의 울림소리와 관련된 '음악소리'그리고 '자유'의 뜻으로 우리말의 '희년'이라는 말은 영어의 'Jubilee'를 번역한 것이고, 이 영어는 본래 '수양' 혹은 '수양의 뿔'을 의미하는 히브리어의 요벨(יוֹבֵל)을 음역한 것이다[2].

희년은 안식년이 7번 지난 후 50년째 되던 해 7월 10일인 속죄일에 선포되었으며 희년이 시작되는 달은 그 해 일곱 번째 달의 제 십일에 뿔 나팔의 울림으로 시작된다. 그래서 그 해가 오면 다른 해와 달리 그 땅의 모든 거주자들에게 '도르르(doror)'(희년에 전 국민에게 선포되었던 자유와 해방을 뜻함: 레 25:10)를 선포하라고 명령한다. 희년의 복음이 내포하는 가장 핵심적인 내용은 "전국 거민에게 자유를 공포하라"는 것이다. 그래서 희년을 '자유의 해'라고도 부른다. 노예생활에서 자유를 회복할 수 있는 희년은 '속량의 율법'이 값없이 하나님의 법의 도우심으로 성취되어지는 것이다[3]. 이렇게 성취되어진 희년의 결과는 삶의 우여곡절을 통해 세습되던 그 땅에서 자기 가문의 유산을 모두 빼앗겼던 자들은 그 빼앗겼던 땅을 모두 돌려받을 수 있었다. 그리고 그 해에는 땅을 경작하지 않음으로써 땅의 안식이 이루어졌으며, 모든 히브리 노예들은 자유인이 되었다.

이와 같이 이 희년법은 바로 가난한 자들을 돌보시려는 하나님의 사랑의 법이다. 여호와 하나님께서는 50년마다 선포하는 희년 제도를 통하여 소외 계층을 돌보시려는 사랑을 제도화하셨다. 이 희년법에서는 여호와께서 자기 백성을 돌보시되 가난한 자들을 돌보시려는 법이다. 여호와께서는 이스라엘 공동체 안에서 소외된 계층이 없는 평등과 자유, 정의와 공평이 있는 사회를 이루시려는 뜻을 이 희년제도에 담으셨다.

---

2) 민영진(1987), "희년의 의미,"『민중과 한국신학』(서울: 한국신학연구소), 185.
3) 장진광(1994),『희년과 복음』, 서울: 두란노, p. 87.

4) 신명기에 나타난 기독교사회복지 사상

신명기에서는 기독교복지의 내용을 '안식년'과 '십일조'의 내용에서 확인할 수 있다.

안식년은 히브리 달력의 7년 주기의 마지막 해이다. 이 해에는 땅을 쉬게 해 주고, 가난한 자들을 돌보아 주고, 채무를 변제해 줄 뿐 아니라, 히브리 노예들을 해방시켜 주고, 또한 이들이 터 잡고 살 수 있는 바탕을 마련해 주었다. 안식년은 이스라엘 사람들이 경제적인 어려움 속에서 해방되도록 규정하여 놓은 한 해를 뜻한다.

> "네 동족 히브리 남자나 히브리 여자가 네게 팔렸다 하자 만일 육 년을 너를 섬겼거든 제 칠 년에 너는 그를 놓아 자유하게 할 것이요 그를 놓아 자유하게 할 때에는 공수로 가게 하지 말고" (신 15:12-13)

또한, 민 18:28-29절로 보면 매 3년마다 모든 사람이 바치는 십일조는 그 각자의 성읍에 비축하도록 되어 있었다. 그리하여 레위인과 과부, 고아는 필요한 것을 구하기 위해 이 마을의 십일조를 비축한 곳으로 나갈 수 있었다. 이스라엘의 십일조는 하나님의 것이고 그 의무를 이행하지 못하면 하나님의 것을 도적질하는 것이라 하였다(말 3:8-9). 십일조는 이와 같이 가난하고 소외된 삶을 살아가는 이웃들을 돕는 데 사용되었다.

5) 선지서에 나타난 기독교사회복지 사상[4)]

창세기와 율법서에서 마련된 사회복지제도와 하나님의 복지사상과 하나님과의 계약법전은 하나님과 이스라엘 백성 사이에서 성실하게 지켜지므로 말미암아 그들의 삶은 다음 민족보다 월등하게 안정되고 풍족하였다. 하지만 왕정이 수립되면서 부의 축적이 가능해지므로 말미암아 왕국의 건설은 이전의 노예생활과 다름없는 상황을 초래하게 되었다. 결국 이러한 문제들로 통일

4) 레위기 25:21

왕국의 종말을 고하게 되었고 분열왕국시대를 맞게 되는 좋지 않은 결과가 나타나게 되었다. 통일왕국시대의 참담한 사회문제는 분열왕국시대에 들어와 예언자들의 메시지를 통하여 하나님의 공의와 사회의 정의를 중시하게 되었다. 특히 이 시대에 가장 처음 예언한 아모스는 현저하게 사회정의를 강조하였으며, 학정과 악습을 통렬하게 비판하였다.[5)]

"너희가 가난한 자를 밟고 저에게서 밀의 부당한 세를 취하였은즉 너희가 비록 다듬은 돌로 집을 건축하였으나 거기 거하지 못할 것이요 아름다운 포도원을 심었으나 그 포도주를 마시지 못하리라. 너희의 허물이 많고 죄악이 중함을 내가 아노라. 너희는 의인 을 학대하며, 뇌물을 받고 성문에서 궁핍한 자를 억울하게 하는 자로다. 그러므로 이런 때에 지혜자가 잠잠하나니 이는 때가 악함이니라" (암 5:11-12)

호세아 선지자도 역시 동일한 어조로 "나는 인애를 원하고 제사를 원치 아니하며, 번제보다 하나님을 아는 것을 원하노라(호 6:6)"라고 외쳤으며, 이사야선지자도 이사야서 56장에서 이스라엘이 행하는 금식기도와 야훼께서 기뻐하시는 금식기도를 구별하고 있다. 이제 백성들은 착취에 시달리고 하나님의 의는 완전히 무너지고 말았다.

한편, 예레미야 선지자는 이러한 상황 가운데서도 만약 백성들이 그들의 불의와 우상을 버리고 하나님의 공의를 깨닫고 나올 때는 아직도 희망이 있음을 선포하였다.

"너희가 길과 행위를 참으로 바르게 하여 이웃들 사이에 공의를 행하며, 이방인과 고아와 과부를 압제하지 말며, 무죄한 자의 피를 이곳에서 흘리지 아니하며, 다른 신을 쫓아 스스로 해하지 아니하면 내가 너희를 이곳에 거하게 하리니, 곧 너희 조상에게 영원 무궁히 준 이 땅에니라" (예레미야 7:5-7).

예레미아와 이사야의 날카로운 경고에도 불구하고 타락한 지도자들은 결코 회개하지 않았고 그 결과 B.C 587년 바벨론의 재침공으로 예루살렘은 멸망하고 말았다.

5) 아모스 5:7, 이사야 3:14, 아모스 5:11-12.

제4장 신약성경에 나타난 사회복지

1. 4복음서에 나타난 기독교사회복지 사상
2. 사도행전에 나타난 기독교사회복지 사상
3. 바울서신에 나타난 기독교사회복지 사상

신약성경에서도 구약성경과 마찬가지로 기독교사회복지의 실천을 일관되게 강조하고 있다. 이스라엘의 복지사상은 신약에 와서 예수 그리스도에 의해 구체적으로 나타났다.

> "네 마음을 다하고 목숨을 다하고, 뜻을 다하여 주 너의 하나님을 사랑하라 하셨으니, 이것이 크고 첫째 되는 계명이요, 둘째도 그와 같으니 네 이웃을 네 자신 같이 사랑하라 하셨으니, 이 두 계명이 온 율법과 선지자의 강령이니라" (마태복음 22:37-40)

예수님은 배고픈 민중과의 삶, 그들을 위한 무조건적 사랑과 연대, 그리고 일체성을 통해 예수께서 스스로를 굶주린 자, 목마른 자 그리고 나그네 된 자, 헐벗고 병든 자, 갇힌 자들의 친구이심을 나타내셨다.

① 4복음서에 나타난 기독교사회복지 사상

첫째, 예수님께서는 소외계층의 인권회복에 관심을 가지셨다.

마태복음 25장 42절에는 "내가 주릴 때 먹을 것을 주지 아니했다"라고 예수 그리스도께서 말할 때 25장 44절에서 "어느 때 주의 주리신 것이나 목마른 것을 공양치 아니했습니까?"라고 죄인이 답변했다. 이때 예수께서는 25장 45절에서 "지극히 작은 자 하나에게 하지 아니한 것이 내게 하지 아니한 것이다. 너희는 영원한 지옥에 들어가라"고 말씀하셨다. 예수님은 이천 년 전 팔레스틴의 정치, 사회, 경제적 상황에서 인간 대접을 받지 못하는 여자, 가난한 자들, 창녀, 세리, 죄인, 사마리아인, 병자, 정신환자, 이방인 등의 지극히 작은 자들이 고통 속에 신음하고 있는 자들에 대한 사랑의 실천이 하나님의 계명을 지키는 것과 더불어 영생의 조건임을 명시해 주고 있다. 특히 예수님은 이러한 소외계층을 억압으로부터 해방시켜 주시기 위해 그 당시 지배체제를 향하여 강하게 지탄하셨으며 회당과 산과 들에서 압제받는 자들의 인권회복을 외쳤던 것이다.

둘째, 예수님께서는 또한 영적생명을 위해 인류의 죄를 대신 지시고 죽으시고 죽음에서 부활하심으로 영생의 약속을 성취하셨다. 이는 곧 예수 그리스도의 생명존중사상과 온 인류를 향한 최상의 사랑표현인 것이다.

"이에 회당장인 야이로라 하는 사람이 와서 예수의 발아래에 엎드려 자기 집에 오시기를 간구하니 이는 자기에게 열두 살 된 외딸이 있어 죽어감이러라 예수께서 가실 때에…회당장의 집에서 사람이 와서 말하되 당신의 딸이 죽었나이다. 선생님을 더 괴롭게 하지 마소서 하거늘…모든 사람이 아이를 위하여 울며 통곡하매…예수께서 아이의 손을 잡고 불러 이르시되 '아이야 일어나라' 하시니 그 영이 돌아와 아이가 곧 일어나거늘"(마 9:25)

"그 후에 예수께서 나인이란 성으로 가실 때에 새 제자와 많은 무리가 동행하더니 성문에 가까이 이르실 때에 사람들이 한 죽은 자를 메고 나오니 이는 한 어머니의 독자요 그의 어머니는 과부라. 그 성의 많은 사람도 그와 함께 나오거늘 주께서 과부를 보시고 불쌍히 여기사 울지 말라 하시고 가까이 가서 그 관에 손을 대시니 멘 자들이 서는지라 예수께서 이르시되 청년아 내가 네게 말하노니 일어나라 하시매 죽었던 자가 일어나 앉고 말도 하거늘"(눅 7:11-15)

"이에 예수께서 다시 속으로 비통히 여기시며 무덤에 가시니 무덤이 굴이라 돌로 막았거늘 예수께서 이르시되 돌을 옮겨 놓으라 하시니 그 죽은 자의 누이 마르다가 이르되 주여 죽은지가 나흘이 되었으매 벌써 냄새가 나나이다…큰 소리로 '나사로야 나오라' 부르니 죽은 자가 수족을 베로 동인 채로 나오는데 그 얼굴은 수건에 싸였더라. 예수께서 이르시되 풀어 놓아 다니게 하라 하시니라"(요 11:38-44)

셋째, 육신이 병든 자를 고치셨다.

예수그리스도는 복지적 차원에서 나면서 소경된 자의 눈을 보게 하셨고(요 9:1-7), 벙어리의 입을 여셨고(마 15:30-31), 불치의 병자 문둥병자를 고치셨고(눅 17:11-17), 귀신들린 지적장애인을 고치셨고(마 15:15-18) 수많은 병자를 고쳐 주셨다. 이는 단순히 병 고침의 표적에 그치는 것이 아니라 예수 그리스도의 긍휼하심과 지극하신 사랑을 병 고침으로 표현하신 것이라 할 수 있다.

장애자는 일반적으로 심신장애를 원인으로 해서 남의 원조와 협조 없이는 기본적 생존마저도 확보하기 어려운 사람들이다.[1] 신약성경에서 장애자와 관련된 내용이 71곳이며, 예수님은 유대인사회에서 소외되고 멸시받는 장애자들을 사랑하며 불쌍히 여겼다. 그는 나환자, 중풍환자, 절뚝발이, 불구자, 소경, 벙어리, 귀머거리, 어눌한 자, 저는 자, 앉은뱅이들을 치료하였는데, 사실 구약시대 장애자는 사제의 신체조건에도 탈락되고[2] 죄의 대가[3] 등 불이익을 받았고 부정적으로 일반인들에게 해석되었다. 유대인의 전통적 사고방식에 의해 예수님의 제자들이 소경된 장애자를 향해 뉘 죄인가 질문을 한다. 그때 예수님은 장

1) 림병덕(1987), "기독교와 장애자 복지사업", 『장로회보』.Vol 3(5).
2) 레위기 21:17-24.
3) 왕상 13:4.

애를 하나님의 섭리로 보았다.[4] 장애인 본인이나 그 부모의 죄 등 부정적 의미가 아니라 긍정적 의미에서 생의 독특한 사명이 있다는 것을 깨닫게 해주고 있다. 예수님은 이렇게 심신장애자들에 대해서 적극적, 소망적 해석을 내리고 있다.

예수님의 사회복지 실천은 구체적으로 질병치료로 나타났는데[5] 그 당시는 상당수가 장애자였다. 예수님 당시에 의원이나 의사가 있기는 했으나, 극소수이고 의학지식도 극히 한정되어 있었다. 그나마 가난한 자들은 진료 받을 기회가 오지도 않았는데, 이러한 이들을 위해서 예수는 치료자로 나타났다. 예수님은 환자를 보고 무관심하거나 도외시하거나 냉담하게 방관하지 않고 많은 장애자를 고쳐 주었음을 볼 수 있다. 그는 가버나움에서 모든 병자와 귀신들린 자를 고쳤다.[6] 예수님은 심신장애자들을 얼마든지 고칠 수 있는 무한한 능력의 소유자였다. 장애자를 고쳐준 이유는 마가복음 1장 41절에 의하면 한 문둥병자가 예수 앞에 엎드려 고쳐 달라고 애원할 때 예수님은 민망히 여겼다. 예수님은 순수한 사랑과 자비의 결정체였기 때문에 병자를 볼 때에 견딜 수 없는 충동을 느꼈던 것이다. 예수님은 한결같이 정신적, 육체적 장애를 치료해주는 완전한 치료자였다.

넷째, 예수님께서는 배고픈 자에게 먹을 것을 주셨다.

"예수께서 제자들을 불러 이르시되 내가 무리를 불쌍히 여기노라 그들이 나와 함께 있은 지 이미 사흘이매 먹을 것이 없도다. 길에서 기진할까 하여 굶겨 보내지 못하겠노라. 제자들이 이르되 광야에 있어 우리가 어디서 이런 무리가 배부를 만큼 떡을 얻으리이까? 예수께서 이르시되 너희에게 떡이 몇 개나 있느냐 이르되 일곱 개와 작은 생선 두어 마리가 있나이다. 하거늘 예수께서 무리에게 명하사 땅에 앉게 하시고 떡 일곱 개와 그 생선을 가지사 축사하시고 떼어 제자들에게 주시니 제자들이 무리에게 주매 다 배불리 먹고 남은 조각을 일곱 광주리에 차게 거두었으며 먹은 자는 여자와 어린이 외에 사천 명이었더라" (마 15:32-38)

---

4) 요 9:1-3.
5) 마 11:5.
6) 막 1:32-34.

이는 단순히 배고픔의 허기를 채우는 차원을 넘어 사회적, 경제적, 시대적 상황 속에서 민중들의 생명유지와 건강한 삶을 유지시키기 위한 예수 그리스도의 또 다른 사랑의 표현이라 할 수 있을 것이다.

2) 사도행전에 나타난 기독교사회복지 사상

초대교회의 복지선교의 모습은 사도행전 2장 37절-47절에 잘 묘사되어 있다. 성령의 체험을 통하여 신앙공동체로 모여 "친교"(koinonia)를 나누었다. 동시에 그들은 사람들이 함께 모여 있는 곳으로 찾아가서 그들의 생활욕구의 필요에 따라 가난한 사람들과 함께 통용하며 구제하고, 병든 자들을 치유하며 위로하는 사명을 충실하게 감당함으로써 초대교회의 부흥과 함께 미래의 복지선교의 기틀을 정립하였다.

> 믿는 사람이 다 함께 있어 모든 물건을 서로 통용하고 또 재산과 소유를 팔아 각 사람의 필요를 따라 나눠 주고 날마다 마음을 같이 하여 성전에 모이기를 힘쓰고 집에서 떡을 떼며 기쁨과 순전한 마음으로 음식을 먹고 하나님을 찬미하며 또 온 백성에게 칭송을 받으니 주께서 구원받는 사람을 날마다 더하게 하시니라(행 2:44-47)

첫째, 초대교회 성도들은 예배와 봉사와의 밀접한 관계를 형성하고 '과부'와 '고아'를 매일 구제하는 것으로부터 시작한 봉사를 실천하였다. 특히 과부들을 보살피기 위하여 집사(diakonos)를 임명하였으며, 헬라의 과부들을 위한 구제를 위해서 사도들에 의해서 임명을 받은 최초의 사회복지사인 일곱 집사(행 6:1-6)가 있었다. 이들은 헬라 과부들이 등한시되어 불공평에 따른 곤란한 문제의 해결자로서 그 임무를 부여받았을 때에도 후일 교회 내에서 자비의 일을 감독하며 필요한 구제를 위한 자금을 모으며 지출하는 모범적인 그리스도인이었던 것이다.

둘째, 초대교회 성도들은 그리스도의 복음으로 병든 자들을 치유하며 도와주는 일에 앞장섰다. 그 당시 사도들이 지날 때마다 병든 사람과 귀신 들린 사람을 데리고 와서 치유를 받은 일이 있었다.[7] 그리고 베드로와 요한이 "나면서 앉은뱅이 된 사람을 나사렛 예수의 이름으로 고친 일"[8] "베드로가 룻다에서 8년간 중풍으로 앓던 사람을 고친 일"[9] "바울이 에베소의 회당에서 악귀 들린 사람을 만난 일"[10]들을 볼 수 있다. 한편 당시 이교들이 각종 전염병으로 병든 자들을 내쫓으며 사회에서 격리시켰으나, 초대교회 교인들은 병자들을 간호하다가 병균에 전염되어 죽기까지 돌보았던 일도 있었다.

셋째, 부활의 승리를 경험한 예수 그리스도의 제자들은 오순절 성령 강림을 통하여 얻은 성령체험을 토대로 새로운 신앙 공동체를 형성하였는데, 그들은 자신들의 물질을 나누어 궁핍한 자를 돌보고 모든 것을 서로 나누는 공동생활을 하게 되었으며(행 4:32-5:11),

> 믿는 무리가 한 마음과 한 뜻이 되어 모든 물건을 서로 통용하고 제 재물을 조금이라도 제 것이라 하는 이가 하나도 없더라. 사도들이 큰 권능으로 주 예수의 부활을 증거하니 무리가 큰 은혜를 얻어 그 중에 핍절한 사람이 없으니 이는 밭과 집 있는 자는 팔아 그 판 것의 값을 가져다가 사도들의 발 앞에 두매 저희가 각 사람의 필요를 따라 나눠줌이러라. (행 4:32-35)

3) 바울서신에 나타난 기독교사회복지 사상

로마서에서는 기독교사회복지를 행함에 있어 실제 어떠한 자세로 임해야 하는지를 가르쳐 주고 계신다. 하나님께서는 믿는 사람들에게 서로 다른 직분

7) 사도행전 5장 12절.
8) 사도행전 3장 1-10절.
9) 사도행전 9장 32-35절.
10) 사도행전 19장 1-20절.

을 주시고 서로가 자기에 맡겨진 직분에 충실하고 협력하여 하나님의 뜻을 서로 하나가 되어 이루시길 원한다(롬 12:13).

또한 고린도전후서를 살펴보면 하나님이 주신 은사 가운데 사회복지를 행하는 것이 포함되어 있음을 알 수 있다. 하나님께서는 한 몸에 서로 다른 은사를 가진 여러 지체를 주시었고 각 지체는 자신의 일에 충실하면서 서로 협력하여 선을 이루어야 한다고 제시해 주고 있다(고전 12:18-29). 고린도후서는 물질을 바칠 때 즉 연보를 할 때는 인색한 마음을 갖지 말고 즐거운 마음으로 감사한 마음으로 하나님께 드릴 때 하나님께서 사랑하시사 모든 일에 넉넉하게 하시어 더욱 선한 일들을 할 수 있도록 하신다고 명시한다(고후 9:8-12, 8:1-5).

바울 사도는 당시 기근과 정치적 억압, 착취로 인해 생겨난 예루살렘 교회와 가난한 성도들을 보살펴 주고 선한 일은 행할 기회가 있을 때마다 놓치지 말고 선을 행하라고 권면하고 있다.

"다만 우리에게 가난한 자들 생각하는 것을 부탁하였으니 이것을 나도 본래 힘써 행하노라"(갈 2:10)

"우리가 선을 행하되 낙심하지 말지니 피곤하지 아니하면 때가 이르매 거두리라 그러므로 우리는 기회 있는 대로 모든 이에게 착한 일을 하되 더욱 믿음의 가정들에게 할지니라" (갈 6:9-10)

예수님께서는 자기를 비워 세상에서 종의 형상으로 사셨다. 이와 같이 기독교사회복지는 겸손한 마음으로 행해야 한다.

그러므로 그리스도 안에 무슨 권면이나 사랑에 무슨 위로나 성령의 무슨 교제나 긍휼이나 자비가 있거든 마음을 같이하여 같은 사랑을 가지고 뜻을 합하며 한 마음을 품어(빌 2:3) 아무 일에든지 다툼이나 허영으로 하지 말고 오직 겸손한 마음으로 각각 자기보다 남을 낫게 여기고 각각 자기 일을 돌아볼 뿐더러 또한 각각 다른 사람들의 일을 돌아보아 나의 기쁨을 충만케 하라 너희 안에 이 마음을 품으라 곧 그리스도 예수의 마음이니(빌 2:6) 그는 근본 하나님의 본체시나 하나님과 동등됨을 취할 것으로 여기지 아니하시고(빌 2:7) 오히려 자기를 비어 종의 형체를 가져 사람들과 같이 되었고 사람의 모양으로 나타나셨으매 자기를 낮추시고 죽기까지 복종하셨으니 곧 십자가에 죽으심이라(빌 2:1-10)

빌립보서에서는 예수의 겸손을 본받아야 할 것을 권면한다. 즉 예수님은 본체이신 하나님의 영광된 자기를 낮추어 종의 몸으로 인간들 사이에 오신 분이다. 인간을 섬기는 삶을 통하여 타락한 인간의 참 형상을 회복하신 분이다. '하나님의 형상 회복'이라는 궁극적인 목적을 실현하고자 복지사업에 참여하는 모든 사람들은 그리스도의 겸손을 본받아 예수의 삶을 모델로 삼고 겸손하게 살아가야 한다(빌립보서 2:1-8)고 강조한다.

갈라디아서에서는 사도바울이 당시의 기근과 정치적 억압과 착취로 인해 생겨난 예루살렘 교회의 가난한 성도들을 보살펴 주고 기회가 있을 때마다 놓치지 말고 선을 행할 것을 권고하며(갈라디아서 2:10, 6:9-10) 하나님의 자녀가 된 성도들은 아버지 하나님의 성품을 본받기를 권면하고 있다(에베소서 5:1-2).

제5장 교회사에서의 사회복지 고찰

1. 초대교회 시대
2. 중세교회 시대
3. 종교개혁 시대
4. 근대 교회시대
5. 현대교회시대

1 초대교회 시대

초대교회 시대는 예배와 봉사가 서로 밀접한 관계를 형성하고 있었으며, 신앙 때문에 많은 환난과 핍박을 당하는 성도들 혹은 병든 자들을 위해서 희생적 구제에 관심이 많았다.

이 시기에 기독교사회복지를 제도화시킬 수 있는 의미 있는 직제가 교회 내에 탄생되었다. 임시적인 사도, 선지자, 전도자들과 영구적인 장로, 감독 및 집사 등과 같은 교회의 직분이 제도화되었다. 특히 집사의 직분은 사회복지(봉사)와 밀접한 관계가 있다. 집사(diamonos)는 종, 수종자 혹은 사역자의 의미를 가지는데 가난한 자들을 위한 기부금이나 재산 등을 관리하는 사람들이었다. 또한, 집사는 병자, 궁핍한 자, 특별히 과부, 고아, 죄인들을 찾아 방문하고 그들이 필요로 하는 것을 감독에게 알리고 그들에게 교회의 구제품을 전달하였다. 오늘날 재가복지와 같은 활동을 하고 있다.

더 나아가 집사는 높은 인격을 갖춘 그리스도인들(딤전3:8-13)로 구성된 한정된 계층을 일컫는 말로 사용되었다. 신약성경에 공동체의 공동재산을 관리하기 위하여 일곱 명의 헬라파 사람들을 집사로 세웠고 열두 제자를 도움으로써 사도들이 말씀에 전념하도록 하고 기독교사회복지를 전담했다는 내용을 찾을 수 있다.

그러나 초대교회에서 행해지는 복지는 복지 대상자를 무차별적으로 구제하는 것이 아니라 도움을 받아 마땅한 자를 일정한 기준에 따라 선별하여 선별적으로 도움을 주었다.

2) 중세교회 시대

중세교회의 복지사업은 성경에 나타나 있는 자선사상을 바탕으로 한 종교적 자선사업이었다. 당시의 자선사업은 의무적이 아니었으며, 개인의 판단에 맡겨져서 행해졌다. 이 시대의 기독교 복지기관으로는 십자군, 수도원, 기사단, 길드와 구빈원이 있었다. 십자군 운동으로 인한 사회적 혼란은 중세 자선사업의 대부분의 동기가 되었고 당시 수도원에서는 찾아오는 사람들 누구나 차별없이 구제하였다. 그리고 일부 기사단 중에는 자기 청사를 구빈원으로 활용하였고, 집단적 수용시설인 구빈원은 수도원에 부설된 숙박소였다가 후에 노약자, 병자, 과부, 고아 등 필요로 하는 사람들의 주거로 사용하였다.

그러나 중세교회의 자선사업의 폐해도 있었다. 구제사업이 내세의 복락관과 연계되어 현실 문제를 도외시한 결과, 보다 조직적이고 과학적인 자선활동으로 발전시키지 못했다. 오히려 무분별한 자선이 직업적인 걸인을 증가시켰고, 태만을 조장했으며, 근본적인 경제문제와 사회문제의 해결을 도외시했다.

3) 종교개혁 시대

개혁자들의 사상은 근세, 현대 사회의 사회복지 이념과 제도형성에 크게 영향을 끼쳤다. 특별히 공적사회복지에서 복지혜택을 받을 자격심사 기준, 노동 조건적 복지혜택, 사회복지 제도에서 정부와 종교의 분리 또는 연계의 원칙 등은 종교개혁자들의 사상이 절대적인 기준역할을 하였다. 종교개혁자 루터의 노동관은 (1) 일을 할 수 있는 모든 사람은 일을 해야 한다. (2) 게으름과 구걸과 이자를 붙여서 돈을 빌려주는 일은 악한 행위이다. (3) 자선은 오직 일을 할 수 없는 사람에게만 베풀어야 한다. 그리고 그리스도 안에서 마음의 회심, 정신의 회심, 주머니의 회심 등 세 가지 회심을 강조했다. 한편, 종교개혁자인 칼빈은 하나님과의 관계를 단절시키지 않는 한, 그리스도인의 재산 축적을 죄악시하지 않았다. 오히려 가난이 부유함만큼이나 영성에 해롭다고 했다. 개혁자들은 상업행위와 그리스도인의 삶이 모순되지 않는다는 것을 알았다. 칼빈은 그와 같은 행위들에 황금률인 사랑을 적용하자는 단순한 주장을 하였다. 그는 궁핍보다는 근신을 가르쳤다. 신약성경의 교회처럼 가난해지려고 일부러 노력하지 말고 다른 사람의 궁핍함을 덜어줄 것을 강조했다.

4) 근대 교회 시대

이 시대의 사회복지 역사는 교회사회복지 역사와 같은 궤도에서 움직여 왔다고 해도 과언은 아니다. 영국의 구빈법, 자선조직협회(COS), 인보관운동(Settlement House) 등은 기독교의 절대적 영향하에서 진행되었다. 교회구제사업은 이 시대에도 지속되어 왔는데 사회사업의 모태라고 볼 수 있는 '우애 방문가(Friendly Visitor)'는 크리스천들의 교회사회사업 운동의 하나였다.

1) 인보관 운동(Social Settlement Movement)

인보관운동은 19세기 후반기 구미 여러 나라의 기독교 지도자에 의하여 창시되었다. 바넷(Samuel Barnett, 1844-1913, 영국), 코이트(Satanton Coit, 1857-1944, 미국), 아담스(Jane Addams, 1860-1935, 미국), 왈드(Fillian Wald, 1867-1940, 미국) 등은 모두 독실한 기독교인들로서(성직자, 평신도) 기독교의 사회봉사 이념을 인보관운동으로서 구체화시켰고, 그리스도의 사랑과 정신을 지역사회 내에서 실천하게 하는 사회적 장치를 마련한 선구자들이다.

이런 기독교 지도자들이 주창한 인보관 운동은 영국과 미국의 젊은 기독교 학생들, 교인들, 그리고 일반사회의 호응을 불러일으켜 번져 나갔다. 세계 최초의 지역사회복지관으로 토인비홀(Toynbee Hall)이 1884년에 건립되었고, 미국 시카고에는 제인 아담스(Jane Addams)의 주도적 노력으로 1889년에 헐 하우스(Hull House)로 명명된 사회복지관이 건립되었다.

이런 역사적 맥락에서 고찰할 때 인보관 운동 또는 지역사회복지관 운동은 기독교인들이 주체가 되어 발전시켰고, 이로써 인보관은 교회사회 선교의 터전으로 중추적 역할을 감당하였고, 이 결과 교회와 지역사회, 복음과 주민의 실질적인 삶의 문제를 중심으로 만나는 중추적 역할을 감당하게 되었다. 사회선교, 복음전도라는 종교적 목적이 성취됨과 동시에 지역주민의 사회문제를 해결해 주면서 사회통합, 사회개발 등의 사회적 목표도 달성할 수 있었다.

2) 구빈법

(1) 초기의 구빈법

1536년 헨리8세의 구빈법의 특색은 첫째, 억압방법을 사용하는 데 대하여 적극적 구제계획을 세우는 일이다. 둘째는 누구나 구제를 구걸하는 것을 허락하지 않는다는 일반적인 원칙을 설정해서 빈궁자의 보호를 확실히 할 필요가 인식되면 임의구제가 충분하지 않을 때는 강제과세를 실시하였다. 셋째로는 건강한 자가 반드시 직업을 발견할 수 있는 것이 아니라는 것을 인식하는 이상 교구민은 빈곤한 건강한 자에게 직업을 제공하라고 요구하고 있다.

(2) 엘리자베스 1세의 구빈법

교회의 기부금 모집은 성공하지 못하고 1572년 엘리자베스 1세의 구빈법은 빈민구제를 완강히 거부하는 사람들에게 1년간 봉사하면서 일정한 금액을 강제로 징수할 수 있는 권한을 가지는 공무원으로서의 기금모집원 혹은 구제위원의 채용을 규정하였다.

1598년에 제정되어 1601년에 수정된 법령은 빈민에 관한 각종의 규정을 일괄한 기본법이 되었다. 첫째 구제의 수급자를 3종으로 분류하였다(빈민 the deserving poor, 가치 없는 빈민 the undeserving poor, 빈곤아동). 경비의 재원은 빈민구제의 구제위원이 그 교구의 토지 가옥의 소유자 혹은 10분지 1세 피과세자로부터 적당하고 생각되는 금액을 매주 부과하여 징수하였다.

(3) 정주법 (The Settlement Act)

빈민은 구제가 충분하고 용이한 교구로 모여들었는데 교구에 신규로 들어오는 사람이 40일 이내에 1년에 10파운드 가치의 집에 세들지 않는다면 쫓겨날 수 있도록 했다.

그래서 교구는 교구 내에 법률상의 주소를 가진 자들에게만 책임을 지게 되었다.

빈민부조를 받으려면 다음과 같은 자격이 있어야 했다.

· 부모가 합법적으로 거주하는 해당 교구에서 출생한 것이 증명되어야 한다.

· 1662년까지 현 교구에서 3년 이상 거주하고 있어야 한다.

· 교구민이라는 증명이 있어야 한다.

(4) 신구빈법(The Poor Lay Amendment Act of, 1834)

영국은 1812-1822년 사이에 발발한 프랑스와의 전쟁 이후 사회경제적으로 매우 어려운 상황에 처하게 되었고 이런 상황 하에서 1834년 개정 구빈법이 반포되었다. 개정구빈법은 의화 산하 기관으로 빈민 구제를 위한 왕립위원회를 설치하였고 이 법인 시행 이후 시간이 갈수록 극빈자들에 대한 공적 부조는 교회의 영향력에서 축소되어 중앙 정부로 그 권한이 넘어가게 되었다. 결과적으로 정부는 노동 합숙소 밖에서는 더 이상의 부조가 이루어지지 않도록 하고 나아가 2년 이내에 공적 부조를 끝내는 것을 목표로 하였다.

이 법안의 중요 사항은 다음과 같다[1].

---

1) Driver, 1993 ; 손병덕, 2005:65에서 재인용

첫째, 일할 수 있는 사람은 노동 합숙소 외에는 구빈법 행정관들로부터 돈이나 어떤 다른 도움도 받을 수 없다.

둘째, 노동 합숙소는 도움을 받기 원하는 사람들이 그러한 마음을 가지지 못하도록 매우 엄한 분위기를 조성해야 한다.

셋째, 노동 합숙소는 모든 교구에 세워져야 하나 만약 해당 ryrnk 매우 작다면 교구 연합체를 구성하여 건설한다.

넷째, 각 교구의 구빈세 납세자들은 노동 합숙소를 감독할 감시위원회를 선출하고 구빈세율을 정하여 구빈세 중앙위원회에 그 보고서를 제출해야 한다.

다섯째, 세 명의 구빈세 중앙위원들은 정부가 임명하고 구빈법의 전국적인 시행을 감독할 책임을 지닌다.

3) 자선조직화 운동(Charity Organization Society)

영국에서 자선조직협회는 1869년 런던에서 원래 당시 빈민을 구호하기 위해 존재했던 수많은 민간단체들의 업무를 조정하기 위해서 창설되었다. 그러나 자선조직협회는 기관들의 업무조정뿐 아니라 직접적인 구호와 서비스도 제공하기 시작했다. 이 시기에 자선조직협회 지도자들은 구빈을 위한 정부의 활동은 빈민의 재활을 위해서는 도움이 되지 않는다는 생각을 갖고 있었다. 그리하여 자선조직협회는 구호를 받을 가치가 있는 빈민과 가치가 없는 정부의 활동은 빈민의 재활을 위해서는 도움이 되지 않는다는 생각을 갖고 있었다. 그리하여 자선조직협회는 구호를 받을 가치가 있는 빈민과 가치가 없는 빈민으로 구분하고 어쩔 수 없는 이유로 자립이 불가능하고 협회의 우애 방문원들의 도덕심을 본받아 빈곤으로부터 탈피할 소지가 있는 가치 있는 빈민에게만 원조를 주게 되었다. 이러한 과정을 통해 자선조직협회는 가난한 주민들을 위한 서비스 조사, 개발, 후원과 동시에 비영리 자선조직협회는 가난한 주민들을 위한 서비스 조사, 개발, 후원과 동시에 비영리 사회복지부문을 위한 계획, 운영, 자금형성 기초를 강화하는 수단 및 새로운 모델을 확립하였다[2].

5 현대교회 시대

의심 없이 19세기 그리스도인들은 교회사회사업가로서 교회사회봉사를 통한 요보호자들과 가난한 사람들을 도왔고, 사회환경을 개혁시키려는 일을 하나님께서 주신 사명으로 알고 실천해왔다. 이러한 교회사회사업을 하나님의 소명으로 알고 일해 온 것은 1920년대까지 강하게 진행되어 왔다. 역사적으로 볼 때, 그리스도인들은 의사, 간호사, 교육자, 사회사업가 등 인간봉사전문직업에 종사하면서 이런 직업을 소명으로 받아들여 왔다.

오늘날 사회사업은 소명이 없는 영적 고갈상태에 처해 있어서 더 이상 기독교와 관련된 직업으로 보기가 어렵게 되었다. 또한, 현대의 교회들은 교회사회사업을 복음의 핵심으로 보지 않고, 오히려 교회성장을 위한 도구로 보려는 경향이 있다. 비록 교회사회사업을 복지재단을 세워 전문적으로 집행하고 있다고 해도 영적 고갈상태는 일반 세속사회복지 기관과 대동소이한 형편이다.

이러한 맥락에서 초대교회시대, 중세교회시대, 근대시대의 교회사회사업 역사의 복음적 맥을 다시 붙잡고 현대교회사회사업을 발전시켜야 할 것이다. 그리고 세속적이고 반기독교적 사상이나 이념, 제도가 역사의 유물로 전래되어 왔다면 과감히 떨쳐버려야 할 것이다.

2) 최일섭 · 류진석(1997), 『지역사회복지론』, 서울대출판부, p. 38.

제6장 한국교회사에서의 사회복지 고찰

1. 초기 선교사들
2. 8.15해방 이전(1905~1945년)
3. 재건기(1946~1989년)
4. 현대화기(1990년~현재)

한국기독교는 선교 1세기라고 하는 비교적 짧은 역사 속에서 한국 교회의 기독교사회복지의 역사를 더듬어 볼 때, 여러 가지의 정치적 혼란으로 점철되어 있을 뿐만 아니라 어려운 역사적 상황 속에서 많은 시련을 겪으며 발전해 왔다. 본 장에서는 한국 기독교의 사회복지사업의 역사적 전개과정을 다음과 같이 구분하고자 한다.[1)]

1 초기 선교사들

우리나라의 초기 선교사인 언더우드(Horace G.Underwood)가 입국하기 1년 전인 1884년에 미국의 의료선교사 알렌(Allen)이 이미 한국에 입국하여 일하기 시작했다. 그의 의술을 통한 사회봉사에 의해 한국에서 처음으로 개신교 선교회 문화가 개방되었던 것이다. 초기선교사들은 오늘날 모든 사회복지시설의 효시가 되는 다양한 복지시설, 교육시설, 의료시설을 설립하고 운영하면서 사

1) 박종삼, "한국기독교사회복지의 역사와 새로운 역할, http://blog. naver.com/yoo21/60021056131.

회선교에 참여한 역사적 사실을 보면 선교사나 선교부가 지니고 있었던 사회선교의 입장은 다양하고 융통성이 있었다고 보아야 할 것이다. 이는 한국교회 성장에 크게 이바지하여 왔다. 반면, 개인의 삶의 터전이 되는 사회의 구조적 현실을 복음화하는 데에는 다소 침체했던 경향이 있었다.

2) 8.15해방 이전(1905~1945년)

구한말 무능하고 부패한 정치질서의 몰락과 봉건주의 경제 질서의 붕괴, 그리고 가치갈등과 계급갈등으로 인한 사회적 혼란과 무규범이 한국사회를 위기상황으로 몰아가고 있을 때, 무지와 미신, 빈곤과 질병, 계급차별과 성차별이 만연하고 있을 때 들어온 개신교는 한국사회를 변동시키는 하나의 원동력이 되었다. 초기의 근대화된 학교들이 주로 개신교에 의해 시작되었고, 여성해방운동, 문맹퇴치 운동, 절제운동, 농촌운동과 같은 광범위한 사회운동들이 교회에 의해 주도되었다. 의료사업 그리고 사회복지사업을 통한 사회봉사활동을 폭넓게 전개했으며 YMCA 등을 통해 건전하고 새로운 문화 활동을 소개했다. 나아가서 한국교회는 초기에 민족의식을 고취시키고 독립운동을 전개하여 사람들의 사회의식과 역사의식을 일깨워 준 개화의 계몽의 중심지가 되기도 했다. 이렇게 본다면 근대화를 향한 한국사회의 변형, 청교도적인 윤리를 통한 도덕성 회복, 근대적 사회복지이념과 방법을 통한 사회봉사의 실천 등 긍정적인 사회적 기능을 한국교회가 했다고 볼 수 있다.

이 시기에 한국 기독교가 사회복지사업에 끼친 영향을 다음과 같이 요약해 볼 수 있다.

1) 사회계몽사업

한국기독교가 사회계몽사업을 통해 사회복지사업에 많은 영향을 미쳤다. 이때 당시 한국 교회는 새로운 문명의 도입으로 인하여 정신적 혼란 중에서 주민을 위한 계몽 운동을 교회조직을 통해 실시했는데 그 중 중요한 네 가지 사업은 다음과 같다.

첫째, 문맹퇴치사업이다. 이는 글을 가르쳐 알게 함으로써 스스로가 새로운 문명에 대하 지식을 얻게 하기 위함이었다. 나아가 일제의 탄압 속에서도 굴하지 않고 한글을 가르쳐 민중들에게 민족의식의 자각과 독립정신, 평등사상 등을 심어주게 되어 선교적 차원을 넘어 민족의 개화를 촉진시키는 역할을 하였다.

둘째, 의식주 생활의식 개혁에 대한 계몽사업이 활발하게 전개되어 새로운 문명의 도입으로 인한 혼란기에 주민생활에 있어 위생적이고 합리적 생활을 도모해 나갔다.

셋째, 농촌 계몽운동사업으로 1920년 북장로교 선교회에서는 농촌계몽운동을 펼쳤고, 숭실전문학교 농과를 설치하여 농촌지도자를 양성하였다.

넷째, 기독교사회관을 통한 사업이다. 처음 기독교사회관 사업은 지역주민들에게 사회적, 영적, 정신적 및 육체적 발달의 기회를 제공함으로서 점차 기독교적이며 민주적인 생활방식을 습득시키고자 하였다. 사회관 사업은 교회 내적 봉사사업보다는 지역사회봉사를 그 사명으로 하였다.

2) 구제사업

한국교회가 이룩한 일 중에 빼놓을 수 없는 아주 중요한 지역사회 복지사업이 구제사업이다. 과거로부터 빈부의 격차가 심했던 이 사회에서 불우한 사람을 돌보아 주었던 기관은 교회였다. 특히 구세군 교회가 주동이 되어 아동들을 대상을 구제사업을 전개했다.

1920년 경성구제회가 독지가 김병찬의 도움으로 설립되었고, 1920년에 윤치호 등 교회 지도자들이 고아구제회를 조직하고 고아원을 확장했다. 1921년에는 평양고아원, 1925년에는 평북, 선천 등의 대동고아원, 1934년에는 원선 고아원 등이 각각 설립되었다.[1] 1923년 서울에 구세군에서 남녀육아원을 개설하였다. 1928년 12월에는 한국 최초의 자선냄비가 등장하였다.

1) 김덕준(1982), "기독교회와 사회복지사업" 『사회복지』 겨울호, p. 29.

3) 부녀복지사업

1919년 선교사 헌터 웰즈(Hunter Wells)박사 부인인 롤라 웰즈(Lula Wells)에 의해 이혼녀, 불우여성을 위한 부녀복지사업이 실시되었으며, 특히 여성 및 아동을 위한 사회복지에 많은 비중과 관심을 두면서 활동해 온 남감리교회의 경우 막대한 선교부의 지원을 얻어 최초로 한국여성복지 사업에 전개되었다.[2] 1921년에는 여성문맹자들을 위한 문맹퇴치 및 미신타파교육, 위생강연 등 여성 계몽 및 어린이 건강을 위해 종로에 태화 여자관이라는 사회복지관이 설립되어, 여성해방과 자각, 민족의식의 앙양, 여성의 지위를 향상시키는 데 기여하였다.[3]

1922년 개성 고려여자관이 설립되었고, 1926년 설립된 원산 보혜 여자관의 경우, 여성에게 전문적인 기술을 가르쳐줌으로써, 여성들도 직업에 귀천이 없다는 인식과 여성산업이 발전할 수 있는 터를 닦아 놓음으로써 여성복지를 위해 초기 기독교가 기여한 바가 크다.[4] 또한 1926년 호주 장로회 선교부와 한국 구세군의 협조로 서울 "소녀의 집"을 운영하였다. 이외에도 여러 가지 사업들이 행하여졌는데. 1919년 독지가 김주용이 행랑방 제도에 의한 인권침해에 격분하여 보린회를 조직함으로 시작된 빈민구제사업, 음주, 도박, 흡연 매춘문제 등에 대한 사회악 쇄신운동 등이다.[5]

이외의 사업으로도 1920년대에 한국사회의 알코올 중독으로 사회문제를 일으키자 한국교회는 술과 담배를 금지하는 절제운동을 펼쳐나갔고, 1927년에는 아편과 금주운동을 선교사들이 앞장서서 한국교회와 협력 하에 절제운동을 벌인 것이다. 그 후 1938년 신사참배 강요로 한국교회가 어려움을 겪게 되고 1942년 일본의 탄압이 극에 달해 많은 교회들이 없어지는 고통을 겪었다.[6] 이로 인해 사회적 선구자로서의 기능을 상실한 한국교회는 종말론 지향적, 말세지향적, 내세지향적 성격에 집착하게 되었고, 교회는 사회에 무감각해져 일종의 안식처나 도피로 변모하고 말았다.

이처럼 한국교회는 예언자적이고 사회적인 사제적 기능을 상실하면서 점차 개인구원 문제에 초점이 맞추어져 사회적 관심과 역사의식은 흐려지게 되었다.[7]

---

2) 장병욱(1979),『한국감리교 여성사』, 성광문화사. p. 407.
3) 태화기독교 사회관(1972),『태화기독교 사회관 50년사』, 태화기독교 사회관발행. p. 52.
4) 장병욱, 상게서, p. 408.
5) 사랑의 실천운동 안내서(1984),『한국기독교 100주년 기념사업협의회』,성광문화사. p. 408.
6) 곽안전,『한국교회사』, 대한기독교서회, 1973. p. 8.

3) 재건기(1946~1989년)

1945년 해방은 한국 기독교의 해방으로 이해될 수 있다. 그 이유는 일제 식민지시대에 신사참배를 반대해 온 순교자 외에 투옥되었던 많은 목회자들이 석방된 날이기도 하기 때문이다. 그러나 해방 이후 미군정 통치시기에 교회가 사회구호적인 사회복지사업을 하기는 너무나 힘이 부족하였다. 대부분 교회들이 교리와 신학노선을 정립하는 데 시간을 보냈다.

1950년대는 6.25전쟁 이후 한국교회는 사회복지사업 활동이 매우 부족하였다. 전쟁 이후로 많은 교회와 부속건물, 병원, 기타 등의 시설들이 파괴되었다. 참혹한 전쟁의 고통 속에서도 고아원, 모자원, 재활원프로그램, 결핵프로젝트와 나환자 사업이 1950년대에 진행되었고, 특히 1959년도에는 학생과 어린이를 중심으로 고아원이나 가정에 방치된 수천 명이 어린이들에게 성경과 한글을 가르쳤다.

1960년대는 정치적 혼란과 경제적 성장 박차로 교회의 성장에 많은 영향을 미쳤고 은사집회의 전성기를 이루었다. 특히 농촌인구가 도시로 대규모 이주하였고, 여성 인구가 대부분 교회로 유입되었던 때이다. 1964년 국내 전도운동과 기도회개최운동, 1965년 300만 명을 그리스도라는 주제 아래 서울 운동장에서 대규모 집회로 1950년 말 교회의 분열로 인한 상처를 치유하고 대규모 복음전도의 길을 선택했고, 많은 분파운동은 일어났다. 그리고 이 시기에는 외부지원이 삭감하여 지역사회복지사업은 한국정부와 한국의 민간단체에 이양되었다. 또한 1960년대는 한국교회가 슬픔을 당한 자를 위로하고 고통당하는 자에게 사랑의 손길을 베풀었던 그리스도의 정신을 가지고 각종 사회복지사업활동에 적극 참여하였다.

1970년대에 이르러 한국은 어느 정도 경제성장에 성공하여 절대빈곤으로부터 벗어나기 시작하였다. 1970년대는 사회적으로 다변화를 겪었고, 점차적으로 국가는 재정적 책임을 담당하고 민간이나 사회봉사기관이 사회복지재단을 설립하여 사회봉사 프로그램을 위탁 운영하는 복지정책이 시작되었다. 이 과정에서 외국교회나 선교단체와 손잡고 열심히 사회봉사에 힘써왔던 교회는

---

7) 이원규, "한국교회의 사회적 기능", 「신학과 세계」, pp. 282-285.

서서히 사회복지활동의 현장에서 뒤로 물러나게 되었다 사회봉사에 힘써왔던 교회는 서서히 사회복지활동의 현장에서 뒤로 물러나게 되었다. 그 결과 70년대 중반에 이르러 한국사회복지의 주역은 정부와 민간사회복지단체들 뿐이었고, 한국 교회는 더 이상 복지사업의 중요한 역할을 감당하지 않는 것으로 일반사회나 교회내부에서 인식하게 되었다. 이때 교회는 산업화, 도시화에 따른 인구의 도시 유입과 정치적인 불안으로 인하여 놀라운 교회성장의 기회를 맞이하였다. 그러므로 양적 성장에 관심을 기울인 한국교회는 사회복지활동에 관한 관심이 점차 줄어들게 되자 사회복지활동에 관심 있는 교인들은 소수의 사람들로 구성된 개인별 사회봉사를 펼칠 수밖에 없었다. 그 결과 당시 교인들의 사회봉사는 정부나 민간단체의 사회사업기관에서의 봉사를 하게 되었다.

1980년대는 한국교회가 보유한 자원인 인적, 시설, 재정자원을 합리적이고 체계적으로 지역사회복지사업에 활용할 수 있도록 접근하는 시기였다. 1980년대에 우리사회의 독재정부타도와 민주화 운동은 정치, 경제, 문화, 복지 등 전 분야에서 놀라운 개혁을 초래하게 되었고, 한국 교회도 교회의 사회적 책임을 성경적·신학적 차원에서 재정립하는 과정이 일어나게 되었다. 또한 도시화로 인하여 많은 사회적 문제들이 발생하게 되자 경제적 빈곤자인 노인, 소년소녀가장, 한부모 세대, 장애인, 걸인, 외국인 노동자 등 소외계층들을 위한 복지가 요구되어졌다. 그리하여 교회는 이미 교회성장으로 축적된 조직, 시설, 재정, 인적 자원 등을 사회봉사를 위해 사용할 수 있는 기반으로 제공할 수 있게 되었다. 한국교회의 경우 이 시기에 이르러서 사회적 책임에 대한 논의가 어느 정도 정리되었고 구체적인 사회복지활동은 필수적인 것으로 여겨지게 되었다. 특별히 1990년을 전후하여 시작된 교인성장의 정체현상은 한국교회에 많은 위기의식을 불러일으키게 되었고, 사회적 공신력의 상실이 이러한 현상의 중요한 원인이라고 생각하게 되었다. 그리하여 사회적 공신력을 회복하기 위해서는 교회내부의 개혁과 함께 이웃과 지역사회를 섬기는 교회가 되어야 한다는 인식이 널리 확산되었다. 그리하여 적지 않은 교회들이 사회복지활동에 관심을 기울이게 되었다.

4) 현대화기(1990년~현재)

1990년대 이전은 한국교회가 물질적 축복과 기복신앙, 수적성장에 많은 관심으로 인하여 개교회주의나 대교회주의로 흘러갔다. 이로 인하여 외적 성장은 엄청났으나 질적 성장은 따라가지 못하였다. 이로 인하여 사회적으로 많은 지탄의 대상이 되었으며 지금도 교회는 양적 성장에 따른 후유증을 겪고 있는 중이다 그러나 교회의 양적 성장은 문제점만을 낳은 것은 아니었다. 크게 성장되어 한국교회는 사회복지활동에 큰 힘을 발휘할 수 있는 원동력을 갖춘 조직과 자원을 구비하게 된 것이다. 부흥과 성장을 바탕으로 한국교회는 1990년대 이후로 사회복지사업을 위한 활동기를 맞이하고 있다고 볼 수 있다.[8)]

1990년에 한국교회는 사회적 책임에 대한 논의가 어느 정도 정리되었고 구체적인 사회복지활동은 필수적인 것으로 여겨지게 되었다. 그리하여 적지 않은 교회들이 사회복지활동에 관심을 기울이며 활동에 적극성을 띠게 되었다. 그러나 대다수의 교회들은 사회복지활동의 필요성에 공감은 하지만 그것을 실행하는 데 있어서는 많은 제약을 느끼게 되었고, 사회복지활동을 하고 싶어도 재정, 공간, 프로그램, 인력 등에 있어서 많은 한계를 가지게 되었다. 신자의 수는 늘어나지 않는데 성직자와 교회 수는 늘어나게 되어 수많은 소규모의 개척교회들이 많이 생겨나게 되었고 이러한 교회들은 자체유지에 급급할 뿐 사회복지활동을 할 수 있는 힘을 가지지 못하게 되었다. 또한 거대한 건물을 세운 교회들의 경우 건축비와 관리비의 압박을 많이 받게 되어, 그 규모에 걸맞는 사회복지활동을 제대로 하지 못하고 있는 실정이다.

---

8) 임종원, 임구원(2003), 『기독교사회복지론』, 홍익제. pp. 75.

제 2 부

사회선교의 실천 분야

제7장 가족과 기독교복지

1 가족에 대한 이해

1) 가족의 정의

가족은 인간이 가져온 제도 중에서 가장 오래된 것으로 사회의 변천에 따라 여러 가지 영향을 받으며 꾸준히 지속되어 온 기본적인 사회 제도이다. 가족은 우리에게 아주 친밀하고 친숙한 집단이긴 하나 가족이 무엇인지 그리고 현대에서의 가족은 우리에게 어떤 의미를 부여하는지는 정의하기는 어렵다. 그것은 가족이란 자체가 상당히 추상적이고 포괄적 의미를 지니고 있기 때문일 것이다. 특히 현대사회에서는 전통적인 가족 외에 다양한 형태의 가족이 형성되고 존재하고 있으며, 또한 그것들을 간과할 수도 없다.

가족에 대한 전통적인 정의를 살펴보면, 첫째로 가족은 한 지붕에서 함께 살아가며, 하나의 가족으로서 가족구성원 간의 강한 일체감 형성을 강조한다. 문화 인류학자인 머독(Murdock)은 가족은 공동 거주, 경제적 협동 및 출산을 특징으로 하는 사회집단이라고 정의하고 있다.[1]

또한 가족은 사회질서 안에서 나타나는 도덕적 및 철학적 이념적 구성단위로 파악한다. 그리하여 가족은 가족 내부 안에서 인간관계를 조직하고 고려하는 방식으로 인식되며, 개인들이 재산을 소유하고 보호와 복지를 제공하고 특히 자녀 양육을 하는 단위이며, 국가에 의해 형성된 영역, 즉 현대 정치와 경제를 지배하는 비인격적 규범과 대립되는 사랑과 친밀의 범주로 개념화된 영역이라고 정의하고 있다.[2)]

한편, 이광규는 가족이란 가족 구성원의 동고동락 생활 공동체라는 것 이외의 가풍, 가훈을 포함하는 폭넓은 개념으로서 문화집단임을 강조하고 있다.[3)]

2) 가족의 기능

첫째, 가족의 경제적 기능은 산업화로 인해 가족과 일터가 공간적으로 분리됨에 따라, 생산기능은 약화 혹은 상실되고 소비기능은 강화되었다. 이는 가장이나 가족원의 직업 및 수입 정도에 따라 가족이 누릴 수 있는 생활기회나 생활양식이 결정됨을 의미하며, 나아가 이러한 소비생활수준이 가족생활 만족도에 직접적인 양향을 미치게 되었음을 의미한다.

둘째, 가족의 출산 및 성행위 규제기능은 현대사회에 들어와서도 가족의 주요 기능으로 남아 있다. 그러나 성행위 및 출산과 관련된 사회구조 및 가치관이 빠른 속도로 변화하고 있어 통제기능은 약화되고 있는 반면, 부부간 성생활의 중요성은 점차 증대되고 있다 즉, 의학기술의 발달로 인한 임신·출산의 자유, 피임방법의 개발로 인한 성생활의 자유, 향락산업 및 성과 관련된 각종 서비스산업의 발달 등은 가족의 성 규제기능을 약화시키는 데 기여하는 동시에 성에 대한 규범 및 가치관의 변화를 가져왔다. 그러나 우리나라의 경우 남성이 결혼을 하는 주요한 이유 가운데 하나가 '대를 잇기 위함'임을 고려해 볼 때 가족의 출산기능은 여전히 주요한 기능으로 남을 전망이며, 아들을 낳으려

1) 조정문 외(2001),『가족사회학』, 서울:아카넷, pp. 18-19.
2) 조홍식 외(2002),『가족복지학』, 서울:학지사, pp. 25-26
3) 이광규(1981),『한국의 가족구조분석』, 서울:일지사, p.30.

는 강한 욕구는 의학기술을 이용한 선택출산을 초래하기도 하며 결과적으로 남아 대 여아의 성비가 깨지는 부작용을 초래하고 있다.

셋째, 자녀양육 및 사회화의 기능은 그 어느 때보다 강화되어 가족에게 큰 부담으로 작용하고 있다. 우리나라 가족은 전통적으로 부모-자녀관계가 부부관계 보다 중시되어 온 바, 서구의 부부중심 가족과는 다른 특성을 나타내고 있음은 주지의 사실이다. 오늘날 자녀는 '효용가치의 감소'에도 불구하고 가족 내에서 여전히 중요한 자리를 차지하고 있다. 그러나 급격한 사회변화 과정에서 가족은 자녀양육 및 사회화기능에 많은 혼란을 경험하고 있다.

넷째, 가족의 정서적 유대기능과 여가의 기능이 점차 중시되고 있다. 서구의 가족은 부부간에 사랑이 식으면 굳이 함께 살아야 할 이유가 없기 때문에 헤어진다. 그러나 한국 가족은 여전히 가부장적인 특성이 강하게 남아 있다. 즉, 남편에게는 경제부양자 및 아버지로서의 역할에 대한 기대가 부부간의 사랑이나 성생활에 대한 기대보다 우선하고, 아내에게는 어머니로서의 역할에 대한 기대가 우선되어 왔다. 그러나 젊은 세대로 갈수록 부모-자녀관계보다는 부부관계가 중요시되는 경향을 보이고 있다. 한편, 여가는 일만큼이나 중요한 기능으로 부각되고 있다.

다섯째, 가족은 지금까지 노인과 환자를 돌보는 사회보장제도로서의 기능을 수행해 왔으나 오늘날 부양의식 등의 약화로 인하여 가족의 사회보장기능이 약화되고 있다.

여섯째, 가족의 지위계승기능은 자녀교육과 결혼, 재산상속 등을 통해 계속 강화되고 있다.

일곱째, 페미니즘가족론의 시각에서는 생물학적 성을 사회문화적 성으로 연결시키는 성역할 사회화의 기능과 가사노동의 성격에 주목하고 있다. 즉, 부모는 성차별적 사회화 과정을 통해 자녀들로 하여금 기존의 성역할 고정관념과 여성다움, 남성다움의 행위규범 및 가치관을 내면화시킨다는 것이다. 이와 같은 맥락에서 가사노동의 책임과 부담이 일차적으로 주부에게 부여된다는 점, 가사노동은 무급 노동으로서 사회적인 가치를 인정받지 못하고 있다는 점 등이 논란이 되고 있다.

3) 현대가정의 위기의 증상

(1) 한부모가족의 증가

전통적으로 한국 사회에서 이혼은 가정의 비극이요, 수치이며 가정의 파괴를 뜻하는 것이었다. 그러나 최근 우리 사회의 급격한 변화 가운데 하나는 이혼율의 증가로 말미암아 한부모가족을 양산하고 있다.[4] 한부모가족 수는 <표 7-1>에서 보는 바와 같이 해마다 증가율을 보이고 있으며 특히 모자세대수보다 부자세대수가 더 증가하고 있다.

[표 7-1] 증감율 현황

(단위 : 세대, 세대원수)

구분		2005(A)	2006(B)	2007(C)	증감(C-B)	증감율(%)
총계	세대수	123,666	140,188	151,520	11,332	8.1%
	세대원수	334,066	374,094	404,446	30,352	8.1%
모자가족	세대수	99,671	112,347	120,656	8,309	7.4%
	세대원수	268,975	299,430	321,837	22,407	7.5%
부자가족	세대수	23,995	27,841	30,864	3,023	10.9%
	세대원수	65,091	74,664	82,609	7,945	10.6%

※ 자료 : 저소득 한부모가족 실태조사(여성가족부)

(2) 노인 인구의 증가

노인 인구가 증가하고 있다. 한국에서의 인구 고령화의 속도는 선진국에서도 그 유례를 찾아보기 어려울 정도로 빨랐고 앞으로는 더욱 빠르게 진행되고 있다. 우리나라는 이미 지난 2000년도에 '고령화 사회'에 도래하였고, 노인 인구 중 특히 65세 이상 노인인구도 빠르게 진행되고 있다. <표 7-2>에서 보는 바와 같이 2007년 65세 이상 남자인구가 전체 남자인구에서 차지하는 비율

4) 한부모가구 형성 원인으로 사별은 54.8%('95) → 36.6%('05)로 감소한 반면 이혼에 의한 경우는 같은 기간 동안 12.9에서 29.1%로 증가(2006이혼후 자녀양육실태조사, 여성가족부)

은 8.0%, 65세 이상 여자인구가 전체 여자인구에서 차지하는 비율은 11.9%이다. 한편 65세 이상 인구의 성비(여자 100명당 남자인구)는 2007년 67.5로, 2006년(66.7) 보다 0.8명 상승하였으며 10년 전(1997년) 보다 7.8명 많아졌다.

이는 남자 고령자의 사망률이 낮아져 성비가 개선되고 있기 때문으로 보인다(통계청, 2007고령자통계).

[표 7-2] 성별 고령인구 구성비 추이

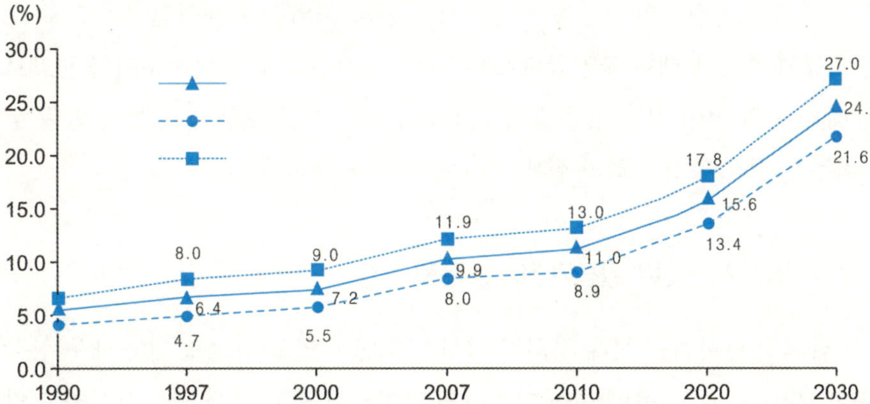

[표 7-3] 성별 고령인구 추이

(단위 : 천명, %, 여자 100명당)

	1990	1997	2000	2006	2007	2010	2020	2030
65세 이상	2,195	2,929	3,395	4,586	4,810	5,357	7,701	11,811
구성비	5.1	6.4	7.2	9.5	9.9	11.0	15.6	24.3
성 비	59.8	59.7	62.0	66.7	67.5	69.2	75.1	79.1
<남 자>	822	1,095	1,300	1,835	1,939	2,190	3,303	5,218
구성비	3.8	4.7	5.5	7.6	8.0	8.9	13.4	21.6
<여 자>	1,373	1,835	2,095	2,751	2,872	3,167	4,398	6,593
구성비	6.4	8.0	9.0	11.4	11.9	13.0	17.8	27.0

자료 : 통계청, 「장래인구추계」, 2006.

노인인구의 증가에 따라 가족생활 속에서 가족 간의 관계에 문제나 어려움을 겪게 되는 노인도 크게 증가시키고 있다. 특히 노인은 직장에서 퇴직하거나 가정에서 생계유지자로서 역할 또는 가사 관리자로서의 역할을 상실 또는 이직함으로써 새로운 상황에 적용하면서 노년기를 보내야 한다. 노년기에 있어서는 개인의 관심과 접촉의 범위가 줄어들어 사회와 직업상 관련된 사람보다 가족에게 관심이 집중되고 가정에서 보내는 시간이 길어지게 된다. 긴 노령기를 가족과 더불어 관계를 가지면서 생활하는 가운데 노인들은 여러 가지 문제를 경험하게 된다.[5] 노인층의 경제적 빈곤과 소외감 육체적인 질병으로 오는 고통과 죽음에 대한 불안감과 그에 따른 큰 정신적 고충 복지문제와 생활보호 대책 등 노인이 겪는 고통을 잘 극복하고 노년기를 보낼 수 있는 방안 등을 찾아주는 것은 우리 사회가 함께 풀어야 할 큰 과제이다.

(3) 부모 - 자녀 간의 갈등과 청소년 문제

급격히 변화하는 현대 사회 속에서 청소년이 안고 있는 문제는 매우 심각하다. 부모는 자녀교육에 대한 자신감의 결여되어 있고 그 역할을 상실하고 있으며 자녀들은 마땅히 마련되어야 할 가정학습장을 잃고 있다. 이는 <그림 7-1>에서 보는 바와 같다.

[그림 7-1] 청소년 고민상담 대상

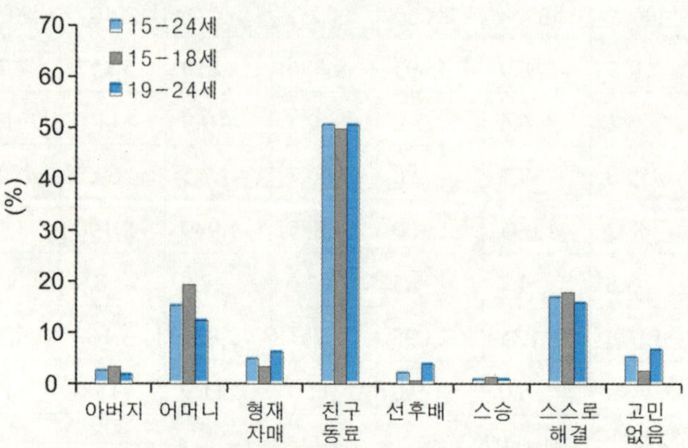

5) 임종권 외(1985), "한국노인의 생활실태" 서울 : 연구보건연구원, pp 49-57.

[표 7-4] 청소년 고민상담 대상

구분		계	고민있음											고민없음
				아버지	어머니	형제자매	친구동료	선후배	스승	청소년전문상담가	스스로해결	성직자	기타	
경기도	15-24세	100.0	94.7	2.7	15.4	5.1	50.4	2.4	1.1	–	16.8	0.4	0.4	5.3
	15-18세	100.0	97.1	3.4	19.5	3.6	50.0	0.4	1.5	–	17.8	0.7	0.2	2.9
	19-24세	100.0	93.0	2.2	12.6	6.1	50.7	3.9	0.9	–	16.0	0.2	0.5	7.0
전국	15-24세	100.0	95.0	2.9	15.1	5.6	49.9	2.3	1.0	0.1	17.2	0.4	0.4	5.0
	15-18세	100.0	97.0	3.9	19.5	4.3	48.1	0.8	1.6	0.2	18.2	0.4	0.2	3.0
	19-24세	100.0	93.5	2.1	11.8	6.6	51.3	3.5	0.6	0.1	16.4	0.5	0.5	6.5

2006년 청소년의 고민상담 대상을 보면 15～18세는「친구·동료」50.0%,「부모(아버지+어머니)」22.9%,「스스로 해결」17.8% 순으로 나타났다.

대개 부모와 갈등관계에서 흔히 세대 간의 갈등이라고 부르기도 한다. 이 시기의 부모들은 과거지향적이고 성취지향적인 삶을 자세를 갖게 된다. 반면 청소년 자녀들의 경우는 자기 정체성을 찾느냐 아니면 자기 정체성을 찾지 못하고 역할 혼동에 빠지느냐 하는 문제에 봉착하게 된다. 결국 부모는 자녀를 통하여 자신의 생산성을 증명하려 하게 되고 반면에 자녀들은 부모에 종속되지 않고 부모와 다른 자기 자신을 차고 싶어 한다. 따라서 어떤 관계보다도 서로를 이해하기 위한 노력이 더욱 절실히 필요한 관계이다. 그런데도 서로 바쁜 일과로 인해 서로 깊은 대화를 가지지 못하므로 갈등은 더욱 증폭되고 있는 실정이다. 특히나 또래 집단에게 가장 영향을 많이 받는 청소년시기에 학교와 학원에서 대부분의 시간을 또래 친구들과 지내면서 더욱 부모와의 갈등은 심각해지고 있다.

(4) 독신자의 증가

산업의 발달로 인한 여성의 고용 증대, 여권의 신장 그리고 여성의 역할 확대는 가족제도에도 상당한 영향을 미쳐 독신으로 살아가는 여성들이 많이 늘어났는데 특히 전문직 여성들에게서 두드러진다. 또한 <표 7-5>에서 보는

[표 7-5] 여성가구주의 혼인상태별 가구 수

(단위 : 천가구)

연도	계	유배우	사별	이혼	미혼
1990	1,787	316	1,006	100	365
1995	2,147	337	1,204	152	453
2000	2,653	440	1,337	308	568
2005	3,485	625	1,548	502	810

※ 자료 : 통계청, 「인구주택총조사보고서」

바와 같이 이혼이나 미혼의 독신자만이 아니라 배우자의 사망으로 인하여 사별한 독신자들이 늘어나고 있다.

이렇게 독신자들의 숫자가 급속도로 증가하고 있는 오늘날 교회가 이들에게 관심을 기울이지 못하고 있는 것은 그들을 향한 사역이 어렵기 때문이며 또한 문화 속에 깊숙이 침투한 사회적 통념 때문이다. 독신자의 가정은 해마다 급증하고 있으며 점차 이러한 인구는 교회를 구성하는 인구에도 상당한 비율을 차지할 것이고 점차 상당한 비율을 차지할 것이고 앞으로도 더 많이 늘어갈 것이다.

(5) 기독교 가정의 위기

현대가정들은 세속화 과정 속에서 붕괴의 위기에 직면하고 있다. 더불어 기독교 가정도 위기를 맞고 있다. 황금시대를 즐기면서 각 가정 중심에 자리 잡았던 가정 제단은 사라지고 가정 예배 자체가 소멸되었으며 가정에서의 기독교적 분위기와 경건마저 사라져갔다고 해도 과언이 아니다. 오늘날 기독교 가정이 예배 분위기, 그리고 경건을 잃었다는 말은 가정의 교육적 현장성의 상실을 의미한다. 의식주의 물리적 요구만이 가정의 우선적 관심으로 남으며 그 요구의 충족으로써 가정이 기능화되고 영업화되어 간 것이다. 더욱이 저녁식사 이후의 대화는 텔레비전에 의해 그 자리마저 빼앗겨 버렸다. 자녀 교육의 문제에 있어서는 기독교 가정 역시 일반가정과 마찬가지이다. 학업 때문에 교회생활도 많은 변화를 가져왔다. 현재의 대학입시제도 하에서의 청소년들은 흑백논리, 이기주의, 열등감 같은 특성은 신앙적인 인간상 형상에 서 배제되어야 할 특성들인데, 이런 성공병을 기독교 가정에서도 극복하지 못하고 여전히 가지고 있는 실정이다. 오늘날의 기독교 가정은 세상 속에서 도전해오는 세속의 문화를 극복하지 못하고 기독교 가정으로서의 권위를 상실하였으며 신앙공동체로서의 성격도 잃어버렸고, 그로 인하여 기독교 가정이 세상을 이끌고 나갈 지도력을 상실하였으며, 기독교 가정에서 기독교 문화를 형성해내지 못할 뿐만 아니라 하나님 나라를 이루어내지 못하는 등, 기독교 가정과 일반 가정과의 차별을 나타내지 못하는 무기력함으로 문제점을 드러내고 있다. 따라서 기독교 가정을 회복하고, 기독교 가정으로서의 역할과 사명을 다할 수 있도록 교회는 그 대안을 찾아야 한다.

2 가족복지의 실태

산업화 과정에서 개인 및 가족은 지리적, 계층적으로 이동이 매우 심하게 나타나는 것이 일반적인 현상이다. 이와 같은 지역적, 사회적 이동이 요구되는 사회에서의 가족규모는 대규모 가족보다는 소규모 가족이 더욱 용이하기 때문에 대가족의 분화현상은 산업사회로의 진전과 함께 점차 증대하게 된다. 이러한 경향은 한국사회에서도 예외일 수 없다. 한국가족의 가장 특징적인 변화는 구조상의 변화이다.

1) 혼인, 이혼 건수

2006년 한 해 동안 혼인은 332.8천 건(쌍)으로 2005년 316.4천 건보다 16.4천 건(5.2%) 증가한 것으로 나타났다. 이는 1996년 이후 지속되던 감소세가 2004년 증가세로 전환된 후 3년 연속 증가하고 있는 것이다. 2006년은 쌍춘년의 영향으로 미혼남녀의 초혼이 증가함에 따라 2005년 증가율(1.7%) 보다 3배 높은 증가율을 나타냈으며 하루 평균 911건(쌍)이 혼인한 것과 같다.

[표 7-6] 혼인건수 및 조(粗)혼인율

	1996	1997	1998	1999	2000	2001	2002	2003	2004	2005	2006
혼인건수 (천건)	434.9	388.6	375.6	362.7	334.0	320.1	306.6	304.9	310.9	316.4	332.8
증감(천건)	36.4	− 46.3	− 13.0	− 12.9	− 28.6	− 14.0	− 13.5	− 1.6	6.0	5.4	16.4
증감률(%)	9.1	− 10.7	− 3.3	− 3.4	− 7.9	− 4.2	− 4.2	− 0.5	2.0	1.7	5.2
조혼인율*	9.4	8.4	8.0	7.7	7.0	6.7	6.4	6.3	6.4	6.5	6.8

*인구 1천명당 건

2) 가구원수별 가구분포 및 평균가구원 수

2005년 가구원수별 가구분포의 비중을 보면 <표 7-7>에서 보는 바와 같이 4인 가구(27.0%), 2인 가구(22.2%), 1인 가구(20.0%) 순으로 나타났다. 20년 전인 1985년과 비교해 보면 3인 이하 가구의 비중은 계속 증가한 반면, 5인 이상 가구는 감소하였다. 평균가구원수도 1985년 4.1명에서 2005년 2.9명으로 계속 감소하는 것으로 나타났다.

[표 7-7] 가구원수별 가구분포 및 평균 가구원수 : 1975~2005년

연도	일반가구 (천가구)	가구원수별 가구분포(%)						평균 가구원수 (명)
		1인가구	2인가구	3인가구	4인가구	5인가구	6인가구 이상	
1975	6,648	4.2	8.3	12.3	16.1	18.3	40.7	5.0
1980	7,969	4.8	10.5	14.5	20.3	20.0	29.8	4.5
1985	9,571	6.9	12.3	16.5	25.3	19.5	19.5	4.1
1990	11,355	9.0	13.8	19.1	29.5	18.8	9.8	3.7
1995	12,958	12.7	16.9	20.3	31.7	12.9	5.5	3.3
2000	14,312	15.5	19.1	20.9	31.1	10.1	3.3	3.1
2005	15,887	20.0	22.2	20.9	27.0	7.7	2.3	2.9

자료 : 통계청, 「인구주택총조사」 각년도

3) 가구의 세대수별 분포

가구의 세대수별 분포<표 7-8>에서 보는 바와 같이 우리나라 대표적 가족형태(2세대 가구)가 변하고 있지만 일반가구에서 차지하는 비중은 절반이상을 차지하고 있다.

[표 7-8] 가구의 세대수별 분포

연도	혈연가구수1) (천가구)	세대별 가구분포(%)			
		1세대	2세대	3세대	4세대이상
1990	10,167	12.0	74.1	13.6	0.3
1995	11,133	14.7	73.7	11.4	0.2
2000	11,928	17.1	72.9	9.9	0.2
2005	12,491	20.6	70.5	8.8	0.1

※ 자료 : 통계청, 「인구주택총조사보고서」
주 : 1) 일반가구에서 비혈연가구 및 1인가구를 제외한 가구수임

4) 가족의 형태별 분포

가족의 형태별 분포는 <표 7-9>에서 보는 바와 같이 2세대 가구 중 '부부+자녀'가구가 감소한 반면 '한부모+자녀'가구는 증가하고 있다.

[표 7-9] 가족의 형태별 분포 (단위 : %)

연도	혈연가구수1) (천가구)	핵가족			직계가족		기타 가족
		부부	부부와 미혼자녀	편부(모)와 미혼자녀	부부와 양(편)친	부부와 양(편) 친과 자녀	
1990	10,167	9.3	58.0	8.7	0.9	9.3	13.8
1995	11,131	12.6	58.6	8.6	1.1	8.0	11.2
2000	11,928	14.8	57.8	9.4	1.2	6.8	10.1
2005	12,491	18.1	53.6	11.0	1.2	5.7	10.4

※ 자료 : 통계청, 「인구주택총조사보고서」
주 : 1) 일반가구에서 비혈연가구 및 1인가구를 제외한 가구수임

5) 노인단독가구의 증가

<그림 7-2>에서 보는 바와 같이 전체가구 중 노인가구(65세 이상 노인이 1명 이상 거주하는 가구)가 26.4%이며, 노인가구 중 노인 혼자 살고 있는 노인독신가구는 전체 노인가구 중 24.6%, 노인부부만 살고 있는 노인부부가구는 26.6%, 자녀와 동거중인 노인가구는 43.5%, 기타가구 5.4%의 순으로 나타났다. 노인가구 중 노인단독가구는 동부지역이 46.6%인데 비하여 읍·면부는 61.3%로 매우 높다. 1998년도 결과와 비교하면 자녀동거가구는 53.2%에서 43.5%로 9.7%포인트 감소하였다. 이는 더 이상 노년기의 자녀와의 동거가 당연한 것으로 받아들여질 수 없음을 의미하는 것이며, 노인단독가구에 대한 사회적 관심과 서비스의 개발이 필요함을 의미한다고 볼 수 있다.

[그림 7-2] 노인의 가구형태의 변화

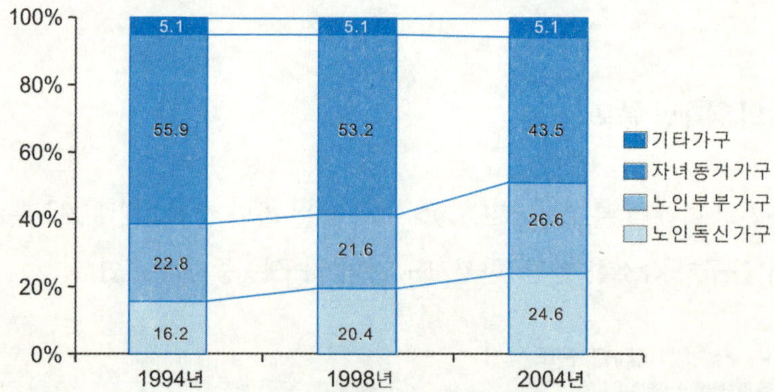

출처 : 보건복지부(2004), 2004년도 전국 노인생활실태 및 복지욕구조사.

6) 국제결혼의 증가

외국인과의 국제결혼은 <표 7-10>에서 보는 바와 같이 2006년 외국인과의 혼인은 총 39.7천 건으로 2000년의 12.3천 건보다 3배 이상 증가하였다. 또한, 한국 남자와 외국 여자의 혼인은 30.2천 건으로 전년보다 3.1% 감소하였으며, 한국 여자와 외국 남자의 혼인은 9.5천 건으로 전년보다 20.6% 감소하였다. 이는 2006년 "방문취업제" 시행 예고로 향후 중국교포 등의 국내 입국과 취업이 용이해짐에 따라 매년 증가하던 외국인과의 혼인건수가 큰 폭으로 감소한 것으로 보인다.

[표 7-10] 외국인과의 혼인

(단위 : 건, %)

	2000	2001	2002	2003	2004	2005	2006
총 혼인건수	334,030	320,063	306,573	304,932	310,944	316,375	332,752
외국인과의 혼인	12,319	15,234	15,913	25,658	35,447	43,121	39,690
총혼인건수대비 구성비	3.7	4.8	5.2	8.4	11.4	13.6	11.9
증감	1,749	2,915	679	9,745	9,789	7,674	－3,431
증감률	16.5	23.7	4.5	61.2	38.2	21.6	－8.0
한국남자＋외국여자	7,304	10,006	11,017	19,214	25,594	31,180	30,208
증감률	26.5	37.0	10.1	74.4	33.2	21.8	－3.1
한국여자＋외국남자	5,015	5,228	4,896	6,444	9,853	11,941	9,482
증감률	4.6	4.2	－6.4	31.6	52.9	21.2	－20.6

출처: 보건복지부(2007), 2006년 혼인통계결과.

[그림 7-3] 외국인과의 혼인 추이

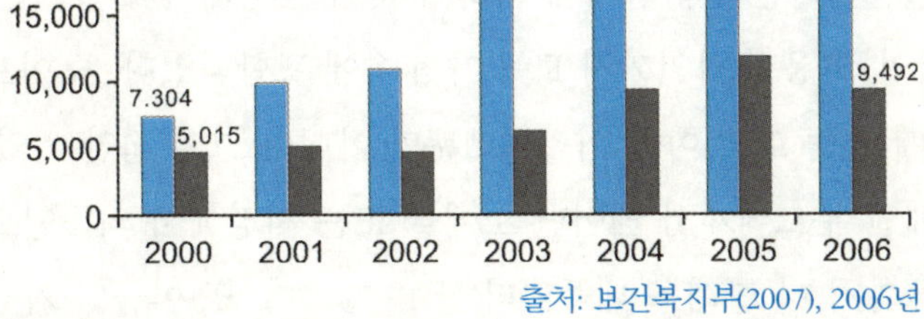

출처: 보건복지부(2007), 2006년 혼인통계결과.

3 성경 속의 기독교가족복지

가정을 회복한다는 것은 하나님께서 세우신 가정의 역할과 목적에 따라 우리의 가정을 세워가는 것을 말한다. 그러기 위해서 성경적인 기독교 가족의 성격에 대해서 고찰해 보고자 한다.

1) 성경 속의 가정

성경은 가정에서 시작해서 가정으로 끝난다. 창세기 1장에서는 가정이 성립될 모든 환경이 마련되고 2장에서는 태초에 남자와 여자 둘이 결합하여 하나가 되는 사람을 만드셨다. 그리고 성경의 마지막 책인 요한계시록 21장에서는 "새 하늘과 새 땅에서 혼인 잔치"로 끝나고 있다. 이로 보건대 가정은 어떤 기관보다도 먼저 제정된 가정 근본적인 신적기관이고 최초의 하나님의 작품이다. 하나님은 이 가정공동체를 통해 하나님의 뜻을 이루기를 기대하셨다.

성경에는 가정의 개념을 표현하는 용어들이 여러 가지가 있다. 그 가운데 가장 보편적으로 사용되는 것은 '빠이트(בַּיִת)(집이라는 뜻)'인데 그 예로 "아브라함의 집에서 길리고 연습한 자(창 14:14)", 또한 출애굽기 1:21절에서 '빠이트'는 하나님께서 애굽에 있는 이스라엘 빠이트에게 부어주신 가문의 번성을 말하는 가운데 '가족들'이란 뜻으로 쓰이고 있다. 또 '빠이트'는 '일족'이라는 의미로 자주 사용되고 있는데 '다윗의 집'의 경우가 바로 그 예로서 이 어구는 바꾸어 말하면 '다윗의 일족'이란 뜻이다.

이와 같이 성서에 나타난 가정의 기념으로 '한 집안' '집안의 구성원들'을 의미하는 넓은 범위의 공동체란 뜻으로 히브리 사람들에게 있어서 가정이란 혈연이나 결혼이라는 결속관계에 의하여 맺어진 직계 인원들뿐만 아니라 노예, 첩, 외국인, 고용한 하인까지 모두 가정 속에 포함되었다. 즉 아브라함이 할례를 행할 때 그는 그의 아들 이스마엘뿐만 아니라 그의 집안에 있는 모든 남자들과 노예인 부모에게서 태어난 노예들 또는 시장에서 외국인으로부터 사들인 노예들까지 다 할례를 베풀었다(창 17:23, 27). 또 야곱의 가정이라고 할 때 거기에는 그의 아들들, 손자들, 자부들, 딸들, 손녀들 즉 그 모든 자손들을 포함하는 말이었다(사 49:23).

2) 가족 구성원의 지위와 역할

가족구성원들의 역할과 관계는 관습에 의하여 명시되고 있고 어느 정도까지는 율법의 조항에 의하여 강조되고 있다. 가족구성원의 신분과 역할은 다음과 같다.

첫째, 아버지는 가정 안에서 두드러진 위치를 차지하고 있다. 그는 아들을 권위로 희생 제물로 드릴 권리도 가지며(창 22) 아들을 가르쳐야 하며(잠 1:18), 가족 중에 어떤 자가 하나님께 복종하는 것을 꾀어 막을 때 그를 없앨 수도 있다(신 13:6-10). 아버지의 자녀에 대한 사랑은 하나님의 긍휼을 묘사하는 데 비유로 사용되기도 한다(시 103:13).

둘째, 어머니는 가정을 돌보며 사랑해야 한다. 그러므로 어머니는 존경과 복종을 받는다(잠 1:8, 6:20). 또 신 22:15, 출 20:12, 레 19:3절 등은 어머니를 존경하고 복종해야 된다는 법이다. 따라서 성서는 어머니는 멸시하거나 불복종하는 것을 금하고 있다(출 21:15, 17). 또한 남편의 성족 욕구를 충족시켜 아내로서의 기능을 다해야 하며, 아내로서 상당한 권위도 가지고 있었다. 예를 들면 사라가 남편 아브라함으로 하여금 하갈을 내어 쫓도록 종용하였고(창 21:10), 리브가는 야곱이 그의 형제 에서로부터 장자권의 축복을 빼앗는 데 있어서 야곱을 충동하고 선동하였다(창 27:11-17).

셋째, 아들의 경우에는 히브리 가정에서 후예를 잇는 자로서 가족공동체의 전통에 따라 주의 깊게 그리고 지혜 있게 훈련받아야 한다(신 8:5, 잠 3:12). 아들에 대한 구체적인 교훈으로 전도서 7:27-28절에도 나타나 있다.

넷째, 딸은 아들에 못 미치지만 때때로 아들에 필적할 때도 있다(창 5:4,7) 때때로 딸은 남자 형제의 이름이나 아버지의 이름으로 불리어지기도 했다.

3) 기독교가족복지의 필요성

기독교가족은 일반 가족과는 구분되는 특징들을 가지고 있으니 곧 기독교 가족은 하나님께서 인간과 맺은 언약 공동체의 기초 단위이며 하나님의 인간에 대한 은총의 통로로서 기능을 하는 곳으로 예수 그리스도의 관계를 나타내는 사랑과 순종이 기반이 되는 공동체로서 하나님 나라를 드러내야 한다. 그러므로 기독교 가정은 그 자체가 목적이 아니라 하나님의 나라 확장이라는 더 크고 중요한 목적을 가지고 있다. 이것은 그리스도인의 최고 충성이 가족에게 있어야 하는 것이 아니라 그리스도에게 있어야 함을 의미한다고 볼 수 있다(설은주, 2004). 즉, 기독교 가족은 예수 그리스도를 온 가족이 주인으로 영접하여 자신의 의지가 아닌 성령의 의지대로 살아가는 성령충만한 가족을 의미한다(양은순, 1993).

그런데 이러한 본질적인 의미의 가족은 점점 상실되어 가고 있다. 현재의 대학 입시제도 하에서의 청소년들은 흑백논리, 이기주의, 열등감 같은 특성은 신앙적인 인간상에서 배제되어야 할 특성들인데 청소년들은 이미 이런 부정적인 특성들이 몸에 배어있으며 또한 부모들도 사업에 성공하기 위해서 새벽부터 밤까지 뛰고 있다. 그러기에 어디를 가나 경쟁만이 있을 뿐 삶의 의미는 없어지고 있다. 또한 부부관계도 마찬가지이다. 대부분의 가장은 돈만 많이 벌어오면 가장으로 그리고 아버지로서의 임무를 다한다고 착각하고 살아간다. 이런 남편을 둔 아내는 허전한 마음을 달래기 위해서 다른 방향으로 시간을 더 많이 할애한다. 그러다 보니 부부사이의 대화는 점점 적어지고 부부사이가 깊어질 수 없는 것이다(전풍자, 1993).

미국에서 약 3000명을 대상으로 '전형적인 가정'의 모습을 묘사해 보라고 했을 때 다음과 같은 결과가 나왔다(Ben Freudenbury, Rick Lawrenec, 2003).

- 가족관계는 종종 잘못되거나 단절되기도 한다.
- 부모는 자녀들을 어떻게 훈련해야 하는지를 고심하고 있다.
- 부모가 생일이나 결혼기념일을 맞이했을 때 자녀에게 축하 카드 한 장 받지 못하는 경우가 있다.

· 가족 전통을 지키고 가족 활동을 실천하기에 삶은 너무나 버겁고, 가족 각자는 생활에 찌들려 있다.
· 가족은 교회와 학교, 학원, 과외활동 등을 위한 스케줄에 잘 훈련되어 있는 애완견과 같다.
· TV와 인터넷처럼 가정에 침투해 있는 대중매체는 너무나 영향력이 크기 때문에 도저히 통제 불가능하다.
· 많은 사람들은 자신이 가족으로서 가족의 일부이거나 가족을 통하여 성장해 간다는 생각보다는 가정이 단지 잠자고 먹는 쉴 수 있는 공간이라고 인식한다.

4) 기독교가족복지의 실태와 사례

(1) 기독교가족복지의 실태

① 결혼예비교육

결혼이란 한번 하면 일생동안 돌이 킬 수 없는 것이기 때문에 후회 없는 전인격적인 결정이 되어야 하고 무엇보다 하나님의 뜻이라는 확신을 가져야 한다. 행복한 결혼생활을 위한 교육을 통해 그들로 하여금 결혼에 대한 하나님의 계획을 알게 하고 책임성 있는 결혼생활을 하도록 돕는 것이 결혼예비교육의 목적이다. 이러한 예비 교육은 정기적으로 하는 것이 바람직하다. 주로 행복한 가족을 꾸미기 위해 노력해야 할 점들과 그리스도인의 이성교제, 성서적인 결혼관, 참된 남편과 아내상, 부부간의 대화, 부부의 성, 가정의 경제원칙 등을 다루는 것이 유용하다. 그리고 소그룹으로 모여서 이러한 공동의 관심사를 나누고 결혼에 관련된 책을 읽고 독서토론을 가지며, 비디오상영과 모범적인 가족의 사례들을 발표하고 토의하기도 하는 것이 좋다. 그리고 결혼 상담은 계속적이고도 공개적이어야 하며 이 상담에는 목회자 부부가 같이 참석하는 것이 유익할 것이다.

② 부모교육

부모교육이란 부모로 하여금 자녀교육의 책임을 인식하고 주어진 책임을 수행하는데 필요한 지식과 기능을 습득하고 부모에게 요구되는 기본적인 태도를 지니도록 하기 위하여 주어진 교육과정을 의미한다.[6] 가정은 기독교교육이 이루어지는 장소이며, 또한 신앙과 경건을 성취하는 유일한 장소이며 부모이상으로 좋은 교사는 없다라는 말이 있듯이 부모교육의 중요성은 매우 크다 하겠다.[7] 주로 성서적 자녀, 아동심리, 자녀와의 대화, 자녀훈계와 학교생활, 공개토론회 등이 있다.

③ 자녀교육

어린이의 발달로 보아 가정교육은 앞서야 하고 삶의 필요한 기초적인능력은 가정교육에서 개발이 된다.[8] 그러므로 자녀들의 올바른 가치관 및 윤리관은 가족 안에서 이루어지고 개발됨으로 가족 구성원들이 바람직한 삶의 태도를 지니도록 하는 것이 자녀교육의 목적이다. 이것의 방법으로 그룹토의나 가족미팅, 미니발언대 등과 같은 다양한 프로그램을 마련하여 교육을 한다. 대체적으로 교육내용은 창조적인 자아, 성서적인 가정생활, 학교생활과 진로, 인간관계와 성 등으로 하면 좋을 것이다.

④ 가정예배

가정예배는 교회와 가정에서의 신앙의 괴리를 수정하고 모든 가족으로 하여금 하나님 앞에 응답하는 삶을 살도록 하는 데 있다. 또한 가족구성원들로 하여금 가족 상호간에 아름다운 인격적 교류가 있는 삶의 현장으로 만드는 데 그 목적이 있다. 가정예배는 각 가정에 맞도록 운영하고 융통성있고 간결하게 자유롭게 드리는 창조적 예배가 중요하다.

---

6) 유효순· 정원식(1987),『부모교육』, 서울:한국방송통신대학, p. 2.
7) 은준관(1976),『교육신학』, 서울:대한기독교서회, pp. 213-218.
8) 정원식(1992),『자녀의 행복을 가꾸는 올바른 가정교육』, 대전:대한교과서주식회사, p. 210.

⑤ 가족캠프

교회에서 전 가족을 대상으로 하는 캠프로서 어떠한 형태의 가족이든가 족구성원과 함께 참여하여 가족 간의 분리현상을 극복하고 바른 공동체를 이루기 위해 실시하는 것이다. 캠프는 삶의 도피가 아니라 풍요로운 삶을 경험할 수 있게 해 주는 것이다. 이것은 기초적인 것으로 되돌아가자는 운동의 일환으로 구상된 것이다. 즉, 하나님의 말씀과 창조와 그리스도의 참된 지체가 된 공동체와 가정으로 돌아가자는 운동이다. 가족캠프는 다양한 활동을 통해 가족 구성원들로 하여금 가족의 소중함을 깨닫게 하며 다른 가정과의 조화를 통하여 하나님과 이웃과의 새로운 관계를 정립하는 데에 목적이 있다 하겠다.

⑥ 가족집단프로그램

가족집단교육은 일정한 기간 동안 정기적으로 함께 만나 참여하는 것으로 다같이 질문, 관심, 그리고 문제들과 관련된 경험들을 함께 배우고 또 함께 나누며 전 가족이 참여하는 공동의 학습경험이다. 그 목표는 세대 간의 관계 형성을 쉽게 하는 것이고 부모와 자녀들 사이의 서로에 대한 이해의 폭을 넓게 한다. 이것은 가족을 객관적인 시각에서 조명하여 갈등이나 문제의 근본적인 원인이 어디 있는가를 발견하도록 도와주고 가정 내의 세대 간의 경험을 나눌 수 있는 기회를 제공한다. 그리고 가족 간의 사랑과 돌봄, 기쁨을 증진시켜 가족 구성원들 사이의 역동성을 발견하고 발전시키도록 돕는다. 주로 가족 소개하기, 우리 집 짓기, 릴레이식 의자 전달하기, 자녀와의 인터뷰, 서로 감정 털어놓기, 편지 쓰기, 기도하기, 가족집단 축하잔치 등 다양한 방법을 사용할 수 있다

(2) 교회의 가족대상 운영사례

주말교회 CAMP 일정(http://weekend.sarang.org)

목표(Goal)

1. 일방적인 강의식 프로그램이 아닌 참여교육으로 진행합니다.
2. 청소년 스스로 문제를 제기하고 해답을 찾아가는 과정 운영

3. 10대들에게 필요한 삶의 기본 원칙과 습관들을 발견, 체득하게 합니다.
4. 인생에서 가장 소중한 것을 찾는 과정을 통해서 인생의 목표를 스스로 확립하며 수양관을 아름다운 자연에서 심신단련의 기회를 갖도록 프로그래밍하였습니다.
5. 이 워크숍은 한국리더십센터와 주말교회가 지원합니다.

-신청안내

대 상 : 중등부 30명
장 소 : 사랑의교회 수양관 202호
강 사 : 이영민 목사(7habits강사), 유제필(HP 교육팀장, 리더십센터 교수)
제공자료 : 워크숍 매뉴얼, 플랭클린 플래너 주니어
회 비 : 12만원
참가방법 : 주말교회 문의(전화 : 02-3479-7798, 7742)

-강의내용

1주	**기초다지기** 7 H 개관 습관이란? 패러다임이란? 자성예언원칙(原則)효과성의 원칙리더십이란? 3인학습
2주	**습관1.주도적이되라** 감정은행계좌 가치관에 따라 반응하기 책임감 영향력의 원 넓히기 변환자되기
3주	**습관2.목표를 확립하고 행동하라!** 위대한 자기발견사명서 작성하기 비전설정 장기목표란? **습관3.소중한 것을 먼저 하라 !** 가장 소중한 것 ! 삶을 풍부하게 시간을 보내는 방식 계획수립3단계와 실천과정
4주	**습관4.상호이익을 모색하라 !** 관계은행계좌 인간상호작용의 4가지 패러다임승 - 패패 - 승패 - 패승 - 승 Win-Win을 추구하는 방법 **습관5.경청한 다음에 이해 시켜라** 경청하기

	이해시키기
5주	**습관6. 시너지를 활용하라!** 시너지란? 더 좋은 제3의 방법 찾기 **습관7. 끊임없이 쇄신하라!** 나를 위한 시간 신체를 돌보는 법 두뇌를 잘 관리하는 법 마음을 돌보는 법 영혼을 돌보는 법

-N세대 리더십 캠프

"얘들아, 우리의 작은 믿음이 산을 옮길 수 있단다"라는 주제로 펼쳐지는 n세대 리더십 캠프는 5주간의 프로그램으로 이어진다. 1박 2일간 교사들과 숙식을 같이하며 성경적 leadership을 배운다. 지난 한 해 동안 200여명의 camper가 거쳐가 이제 관록이 있는 camp로 자리해 가고 있다.

* 담당자 : 이영민 목사 & 주말교회 캠프사역 담당 (캠핑사역 연구소 소장)
* 참가대상 : 리더십캠프 처음 신청자 50명 및 (초등 4 ~ 중 2까지)
* 장소 : 사랑의교회 수양관 202호
* 접수비 : 7만원
* 교육기간 : 9월 7일(토) 개강 - 10월 13일(주일) 5주간
* 입금계좌 : 한빛은행 094-158982-13-301, 예금주 : 사랑의교회 주말교회캠프)
*우선 신청하신 뒤 입금 후 연락을 꼭 주세요.
* 자세한 문의 : 주말교회 사무실(3479-7798) 또는 곽동근 형제(campdrama@empal.com)

-강의내용

1강	신앙으로 자라는 어린이 리더십 개관- 신앙과 리더십, 신뢰성, 게임
2강	창의력과 개성을 지닌 어린이 달란트다- 내가 가장 좋아하는 일, 내가 가장 잘하는 것, Carpe Diem 이 순간 최선을 다하라
3강	건강한 어린이 체력이다- 챌린지코스 도전, 4단계 리더십, 균형 잡힌 리더십, 건강지수 (균형 잡힌 몸과 마음)
4강	이웃을 위해 봉사하는 책임 있는 어린이 황금률 따라하기- 황금률 게임, 영향력 있는 창조적 소수 (제자 만들기), 사랑을 실천하는 봉사자
5강	사명을 찾는 어린이

	사랑의 공동체- 비전 품기 오리엔티어링(공동체 고백), 가장 소중한 것(사명 찾기), Vision race (리더십과 비전)

-프로그램

챌린지 코스, 신뢰게임, 선택 그룹 활동, 리더십 특강 , 야간 산행, 가족과 함께 하는 캠프파이어, 등산, 성경 속의 리더십, 캠프레이스, 오리엔티어링, 공동체훈련, Mission Statement, 편지 쓰기, 타임캡슐, 관계훈련, 시간관리 매트릭스, 황금률 따라하기, 가족레이스

제8장 아동과 기독교복지

어린이는 나라의 미래요 우리 세대의 미래일 뿐만 아니라, 현재를 살아가는 사회의 주요한 구성원들이다. 교회는 하나님의 형상대로 지음 받은 똑같은 하나의 인격체인 모든 아동들이 육체적으로나 정신적, 영적으로 건강하게 잘 자라나 사회의 한 일원인 민주시민으로서 행복하고 인간다운 삶을 살 수 있도록 일반가정의 아동뿐만 아니라 요보호아동에도 관심을 기울여야 한다.

1 아동에 대한 이해

1) 아동의 정의

아동이 어른으로 성장하기까지는 상당한 세월이 소요된다. 이러한 미성숙한 단계의 특정한 시기를 아동이라고 규정짓는 것에 대해서는 여러 다양한 견해가 있으나 사회복지의 맥락에서의 하나의 인간으로서 자립하여 혼자서도 살 수 있는 시기까지를 고려한다. 우리나라에서는 아동복지법 제2조에서 "아동이라 함은 18세 미만의 자를 말한다."라고 규정하고 있고 민법에서는 만20세 미만의 자를 말하며, 근로기준법에서는 15세 미만인 자로 하고 있다.

[표 8-1] 국내법률에서 규정하는 아동의 범위

법률	호칭	연령구분
아동복지법	아동	18세 미만의 자
청소년기본법	청소년	9세 이상 24세 이하의 자
영유아 보육법	영유아	6세 미만의 취학 전 아동 (만 12세 미만까지 가능-방과후 보육)
소년법	소년	20세 미만의 자
소년원법	소년	20세 미만의 자
청소년 보호법	청소년	만 19세 미만의 자
청소년 성보호에 관한법률	청소년	19세 미만의 자
민 법	미성년자 혼인적령	20세 미만의 자 남자-만18세, 여자-만16세
형 법	형사미성년자	14세 되지 아니한 자
근로기준법	연소자	15세 미만의 자
모자 보건법	영유아	출생 후 6세 미만의 자
모자복지법	아동	18세 미만의 자
국민기초생활보장법	아동	18세 미만의 자

출처: 이소희, 2002: 20

2) 아동복지의 원칙

아동복지의 원칙으로는 권리와 책임의 원칙, 보편성과 선별성의 원칙, 개발적 기능의 원칙, 개별성과 종합성의 원칙, 전문성의 원칙 등이 있다.

(1) 권리와 책임의 원칙

아동복지에서 주체란 아동복지의 책임소재를 의미한다고 볼 수도 있다. 이 책임 소재는 점점 가정에서 사회와 국가로 전이하고 있으며, 최근에는 수혜의 대상으로서가 아닌, 복지에 대한 적극적인 주체로서의 아동의 책임도 강조하고 있다. 그렇지만 아동복지는 어느 한 주체에서 일방적인 책임을 지는 것이 아니라, 각자에게 부여된 사회적 역할의 범주 내에서 독자적인 책임을 짐과 동시에, 상호 유기적인 관련 하에 서로 책임을 나눈다는 것에 인식이 모아지고 있다. 그것은 각종 아동복지 관계법에 아동, 부모, 가정, 사회 및 국가의 책임을 명시되어 있는 것에서 찾아볼 수 있다.

(2) 보편성과 선별성의 원칙

보편성의 원칙이란 어떠한 조건이나 제한을 두지 않고 모든 아동에게 같은 종류의 사업을 동일한 수준에서 제공한다는 것이다. 그러므로 이 원칙은 평등의 이념과 함께 건강하고 건전한 육성을 통해 아동문제 및 사회문제를 예방하려고 하는 가정이 전제 되어있다.

선별성의 원칙은 여러 가지 조건이나 기준에 의해 아동 복지사업의 대상을 제한하는 것을 말한다. 대부분의 경우, 부모의 양육능력의 정도가 기준이 된다, 즉, 부모가 양육책임을 다하기 어렵거나 또는 거의 불가능한 경우로서 이른바 요보호아동이 그 대상이 된다(박선희· 조홍식, 2004).

(3) 전문성의 원칙

전문성의 원칙은 아동복지사업의 성과를 좌우하는 중요한 원칙적 방향으로서 아동복지사업이 전문가와 전문기관에서 이루어져야 한다는 원칙이다. 이 원칙은 점차 세분화되고 있는데 예를 들면 종래의 총체적인 입장에서의개별, 집단 사회사업가에서 의료, 학교, 교정, 산업 등을 전문적으로 다루는개별, 집단 사회사업가가 등장하게 된 것이다.

이러한 경향은 아동복지를 기술과학의 입장에서 파악하게 해줌으로써 아동복지의 수준을 향상시키는 데 기여하는 동인이 되고 있다. 최근에는 정책적 접근에서도 전문성의 원칙이 강도 있게 고려되고 있는데, 아동복지정책결정과정에 전문가가 참여하는 것이 그 예이다. 현대사회에서의 아동 문제는 단지 부모나 자원봉사자의 능력만으로는 해결하기 어렵기 때문에 이들이 안고 있는 문제 및 욕구를 충족시키기 위해서는 전문적 기술을 습득한 전문인력이 요구된다. 그러므로 교육학, 심리학, 사회사업학, 아동학, 기타 아동과 관련되는 학문 분야를 전공한 사람들의 활동이 아동정책이나 사업 분야에서 과감히 전개되어야 하며, 이 밖에 현행 지도자들의 체계적 훈련을 통한 전문적 인력의 투입도 있어야 할 것이다. 또한 아동 전문직의 지도력을 위해 정부 수준에서 강한 제도적 보장을 지지하고, 지도자를 양성하여 사업의 성과를 거두도록 노력해야 할 것이다.

(4) 개발적 기능의 원칙

개발적 기능의 특성은 제도적 변화를 초래하는 것만이 아니라, 국가 전체의 욕구와 문제해결을 위한 또는 경제개발과 사회개발의 조건들을 향상시키고 창조하는 일의 기능수행까지 포괄하는 것으로, 개발성의 원칙이란 아동이 지니고 있는 능력을 최대한 개발하기 위한 것으로 아동은 사회적 자립과 동시에 사회에 기여할 존재라는 관점이 전제되어 있다. 그동안 우리나라의 아동복지사업은 고아나 기아 등의 특별보호가 필요한 아동들을 위한 것이 대부분이었는데 앞으로는 보다 적극적이며 예방적인 변화를 갖게 하는 개발적 기능의 면이 수행되어 국가발전이나 경제개발에서의 부정적 요소들에 대처할 수 있도록 해야 할 것이다(장인협, 1998).

(5) 개별성과 종합성의 원칙

개별성의 원칙이란 아동복지 실시의 전 과정, 즉 문제의 확인, 진단, 치료방법의 선정 및 그 목표 설정에 이르기까지 개인적 특성을 고려해야 한다는 것으로, 이때 고려할 사항으로는 심신의 발달특성, 문제의 발생원인, 생활사, 현재의 상태 및 주변 환경 등이 모두 포함된다. 더 넓은 의미에서의 이 원칙은 아동을 소외계층으로 볼 것이 아니라 국가발전에 참여하고 활동할 수 있는 기회를 제공하기 위해 사회문제에 대한 의도적인 변화를 시도함으로서 아동은 건전하게 성장, 발달할 수가 있는 것이다.

이 원칙은 아동을 독립된 인격체로 보고, 아동이 처한 상황을 그대로 수용한다는 점이 전재되고 있다. 이 원칙을 적용한 예로서 동일한 종류의 비행아동이라도 어떤 아동은 행동수정으로 어떤 아동은 정신분석적 기법으로 선도하는 것을 들 수 있다(주정일· 이소희, 2001).

3) 아동의 권리

국제적인 아동권리 선언에 나타나 있는 구체적인 아동의 권리들을 보면 다음과 같다(http://www.daum.net).

(1) 생존권(生存權)

생존권이란 태어날 인간과 현재 살고 있는 인간의 생존의 권리를 의미한다. 아동의 생존권을 보장하려면 아동 및 모성 생명의 안전과 경제생활의 안정이 우선되지 않으면 안 된다.

(2) 발달권(發達權)

발달권이란 아동이 건전하게 발육하고 성장할 권리를 의미하며, 여기에는 아동의 성장 및 학습에의 권리가 포함된다. 아동이 자유롭게 발달하는 데는 심신이 다 같이 건강해야 하며, 그를 위해서는 양친이 다 같이 건강하고, 특히 모성의 건강관리가 빈틈이 없어야 한다. 또한 가정환경이 깊은 애정과 이해로써 유지되며, 아동의 가능성을 개발시키는 성장의 원리에 따라 스스로 미리 배우도록 그 환경을 정비해갈 필요가 있다. 더욱이 성장 단계에 대응해 주택이나 놀이터, 지역 환경 등의 생활행동권이 확립되고 학습 환경이 개선되어야 할 것이다. 이와 같이 미숙에서 성숙으로, 의존에서 독립으로, 타율에서 자율로 향하는 아동의 발달 단계를 과학적으로 규명하여 그 발달을 전면적으로 보장할 것이 강하게 요망되고 있다.

(3) 의료권(醫療權)

의료권은 아동의 생존권과 발달권을 보장하기 위한 이차적인 권리이다. 의료의 산업화로 의료가 상품화되고 환자의 치료는 이의적(二儀的)인 것으로 되어가고 있는 현실이다. 지역사회에서의 의료체제의 불비는 아동의 의료권을 위협하고 있으며, 농어촌· 무의촌 지역의 증가, 더 나아가서 지역의 과밀 과소를 불문하고 의료인력의 양적 부족은 심각하다. 의료 체계의 정비와 의료 산업화로부터 아동을 보호하기 위해 교육의료나 양육의료 외에도 유아의료무료화(幼兒醫療無療化), 임산부의 무료건강진단이나 출산비보조 등 의료권 보장이 이루어져야 한다.

(4) 교육권(敎育權)

교육권은 교육을 받는 아동과 교육을 하는 부모 및 교사와 관련이 된다. 그러나 우리나라는 헌법이나 민법 및 각종 교육관계법에서 보면 부모의 교육권을 언급할 뿐이고 교육을 실시하는 사람, 즉 교사의 교육권에 대한 규정은 되어 있지 않은 실정이다. 아동의 교육권이 각별히 문제가 되는 것은 장애아의 교육권 보장에 관한 것으로써, 장애아의 교육보장, 거택 장애아의 방문지도 교육지도, 방문교사의 위치설정 등에 대한 명확한 장치가 시급한 상태이다.

(5) 생활권(生活權)

아동의 생활권이란 안전하고 쾌적한 생활을 누릴 권리를 의미하며, 놀이터, 오락 등의 기회의 충족에 관한 권리를 말한다. 요즈음의 아동들은 교사의 과밀화 또는 농촌의 과소화 등으로 인하여 안전한 놀이터뿐만 아니라 놀이 시간이나 놀이 친구, 놀이 내용까지도 잃어가고 있다. 또한 레저산업의 발달로 놀이나 오락도 돈으로 사는 것이라고 생각하는 아동이 증가하고 있다. 따라서 아동의 발달단계에 알맞은 생활공간이나 생활시간이 계획되고 보장되지 않으면 안 된다.

(6) 환경권(環境權)

환경권은 아동의 생활권과 밀접한 연관을 가지고 있다. 자연환경이 인간의 발달 특히 아동의 발달에 있어서 중요하다는 것은 재론할 여지도 없는 것이다. 그러나 오늘날 많은 아동은 공업화의 진전과 함께 그에게 필요한 생활공간이나 자연을 빼앗겨 버리고 교통사고나 공해의 위험에 노출되고 있다. 환경의 악화는 인간관계의 악화를 낳고 아동의 심신의 건강을 좀먹는다. 이로 인해 신경증아, 등교거부아, 자폐증아, 허약아 등이 점점 증가추세에 있다.

(7) 노동권(勞動權)

노동권의 보장에는 아동이 장차 노동자로서 일할 권리를 가질 수 있도록 교육 및 직업 지도를 받을 권리를 보장할 것과 고용주로부터 혹사되거나 위험한 노동에 종사하는 일이 없도록 그 권리를 보장할 것 등의 두 가지 의미를 내포한다. 오늘날 생산장에서의 능력주의는 아동의 노동에의 적응을 곤란하게 하고 있다. 특히 장애인의 경우는 더욱 어렵고, 취업의 기회, 직종, 노동 조건 등의 측면에서 노동권의 보장이 충분히 이루어지고 있지는 않다.

4) 기독교아동복지사업의 유형

(1) 아동상담사업

상담(counseling)이란 문제를 갖고 있거나 문제가 있을 가능성이 있는 개인이나 가족 집단들에 대해 문제예방과 해결을 위해 조언을 해주고, 구체적인 대안을 제시하며, 자신이 추구해야 할 목표를 스스로 확실히 할 수 있도록 도와주고, 필요한 지식이나 정보를 제공함으로써 개인, 가족, 집단, 지역사회를 올바로 인도하는 절차이다. 교회는 아동들을 위해 온라인상담(on-line counseling)을 적극 활용할 수 있다. 최근에는 인터넷 상에서 온라인 상담이 적극 활용되고 있는데, 이는 인터넷 상에서 익명성, 접근자유성, 신속성 등이 보장되기 때문에 아동들의 이용 유도를 할 수 있다.

또한, 예방상담 차원에서 다양한 교육프로그램 등을 활용하여 아동과 부모들을 지원할 수 있다. 이는 공공자원이 부족한 한국의 현실을 감안해 볼 때, 실질적으로 사회문제를 예방하는 차원에서 교회의 기여할 부분이 매우 큰 부분이다.

실질적으로 개교회를 중심으로 결혼준비교실, 부모교육, 참부부 만남 등과 같이 아동의 복지지원체인 부모환경을 지원해주는 교육프로그램 등을 실시하거나, 사회복지법인이나 기독교단체 등에서 전문가들이 중심이 된 교육프로그램 등이 실시되고 있다.[1)]

(2) 학대-방임아동보호 사업

성경은 어려운 처지에 있는 아동을 해롭게 하지 말라고 가르치고 있다. 또한 어린 아동을 실족케 하면 화가 있을 것이라 경고하면서 어린아동들을 학대하지 말고 실족하게 하지 말 것을 분명하게 선포하고 있다.

아동학대(child abuse)와 아동방임(child neglect)은 통상적으로 함께 정의되는데, 아동복지법상 적용되는 아동학대로는 불구 기형의 아동을 공중에 관람시키는 행위, 아동에게 구걸을 시키거나 아동을 이용하여 구걸하는 행위, 공중의 오락 또는 흥행을 목적으로 14세 미만의 아동에게 공예를 시키는 행위, 14세 미만의 아동에게 주점 등 기타 접객 영업에 종사시키는 행위, 아동에게 음행을 시키거나 음행을 매개시키는 행위, 정당한 권한을 가진 알선 기관 외의 자가 아동의 양육을 알선하고 금품을 취득하는 행위, 아동에게 유해한 흥행 영화 등 기타 이에 준하는 흥행물을 관람시키는 행위, 아동에게 유해한 유기를 시키거나 유해한 유기를 행하는 장소에 출입시키는 행위, 자기의 보호 또는 감독을 받은 아동을 학대하는 행위, 아동을 위하여 증여 또는 급여된 금품을 그 목적 외에 용도에 사용하는 행위, 아동의 덕성을 심히 해할 우려가 있는 도서, 간행물, 광고물 등 기타의 내용물을 제작하거나 이를 아동에게 판매· 배포· 경여· 교환· 전시· 구연· 방송하거나 하게 하는 행위가 이에 해당된다.

---

1) 기독교윤리실천운동본부에서는 결혼준비교실, 부모교육 등이 다양한 프로그램 등을 실시하고 있다. 또한 '지역사회와 함께 하는 교회'상을 제정하여 해마다 지역사회복지에 기여한 교회를 선정하여 시상하고 있다.

그러나, 실제 아동학대는 주로 발생시 한 부류의 학대 형태가 아닌, 성적 학대와 방임, 아니면 신체학대와 성적학대 등 복합적인 형태로 발생되는 경우가 많다.

교회는 아동의 학대나 방임 사례에 대해 직·간접적으로 대처할 수 있다. 예를 들면, 설교시간이나 성경공부 시간 또는 지역사회 세미나를 통해 비성경적인 아동학대 사례를 지적하는 메시지를 전할 수 있고 주일학교 교사나 아동부 책임자를 통해 아동학대 사례를 보고 받고 가해자 및 피해 아동에 대해 시·군·구 아동복지지도원이나 사회복지사, 사회복지 전담공무원 등과의 연계를 통해 적절한 대처 방안을 강구할 수 있다.

또한, 교회는 학대 아동 가운데 부모로부터 일시적이거나 영구적으로 분리시켜야 될 필요성이 제기될 때, 교인 가운데 위탁가정을 지정하여 일정 기간 동안 아동을 보호할 수 있다.

(3) 소년소녀가장세대 후원결연사업

소년소녀가장세대는 부모의 사망, 질병, 심신장애, 가출, 이혼, 수형 등으로 인하여 만 18세 미만의 소년소녀가 가정생활을 이끌어 감으로써 정부의 보호를 필요로 하는 세대로 국민기초생활수급권자의 선정 기준에 적합한 자이다. 이들은 공적부조서비스만으로는 경제적으로 어렵기 때문에 경제적 어려움을 일부 덜어주기 위해 후원결연사업을 통해 지원을 받는다.

교회는 범교회적 차원에서 그리고 성도 개인적 차원에서 소년소녀가장세대를 위해 결연사업을 실시할 수 있는데 소년소년가장을 위한 후원결연사업은 각 시·군·구, 한국복지재단, 사회복지관 등에서 전개하고 있다.

(4) 시설보호사업

교회는 직접 아동복지시설을 설립해 운영할 수 있다. 그러나 교회의 형편상 이러한 시설을 직접 설립하여 운영하는 것은 어려우므로 교회는 이들 시설을 재정적으로 지원해주거나 자원봉사자를 보내어 지원할 수 있다. 또한 이들 시설의 아동과 교인들 간의 후원결연을 주선하여 이들의 복지에 일부 도움을 줄 수 있다.

교회가 직접 운영이 가능하거나 지원할 수 있는 아동복지법상의 시설종류로는 다음 <표 8-2>와 같다. 또한 이러한 아동복지시설은 단일 업무만 수행하는 것이 아니라 종합시설로 설치될 수 있으며, 아동 가정지원사업, 아동주간보호사업, 아동전문상담사업, 학대아동보호사업, 공동생활가정(그룹홈)사업, 방과 후 아동지도사업 등을 할 수 있다.

[표 8-2] 아동복지시설의 종류

아동복지 시설의 종류		정 의
생활시설	아동 양육시설	보호를 필요로 하는 아동을 입소시켜 보호, 양육하는 것을 목적으로 하는 시설
	아동일시 보호시설	보호를 필요로 하는 아동을 일시보호하고 아동에 대한 향후의 양육대책 수립 및 보호조치를 행하는 것을 목적으로 하는 시설
	아동보호 치료시설	불량행위를 하거나 불량행위를 할 우려가 있는 아동으로서 보호자가 없거나 친권자나 후견인이 입소를 신청한 아동 또는 가정법원, 지방법원소년원부지원에서 보호 위탁된 아동을 입소시켜 그들을 선도하여 건전한 사회인으로 육성하는 것을 목적으로 하는 시설
	아동직업 훈련시설	아동복지시설에 입소되어 있는 만 15세 이상의 아동과 생활이 어려운 가정의 아동에 대하여 자활에 필요한 지식과 기능을 습득시키는 것을 목적으로 하는 시설
	자립지원 시설	아동복지시설에서 퇴소한 자에게 취업준비기간 또는 취업 후 일정기간 보호함으로써 자립을 지원하는 것을 목적으로 하는 시설
	아동단기 보호시설	일반가정에 아동을 보호하기 곤란한 일시적 사정이 있는 경우 아동을 단기간 보호하며 가정의 복지에 필요한 지원조치를 하는 것을 목적으로 하는 시설
	공동생활 가정	지역사회 아동의 건전 육성을 위하여 심신의 건강유지와 복지증진에 필요한 서비스를 제공하는 것을 목적으로 하는 시설
이용시설	아동 상담소	아동과 그 가족의 문제에 관한 상담, 치료, 예방 및 연구 등을 목적으로 하는 시설
	아동전용 시설	어린이공원, 어린이 놀이터, 아동회관, 체육·연극, 영화, 과학실험전시시설, 아동휴게숙박시설, 야영장 등 아동에게 건전한 놀이오락 기타 각종 편의를 제공하여 심신의 건강유지와 복지증진에 필요한 서비스를 제공하는 것을 목적으로 하는 시설
	아동 복지관	보호를 필요로 하는 아동에게 가정과 같은 주거여권과 보호를 제공하는 것을 목적으로 하는 시설
	지역아동 센터	지역사회 아동의 보호·교육, 건전한 놀이와 오락의 제공, 보호자와 지역사회의 연계 등 아동의 건전육성을 위하여 종합적인 아동복지서비스를 제공하는 시설

(5) 보육사업

현대 가족은 맞벌이 가족의 증가, 핵가족화, 가족 해체 등으로 가족기능의 약화가 문제가 되고 있다. 특히, 이혼의 급증은 저소득층의 모자 가장 또는 부자 가정의 증가를 가져와 아동의 방임 등이 문제가 되고 있다.

교회는 보육시설을 직접 설립하여 저소득 맞벌이 부부, 모자가정이나 부자가장, 영세민 가정 자녀들을 보호하고 양육하기 위해 무료로 또는 실비만을 받고 보육서비스를 제공해 줄 수 있다.

교회가 어린이집을 설립해 보육사업을 실시할 수 있다면 매우 바람직하고 효과적이겠지만, 상당수의 교회가 현실적으로 어린이집을 설립할 수 없는 형편에 있다. 이 경우 시·군·구에 설치된 보육정보센터에 근무하는 보육전담공무원이나 사회복지 전담공무원과의 연계를 통해 보육의 필요성이 있으나 보육 혜택을 받지 못하고 있는 빈민 가정 자녀들이 보육혜택을 받을 수 있도록 도와줄 수 있다.

(6) 방과 후 교실

교회의 교육관 등을 이용한 초등학교 학생들을 위한 방과 후 교실을 운영하는 것도 교회가 지역사회에 기여할 수 있는 방법이다.

지역아동센터는 지역사회 아동의 건전한 육성을 위하여 아동에게 보호·교육·놀이·오락을 제공하고 보호자와 지역사회의 조직화 및 기능강화 등 종합적인 아동복지서비스를 제공하는 것을 목적으로 한다.

지역아동센터는 사회복지 법인뿐만 아니라 단체나 교회도 신청할 수 있도록 계획을 하고 있다. 이와 관련하여 교회 자체 내에서 지역아동센터를 운영하거나 또는 사회복지법안과 연계한 지역아동지원을 위한 공부방센터를 운영하는 곳이 증가하고 있다.

그 외, 이와 같은 기독교사회복지활동을 실시하기 위해 교회 내에 사회복지부를 두어 전문적인 사회복지활동을 실시하고 있는 경우도 있다.

② 아동복지의 실태

아동의 인구는 1970년 이래 전체 인구구성비에서 17세까지의 아동인구수가 감소되는 경향이 뚜렷하게 나타났다. 이러한 감소현상은 2000년대에 들어 특히 두드러진다. 18세 미만인 아동인구가 차지하는 비율이 전체인구의 25% 이내에 불과하고, 15세 미만의 저 연령층에서 30년 전에 비해 거의 절반 수준의 감소가 있었다.

[표 8-3] 아동인구수

연령		1970	1975	1980	1985	1990	1995	2000
0세	인구수	816,020	698,362	754,560	611,070	632,402	655,707	599,073
	성 비	106.48	108.07	108.3	110.44	112.52	113.82	111.46
1-2세	인구수	1.745,636	1,683,593	1,529,479	1,430,971	1,322,298	1,397,086	1,216,450
	성 비	106.32	107.23	106.75	107.8	111.42	114.45	109.47
3-5세	인구수	2,612,270	2,756,468	2,310,714	2,497,616	1,990,451	2,013,468	2,000,955
	성 비	107.2	107.04	106.96	107.21	109.85	112.28	111.3
6-8세	인구수	2,751,350	2,670.522	2,677,358	2,313,632	2,321,846	1,832,206	2,092,221
	성 비	107.92	106.85	106.8	106.9	107.1	110.45	114.05
9-11세	인구수	2,842,190	2,608,175	2,808,909	2,449,684	2,554,955	1,942,461	1,910,402
	성 비	107.74	108.04	107.03	107.37	106.45	108.32	113.04
12-14세	인구수	2,473.967	2,791,268	2,574,755	2,791.917	2,312,263	2,394,576	1,819,655
	성 비	106.88	107.76	106.7	106.49	105.78	105.76	110.14
15-17세	인구수	2,015,591	2,684,544	2,563,366	2,748,740	2,618,360	2,368,096	2,047,594
	성 비	104.92	106.32	107.22	106.34	104.49	105.67	108.53
계	인구수	15,257,024	15,892,932	15,219,141	14,843,630	13,752,575	12,603,600	11,686,350
	성 비	106.78	107.33	107.11	107.51	108.23	110.11	111.14

출처: 보건복지부, 2006한국의 주요아동지표

[그림 8-1] 18세 미만 아동인구 수

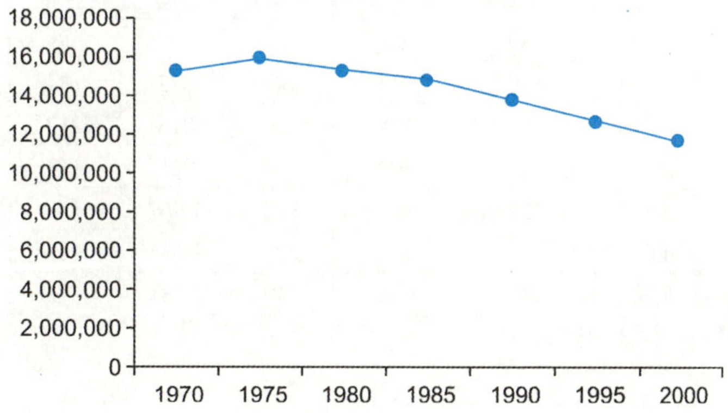

출처: 보건복지부, 2006한국의 주요아동지표

1) 아동학대

아동보호전문기관 설치 후 현재까지(2000. 10월~2006. 12월) 아동학대 건수와 사례 유형을 살펴보면 <표 8-4>와 같다. 2006년 한 해 동안 아동학대 신고전화에는 총 8,903건의 신고가 접수되었으며 이 중 6,452건(72.5%)이 아동학대 신고전화였고 나머지는 일반 상담전화였다. 아동학대 신고전화 중 아동학대예방센터가 개입하여 조사한 결과 5,202건이 아동학대사례로 판정되었다. 아동학대의 유형은 방임이 가장 많은 39.1%였고 중복학대 34.6%, 정서학대 11.6%, 신체학대 8.4%, 성 학대 4.8% 등이었다. 2006년도 통계의 경우 학대행위자의 83.2%는 부모이다. 이들 부모에 대한 적절한서비스가 제공되지 않으면 학대행위가 재발될 우려가 있다고 할 수 있다. 그러나 학대행위자에 대하여 상담, 교육 등을 실시할 수 있는 전문 인력과 체계가 미흡하고 또한 학대행위자가 의무적으로 상담, 교육 등에 참여토록 하는 법적 강제조치가 없는 실정이다.

[표 8-4] 아동학대 건수와 유형 (단위: 건)

연도	계	신체학대	정서학대	성학대	방임	유기	중복확대
2000.10-12	464	180	30	23	205	26	-
2001	2,105	476	114	86	672	134	623
2002	2,478	254	184	65	814	212	949
2003	2,921	347	207	134	965	113	1,155
2004	3,891	364	350	177	1,367	125	1,508
2005	4,633	423	512	206	1,635	147	1,710
2006	5,202	439	604	249	2,035	76	1,710

자료: 2006보건복지백서, 보건복지부.

2) 요보호아동 현황

1990년대에 비해 2000년대에 발생한 요보호아동 수는 <표 8-5>에서 오는 건수량 거의 두 배에 가깝다. 또한 요보호아동의 발생유형이 1990년대에는 주로 미혼모 아동, 기아 비행이나 가출 부랑아였으나, 2000년대에는 빈곤, 실직, 학대 등으로 인한 요보호아동과 미혼모 아동이 거의 대부분을 차지하는 것으로 나타났다. 특히 빈곤, 실직, 학대 등으로 인한 발생유형을 새로이 범주화한 2000년에 비해 2004년에 이로 인한 요보호아동의 발생은 43.5%나 증가한 것으로 나타났다.

[표 8-5] 요보호아동의 현황

<table>
<tr><th rowspan="3">구분</th><th colspan="6">요보호아동의 발생유형</th><th colspan="8">보호내용</th></tr>
<tr><th rowspan="2">계</th><th rowspan="2">기아</th><th rowspan="2">미혼모아 등</th><th rowspan="2">미아</th><th rowspan="2">비행, 가출, 부랑아</th><th rowspan="2">빈곤 실직, 학대등 기타</th><th colspan="4">시설보호</th><th colspan="4">가정보호</th></tr>
<tr><th>계</th><th>아동</th><th>장애아</th><th>미혼모</th><th>계</th><th>위탁보호</th><th>입양</th><th>소년 소녀 가정 책정</th></tr>
<tr><td>1990</td><td>5,721</td><td>1,844</td><td>2,369</td><td>360</td><td>1,148</td><td>-</td><td>3,734</td><td colspan="3">3,734</td><td>1,987</td><td>1,134</td><td>853</td><td>-</td></tr>
<tr><td>1995</td><td>4,576</td><td>1,227</td><td>1,285</td><td>149</td><td>1,915</td><td>-</td><td>2,819</td><td colspan="3">2,819</td><td>977</td><td>505</td><td>472</td><td>780</td></tr>
<tr><td>2000</td><td>9,085</td><td>1,270</td><td>4,150</td><td>152</td><td>1,757</td><td>1,716</td><td>4,481</td><td colspan="3">4,481</td><td>4,04</td><td>2,285</td><td>1,755</td><td>564</td></tr>
<tr><td>2001</td><td>10,586</td><td>717</td><td>4,897</td><td>98</td><td>728</td><td>4,415</td><td>4,774</td><td>4,671</td><td>41</td><td>62</td><td>4,558</td><td>3,090</td><td>1,848</td><td>874</td></tr>
<tr><td>2002</td><td>10,057</td><td>634</td><td>4,337</td><td>74</td><td>749</td><td>4,263</td><td>4,663</td><td>4,547</td><td>57</td><td>59</td><td>4,721</td><td>2,177</td><td>2,544</td><td>673</td></tr>
<tr><td>2003</td><td>10,222</td><td>628</td><td>4,457</td><td>79</td><td>595</td><td>4,463</td><td>,4824</td><td>4,747</td><td>42</td><td>35</td><td>4,898</td><td>2,392</td><td>2,505</td><td>500</td></tr>
<tr><td>2004</td><td>9,393</td><td>481</td><td>4,004</td><td>62</td><td>581</td><td>4,265</td><td>4,782</td><td>4,680</td><td>38</td><td>64</td><td>4,321</td><td>2,212</td><td>2,100</td><td>299</td></tr>
</table>

*자료: 보건복지부(2006), 한국의 주요아동지표

(1) 시설보호아동 현황

아동복지법상 아동복지시설은 아동양육시설, 아동보호치료시설, 아동일시보호시설, 아동직업훈련시설, 자립지원시설, 아동전용시설, 아동복지관, 아동종합시설 등으로 구분되는데 요보호아동의 경우 가정위탁, 입양 등 가정보호정책 중심으로 아동복지정책의 변화에 따라 아동복지시설의 보호아동은 감소하고 있다. 2006년 말 285개소에 18,817명이 수용보호를 받고 있다(2006보건복지백서, 보건복지부).

[표 8-6] 시설보호아동 현황

연도	구분	계	양육	직업훈련	보호치료	자립지원	일시보호	종합시설	아동복지관	아동전용
2003	시설수(개소)	279	239	5	6	13	10	2	1	3
	보호인원(명)	18,818	17,437	158	373	244	437	169	–	–
2004	시설수(개소)	279	239	4	6	13	11	2	1	3
	보호인원(명)	19,014	17,675	130	376	246	432	155	–	–
2005	시설수(개소)	286	242	4	8	13	13	2	1	3
	보호인원(명)	19,151	17,729	110	457	229	457	169	–	–
2006	시설수(개소)	285	243	3	8	13	13	2	–	3
	보호인원(명)	18,817	17,517	75	436	235	392	163	–	–

자료: 2006보건복지백서, 보건복지부

(2) 가정보호아동 현황

부모의 빈곤·실직, 미혼모 출산, 실종 등으로 인해 국가의 특별한 보호가 필요한 아동은 입양, 가정위탁, 시설보호 등의 다양한 형태로 보호하고 있다. 그러나 무엇보다도 중요한 것은 사람이 가정에서 태어나 가정을 가지듯이 아동들에게도 가정을 제공해 주는 일이다.

① 가정위탁보호 아동

가정이 필요한 아동에게 가정을 제공해 주는 가정위탁은 역사적으로 오래된 가정보호제도이나 그동안 활성화되지 못하다가 최근 들어 중요성이 높아져 가고 있다. 가정위탁제도를 활성화하기 위해 정부에서는 위탁가정에게 양육보조금(월 7만원)을 지원하고 있으며, 위탁아동을 국민기초생활보장대상자로 선정·지원하고 있다. 또한, 위탁가정 발굴, 부모교육, 위탁아동 및 위탁 가정의 조사, 사후관리 등에 있어 시·도를 지원하기 위하여 2003년부터 전국에 17개소의 가정위탁지원센터를 운영하고 있으며 2004년 7월부터 중앙가정위탁센터를 설치하여 지방의 가정위탁지원센터를 지원하고, 각종 프로그램을 개발·보급하고 있다. 또한, 2004년에는 가정위탁단체에 대한 국고지원(2억 원)을 시작하였으며 2006년 말 현재 14,465명의 아동을 가정위탁으로 보호하고 있다.

[표 8-7] 가정위탁 보호 현황 (단위 : 명)

2000	2001	2002	2003	2004	2005	2006
1,772	4,425	5,577	7,565	10,198	12,562	14,465

자료: 2006보건복지백서, 보건복지부

② 국내입양

국내입양사업은 보호가 필요한 아동을 국내가정에서 양육시킬 수 있어 아동보호시책으로는 최선의 방법으로 인식되어 꾸준히 추진되어 왔다. 최근 들어 국내입양이 조금씩 늘어나고 있으나 선진국에서와 같은 아동복지차원의 입양문화는 아직 정착되지 못하고 있다.

정부는 국내입양을 확대시키기 위하여 입양가정에 대한 지원을 확대해 나가고 있으며, 경제적·제도적 지원은 장애아동을 입양한 가정에 매월 525천원의 양육보조금과 연간 240만원의 의료비를 지원하고 있으며, 의료급여법 개정(2003. 2. 9)을 통해 입양아동에 대해 의료급여 1종 혜택을 제공하고 있다. 또한 입양도 제2의 출산이라는 사회적 인식 개선을 위해 공무원을 대상으로

2007년 1월부터 2주간의 입양휴가제를 실시하고 있으며 향후 민간기업 근로자까지 확대하는 방안을 추진 중이다. 2006년도 기준 국내입양 아동은 1,332명이다.

[표 8-8] 국내입양현황 (단위 : 명)

1995	1996	1997	1998	1999	2000	2001	2002	2003	2004	2005	2006
1,025	1,229	1,412	1,426	1,726	1,686	1,770	1,694	1,564	1,641	1,461	1,332

자료: 2006보건복지백서, 보건복지부

③ 소년소녀가장 아동보호

부모의 사망, 질병 등 가정의 결함으로 생활이 어려운 18세 미만의 소년·소녀가 가족의 생계를 꾸려가는 세대는 아래 표와 같이 2006년 말 현재 전국에 2,086세대, 3,271명에 이르고 있다. 정부에서는 이들을 국민기초생활보장 수급자로 우선 책정하여 생계·의료보호 및 교육보호를 실시하도록 함으로써 가정생활을 영위하면서 학업을 계속할 수 있도록 지원하고 있다. 이외에도 피복비, 영양급식비 및 학용품비·교통비 등을 추가 지원하고 있으며, 지역사회 인사와의 결연을 통해 정서적인 측면에서 생활상의 어려움을 극복하고 자립의욕을 고취할 수 있도록 지원하여 건전한 사회인으로 육성되도록 하고 있다. 그러나 소년소녀가정은 시설보호나 가정위탁에 비해 외부의 위험에 노출되어 있는 보호형태이므로, 가능한 지정을 제한하고 가정위탁보호로 전환 추진을 계속해 나가고 있다.

[표 8-9] 소년소녀가장 현황 (단위: 명, 세대)

연도	세대수	전세대원					
		계	미취학	초등학생	중학생	고등학생	기타
1990	6,696	13,778	142	3,593	4,009	2,998	3,036
1991	6,902	13,985	121	3,650	4,093	3,194	2,927
1992	7,089	14,081	136	3,521	4,404	3,374	2,646

1993	7,322	14,293	119	3,331	4,710	3,622	2,511
1994	7,540	14,372	124	3,026	4,940	3,892	2,390
1995	8,107	15,118	124	2,914	5,261	4,392	2,427
1996	8,849	16,001	149	2,854	5,447	4,833	2,718
1997	9,544	16,547	174	2,830	5,382	5,516	2,645
1998	8,407	13,627	150	2,428	4,515	5,141	1,393
1999	7,924	12,427	150	2,356	4,046	4,992	883
2000	6,229	9,579	121	1,862	3,217	4,041	338
2001	5,248	8,060	133	1,640	2,611	3,414	262
2002	4,531	6,947	115	1,478	2,232	2,936	186
2003	3,994	6,184	99	1,309	1,966	2,668	142
2004	3,504	5,444	87	1,244	1,681	2,331	101
2005	2,755	4,332	85	901	1,343	1,923	80
2006	2,086	3,271	39	572	1,031	1,570	59

자료: 2006보건복지백서, 보건복지부

④ 공동생활가정(그룹홈)

그룹홈은 아동 5~7인으로 가구를 구성하여 가정적인 분위기에서 정서적인 안정과 사회적응능력을 배양할 수 있도록 하는 보호형태로서 1997년부터 시범사업을 실시하였으며, 2006년 말 현재 정부지원 그룹홈은 120세대로서 그 대상을 점차 확대해 나갈 계획이다.

2003년 2월에 개정된 아동복지법에 그룹홈이 시설의 종류에 추가됨으로써 그룹홈도 법적 근거를 마련하였고, 2006년은 120개소의 그룹홈에 대하여 지원하는 등 앞으로도 계속적으로 지원을 늘려나갈 계획이므로 보호를 필요로 하는 아동에게 가정과 같은 주거여건과 보호를 제공하는 공동생활가정(그룹홈)사업도 활성화될 것으로 기대된다.

3 성경 속의 아동복지

1) 구약의 아동복지

성경 속에서 나타난 구약의 어린아이들에 대한 비유로 고아 등 우선적인 구제의 대상으로 삼아 사랑을 베풀라 하셨으며 구약성경에서 요보호 아동들은 우선적인 구제의 대상으로, 사랑을 베푸는 대상으로 나타나 있다. 또한, 아동은 교육의 대상이며, 훈계의 대상이고, 긍휼의 대상이고, 겸손의 상징으로 나타나 있다. 성경에서는 아동의 양육에 대해 가족의 책임을 강조하고 있다.

"추수의 오분의 일을 바로에게 상납하고 오분의 사는 너희가 차지하여 토지의 종자도 삼고 너희의 양식도 삼고 너희 집 사람과 어린아이의 양식도 삼으라" (창 47:24)

"너는 과부나 고아를 해롭게 하지 말라. 네가 만일 그들을 해롭게 하여서 그들이 내게 부르짖으면 내가 반드시 그 부르짖음을 들을지라. 나의 노가 맹렬하므로 내가 칼로 너희를 죽이리니 너희 아내는 과부가 되고 너희 자녀는 고아가 되리라"(출 22:22-24)

"고아와 과부를 위하여 신원하시며 나그네를 사랑하사 그에게 식물과 의복을 주시나니" (신 10:18)

"매 삼년 끝에 그 해 소산의 십분의 일을 다 내어 네 성읍에 저축하여 너희 중에 분식(allotment)이나 기업(inheritance)이 없는 레위인과 네 성중에 우거하는 객과 및 고아와 과부들이 와서 먹어 배부르게 하라 그리하면 네 하나님 여호와께서 네 손으로 하는 모든 일에 네게 복을 주시리라(신 14:28, 29)"

"네가 밭에서 곡식을 벨 때에 그 한 뭇을 밭에 잊어버렸거든 다시 가서 가져오지 말고 객과 고아와 과부를 위하여 버려두라 그리하면 네 하나님 여호와께서 네 손으로 하는 모든 일에 복을 내리시리라. 네가 네 감람나무를 떤 후에 그 가지를 다시 살피지 말고 그 남은 것은 객과 고아와 과부를 위하여 버려두며 네가 네 포도원의 포도를 딴 후에 그 남은 것을 다시 따지 말고 객과 고아와 과부를 위하여 버려두라(신 24:19-21)"

2) 신약의 아동복지

신약성경에서는 예수 그리스도께서 많은 어린아이에 대한 천국의 비유를 말씀하셨고 어린아이들은 교육과 훈계와 긍휼이 대상이고 겸손의 상징으로 나타나 있으며 양육에 대한 부모의 책임이 나타나 있다. 그러므로 아동은 온 천하보다 귀한 존재로 하나님께서 부모들에게 양육을 맡기신 자들로 아동들의 양육에 대해 성경은 가족의 가치와 책임을 강조하고 있음을 알 수 있다. 뿐만 아니라 부모가 없는 아동은 우선적으로 구제하고 긍휼히 여겨야 할 대상으로 나타나 있다.

또한 예수 그리스도는 그 당시 사회적으로 인간대접을 받지 못하고 있었던 어린아이들에 대한 가치와 이해에 새로운 평가를 제시하였고, 어린아이들을 성인에 속한 수단의 가치로서가 아니라, 그 자신의 존재와 목적으로 재해석, 평가하면서 그 자신의 인격과 어린아이들을 동일시하고 어린아이들의 존엄성을 조명하였을 뿐만 아니라, 미래의 가능성을 가진 존재로서 의미를 제시해 주고 있다.

> "진실로 너희에게 이르노니 너희가 돌이켜 어린아이들과 같이 되지 아니하면 결단코 천국에 들어가지 못하리라. 그러므로 누구든지 이런 어린아이와 같이 자기를 낮추는 그이가 천국에서 큰 자니라. 또 누구든지 내 이름으로 이런 어린아이 하나를 영접하면 곧 나를 영접함이니 누구든지 나를 믿는 이소자 가운데 하나를 실족케 하면 차라리 연자 맷돌을 그 목에 달리우고 깊은 바닥에 빠뜨리우는 것이 나으니라. 실족케 하는 그 사람에게는 화가 있도다" (마 18:2-7)

> "누구든지 내 이름으로 이런 어린 아이 하나를 영접하면 곧 나를 영접함이요 누구든지 나를 영접하면 나를 영접함이 아니요 나를 보내신 이를 영접함이니라" (막 9:37)

> "제자 가운데서 누가 크냐 하는 변론이 일어나니 누구든지 내 이름으로 이 어린아이를 영접하면 곧 나를 영접함이요 또 누구든지 나를 영접

하면 곧 나 보내신 이를 영접함이라 너의 모든 사람 중에 가장 작은 그이 큰 자 니라"(눅 9:46-48)

"그가 우리 족속에게 궤계를 써서 조상들을 괴롭게 하여 그 어린아이들을 내어버려 살지 못하게 하려 할새" (행 7:19)

4 기독교 아동복지의 실태와 사례

1) 교회의 아동복지의 실태[2)]

아동복지시설은 종합 사회복지시설에 비하여 시설 수도 적을 뿐만 아니라 대부분 일반 법인들에 의하여 운영·유지되고 있었다. <그림 8-2>가 제시하는 것처럼 320개 아동시설 가운데 274(85.6%)개 시설을 일반 법인이 운영하고 나머지 시설들 중 23개 시설(7.1%)을 천주교법인이 그리고 초교파 법인과 성공회에서 각각 8개 시설, 5개 시설을 운영하고 있었다. 불교법인도 5개 시설을 운영하고 있었으나 장로교 통합은 한 곳, 그리고 장로교 합동과 감리교는 단 한 곳도 운영하고 있지 않은 것으로 조사되었다.

[그림 8-2] 전국 아동복지시설 운영주체별 현황(n=353)

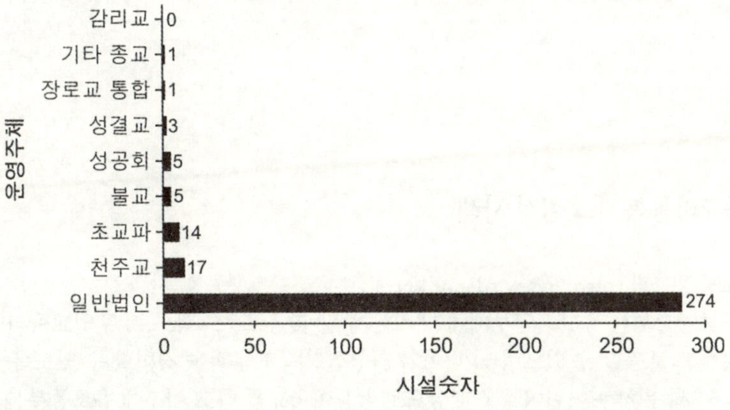

2) 손병덕(2004), 전국 복지시설의 운영주체 분석에 의한 종교·교단별 사회복지사업활동 현황조사 그리고 한국 교회사회복지의 과제, 총신논총 Vol 24. p. 433.

[표 8-10] 아동복지시설 운영주체의 광역시·도별 현황

	일반법인	천주교	초교파	장로교합동	장로교통합	감리교	성결교	성공회	불교	기타종교
서울	36	9	2		1			1	1	
부산	20	3	2						1	
대구	22	1						1	1	
인천	12	1								
광주	14	1								
대전	12	1				3			1	
울산	2									
경기도	32	1	1							1
강원도	13	2							1	
충청북도	10									
충청남도	15	1	1							
전라북도	18	2						1		
전라남도	22							1		
경상남도	11	1						1		
경상북도	30		2							
제주도	5									
시설합계 (%)	274 (85.6)	23 (7.1)	8 (2.5)		1 (.3)	3 (.9)		5 (1.5)	5 (1.5)	1 (.3)

자료: 보건복지부(2002), 아동복지시설 일람표.

2) 기독교아동복지의 실천 사례

(1) 상도중앙교회 (http://www.sdja.or.kr)

상도중앙교회는 주5일 근무제에 대비한 주말 활용프로그램으로, 주일교육의 미흡한 부분들을 보충할 수 있으며 더 나아가 다양한 기독교문화를 경험할 수 있도록 하기 위해 5,6,7세 유치부 어린이들을 대상으로 꿈동이학교를 하고 이후에 유초등부를 대상으로 주말학교프로그램으로 '어와나' 교육(토요일 2시부터)을 도입해서 시행하고 있다.

① 어와나(Awana)란?

어와나는 "부끄러울 것이 없는 인정된 일꾼"(Approved Workmen Are Not Ashamed)이라는 뜻으로 디모데후서 2장 15절의 말씀을 영어 성경의 첫 글자를 따서 만든 이름입니다. 세계적인 어린이, 청소년 선교기관으로서 현재 세계 115개국에서 실시하고 있습니다.

- 어와나 목적 : 영혼 구원과 말씀 훈련
- 어와나의 매력 : 게임, 단복, 시상, 이벤트
- 어와나 모임의 형태 : 게임(40분), 핸드북(40분), 교제(40분)

클럽명	핸드북	대상	운영시간	내용	특별활동
커비단 (Cubbies)	Jumper	미취학 아동	게 임:40분 핸드북:40분 교 제:40분	내용 1,2학기 (13주) 야외활동 (1~2회)	특별활동 게임즈, 성경퀴즈대회, 어와나캠프, 자동차경주대회
	Hopper				
불티단 (spark)	skipper	7세-2학년			
	hiker				
	climber				
T&T (Truth& Traning)	Discovery(1)	초등 3-6학년			
	Discovery(2)				
	Discovery(3)				
	Discovery(4)				

* 상도중앙교회는 현재 불티단과 T&T 두 클럽을 운행 중입니다.

② 어와나 클럽 신청방법과 운영

- 운영 : 프리어와나 오픈은 3월과 9월에 있으며, 관심 있는 모든 어린이들의 참여가 가능합니다. 클럽의 정원은 48명이며, 4반으로 나뉘어 운영됩니다.

*클럽은 학기제로 운영하며, 클럽모임장소는 상도중앙교회 종합관 지하 2층 아동부 예배실입니다.

- 어와나 클럽은 매주 토요일 오후 2:00-4:00까지 진행합니다.
- 입단과정이 끝난 후 모두 단복을 입게 됩니다.
- 회비 - 기존단원 : 30,000원 (간식, 시상비 + 야외행사)

신입단원 : 남 - 50,000원 (단복비(스카프포함) + 간식, 시상비 + 야외행사)

여 - 45,000원 (단복비 + 간식, 시상비 + 야외행사)

– 신청방법: 신청은 선착순으로 접수받습니다.
– 기존단원 재접수 - 담임선생님께 신청서, 회비(30,000원) 접수
– 신입단원 접수 - 교회 담임선생님께 신청서, 회비(남-50,000원, 여-45,000원) 접수
  * 정원 초과시 대기접수합니다.
– 방학 중 어와나 진도 검사 계속 받을 수 있습니다. 시상은 2학기에 함께 합니다. 토요일 2:00-3:00 종합관 아동부 예배실

* 어와나 진행순서

시 간	활 동
1:30-2:00	교사모임, 어린이 맞이하기
2:00-2:10	찬양, 국기 게양
2:10-2:50	불티단 게임, T&T 핸드북 · 간식나눔
2:50-3:30	T&T 게임, 불티단 핸드북 · 간식나눔
3:30-4:00	말씀듣기, 시상 및 교제, 광고
4:00-4:20	정리 및 교사 모임

* 시간 구성

1학기 3월 - 6월 13주　　　2학기 9월 - 12월 13주

시간 배분	내 용
1. 게임시간 (40분)	태극기와 어와나기를 게양하는 기 게양식으로 어와나 모임을 시작한다. 40분 동안 정해진 게임 트랙 안에서 게임을 하며 즐거움과 함께 건전한 스포츠맨십과 협동심 등을 배우게 된다. 게임시간은 아이들이 교회 어와나 클럽에 오는 이유가 되며 이 시간을 잘 준비하여 아이들의 흥미를 끌어낸다. (게임 트랙의 정식 규격은 가로, 세로 12m)
2. 핸드북시간 (40분)	핸드북 시간은 각 팀별로 모여 개인적으로 선생님과 만나 집에서 암송한 핸드북의 성경 구절의 암송을 확인받는다. 보통 한주에 3구절 정도를 암송한다. 선생님들이 성경을 암송하게 하고 모임에 더 열심히 참석하도록 격려하는 것이 필요하다
3. 교제시간 (40분)	모든 단원들과 선생님들이 한 장소에 모인다. 이 시간은 간증 시간을 포함하여 활기찬 복음성가, 청소년들에게 적절한 메시지와 교훈들, 광고와 시상식, 그리고 구원받지 못한 청소년이 가장 많이 복음과 접할 수 있는 시간이다. 모임에 오면 반드시 한번은 그리스도의 복음을 듣고 가도록 해야 한다.

(2) **명성교회(http://www.mslib.or.kr) 어린이도서관**

명성교회 도서관은 하나님의 전적인 은혜와 성도들의 기도와 사랑으로 세워진 열린 공간입니다. 1995년부터 도서관이 세워진 이래 현재 7만권의 장서를 보유 하고 신학도서, 기독교 관련 논문, 신앙도서, 정기간행물, 일반도서, 어린이도서, 시청각 자료 등 다양한 국내외 자료들을 준비해 놓고 있다.

① 규 모 : 지하2층, 지상5층 연면적 646.3평

구 분	면적(평)	용 도
5 층	62.8	기증열람실
4 층	75.2	일반열람실
3 층	87.5	기독교열람실 ※ 학위논문
2층	91.4	어린이열람실 ※ 모자열람실
1층	96.9	전자정보실(인터넷,멀티미디어,컴퓨터),도서관사무실
지하1층	119.6	자유열람실(178석)
자하2층	112.9	소극장(142석), 영상음향실, 전기실, 기계실

② 주요실별 시설현황

실 별		실 수	좌석수	위치
열 람 실	자유열람실	1	178	B1층
	어린이도서실	1	72	2층
자 료 실	기독교도서실	1	22	3층
	일반도서실	1	20	4층
	전자정보자료실	1	43	1층

제9장 청소년과 기독교복지

1. 청소년에 대한 이해
2. 청소년복지의 실태
3. 성경 속의 기독교청소년복지
4. 기독교청소년복지의 실태와 사례

청소년들의 생활과 발달은 진공에서 이루어지는 것이 아니라 가정, 학교, 지역사회, 대중매체 등 주변환경과 정치, 경제, 문화 등 보다 광범위한 환경의 영향을 받으며 이루어진다. 오늘날 사회는 미래를 예측하기 어려울 정도로 급변하고 있으며 청소년들도 많은 변화를 있으며 그들도 이전 세대와는 다른 새로운 면모를 보이고 있다.

1 청소년에 대한 이해

1) 정의

우리나라에서는 청소년의 연령은 <표 9-1>에서 보는 것처럼 민법에서는 20세 미만을 미성년으로 아동복지법에서는 18세 미만을 아동으로 규정하고 있고, 근로기준법에서는 18세 미만을 근로청소년으로 소년법에서는 20세 미만의 범법

자를 범죄소년으로 규정하고 있으며, 청소년기본법에서는 9-24세를 청소년으로 규정하였다.

즉, 청소년이 아동, 미성년, 소년 등으로 혼용되면서 그 연령도 법률에 따라 달리 규정되고 있음을 알 수 있다.

[표 9-1] 법령상 청소년의 명칭 및 구분

명칭 / 구분	연 령	용 어 구 분	해 당 법 령
영아	0세	영유아기	형법 제272조
유아	18개월미만	유아대동	형행법 제8조
아 동	6-12세	학령아동	교육법 제97조
	14세미만	곡예, 접객금지	아동복지법 제18조
	16세미만	아동혹사	형법 제274조
	18세미만	생활보호	생활보호법 제3조
	18세미만	요보호아동	아동복지법 제2조
근 로 청소년	13세미만	사용금지	근로기준법 제50조
	13-18세	근로시간제한	근로기준법 제55조
	15세미만	소년선원(사용제한)	선원법 제81조
	18세미만	사용금지	근로기준법 제51조
	20세미만	근로계약대리금지	근로기준법 제53조
범법소년	12-13세	촉법소년	소년경찰직무요강 제2조
	14-19세	범죄소년	소년경찰직무요강 제2조
	12-20세	우범소년	소년경찰직무요강 제2조
	20세미만	소년	소년법 제2조
	20세미만	소년수형자	행형법 제32조
미성년자	13세미만	미성년자에 대한 간음추행	형법 제305조
	14세미만	형사미성년자	형법 제9조
	16세미만	선서무능력자	형사소송법 제159조
	18세미만	관람금지	공연법 제22조
	18세미만	출입금지	공중위생법 제12조
	20세미만	행위무능력자	민법 제5조
청 소 년	24세이하	청소년	청소년기본법 제3조

자료 : 이상현(1997), 소년비행학, 서울:박영사, p. 11.

2) 청소년의 특성

청소년기는 아동기로부터 성인기로 전환하는 과도기이다. 청소년기에 관한 이론들은 공통적으로 청소년기를 인생의 매우 중요한 시기로 간주했다.

(1) 또래 집단

청소년기의 소년들은 또래집단의 인정을 받고자 하는 욕구가 매우 강하다. 청소년들은 심리적으로 어떤 집단의 성원이 되기를 추구하는 경향이 있으며 자기가 속한 집단에 의하여 자신을 정의하고자 한다. 또한 이 시기 또래집단의 특징은 보다 더 조직적이며 그 구성원들은 이질적이다.

또래집단이 청소년들에게 미치는 영향력은 매우 큰데, 이것은 이 시기가 되면 집에서 떨어져 밖에서 많은 시간을 보내게 되며 친구들과의 대화가 일상활동이 되기 때문이다. 청소년이 특정한 또래집단을 선택하는 것은 사회경제적 계층, 부모로부터 물려받은 가치관, 거주지역과 학교의 성격, 특수한 능력이나 재질, 자신의 성격 등 여러 가지 요인에 의하여 결정된다고 한다.[1)]

(2) 이성 관계

청소년기에는 이성 관계가 새로운 관심의 대상이 되기 시작한다. 이와 같은 이성 관계에 대한 관심의 증가는 성적인 성숙과 사회적 기대의 결과이다. 청소년들은 여러 가지 이성에 관련된 시도를 하지만 이성간에 친밀한 관계는 청소년기 후기에 이르러서야 비로소 성취된다고 볼 수 있다.

---

1) 청소년기의 친구관계에 대한 조사에 의하면 친구들을 선택하고 관계를 유지하는 데 다음의 다섯 차원이 중요한 영향을 미치는 것으로 나타났다(Weiss & Lowenthal, 1976).
① 가치, 성격, 태도, 경험 등의 유사성(similarity)
② 서로 이해하고, 수용하며, 도와주기, 서로 믿고 신뢰를 공유하는 것과 같은 호혜성(reciprocity)
③ 함께 있으면 즐겁고 편안한 조화성(compatilbility)
④ 지리적으로 얼마나 가깝게 존재하는가 또는 사귀어 온 기간과 같은 구조적 요인(structure)
⑤ 친구의 우수한 자질을 존중하고 좋아하는 정도(role-modeling)

(3) 부모로부터의 독립

청소년기 후기가 되면 사고와 행동이 점점 더 자율적으로 되며 부모로부터 독립하기 시작한다. 이 시기까지 이루어진 신체적 성숙과 심리사회적 발달은 이와 같은 부모로부터의 독립을 위해 준비하는 과정으로 볼 수 있다. 청소년기의 자율성 획득에 있어서는 가족 특히 부모의 역할이 중요하다. 청소년이 자신의 정체감을 추구하기 위해서는 가족이라는 경계 내에서 자신의 독자성을 표현할 기회를 가질 수 있어야 한다. 다시 말해서 청소년들이 자신의 고유한 견해와 관념을 가지고자 하는 욕구를 부모가 받아주고 이해해준다고 느껴야 한다. 그러므로 독립성은 부모와 청소년 간의 상호 관심과 정서적 지지 안에서 성취될 수 있는 것이다.

(4) 성 역할에 대한 정체감

지신의 성에 대한 정체감과 성 역할에 대한 개념은 사춘기 이전부터 발달하여오나 청소년기에는 성에 대한 새로운 관심과 더불어 성 충동을 자신의 성격에 통합하게 되는 것이 중요한 변화의 시기이다. 따라서 청소년기에 성정체감이 확고해지는 과정을 "성적 사회화(sexual socialization)"라고도 하며, 이것은 여러 가지 요소로 구성되어 있다고 볼 수 있다. 이러한 요소들은 구체적으로 좋아하는 성적 대상을 선택하는 것, 성행위에 대해서 이해하고 그에 대한 지식을 습득하는 것 등이다.

(5) 직업에 대한 준비

직업은 성인의 삶의 상태를 결정하는 요인이라고 말할 수 있다. 성인에게 있어서 직업은 일상생활의 거의 모든 것을 지배하며 사회적 지위를 결정할 뿐만 아니라 그 사람의 가치관도 표현하게 해주는 것이기 때문이다. 청소년기에는 직업선택에 대한 준비를 하는 시기라고 볼 수 있다. 직업을 선택하는 과정은 여러 가지 요인의 영향을 받지만 개인적인 능력, 관심 자신에 대한 부모나 중요한 사람들의 기대와 같은 개인적 요소가 가장 중요한 결정요인이다.[2)]

(6) 자아정체감 확립

청소년기에는 자신의 본질적인 인격에 대한 의문에 사로잡히게 된다. 에릭슨(Erikson)은 이 시기에 제시되는 의문들 — 나는 누구인가? 무엇을 할 것인가? 나는 미래에 어떻게 될 것인가? — 이 자아정체감을 형성하기 위한 과정이라고 하였다. 에릭슨(Erikson)의 심리사회적 발달단계 중 제5단계인 사춘기와 청년기의 발달과업이 바로 자아정체감의 성취이다. 이 시기엔 지금까지 견지했던 불변성과 연속성 및 자신의 사회적 역할을 검토하고 당대의 표준과 조화시키는 것이 문제가 된다.

청소년기에는 "때로는 병적 증상으로 혹은 호기심으로 스스로 느낀 자기보다 타인의 눈에 비친 자기 모습에 관심을 갖고 이전에 습득한 지식, 역할과 현재의 표준 혹은 이상과 연결시키는 문제에 집착한다." 이 시기에 개인은 자기고유의 특성, 예상되는 장래목표와 자신의 운명을 통제하는 힘을 자각하고 '현재의 내가 무엇인가? 장래 무엇이 되고 싶은가?'를 결정하고 싶어 한다. 청소년들은 내적으로는 급격한 발달과업의 성취를 위해, 외적으로는 사회와 역사의 변화에 대한 적응 때문에 자아정체감 발달 과정에 동요가 생기며 역할혼미, 자아정체감의 위기, 부정적 자아정체감 등으로 나타난다.

3) 한국의 신세대의 특징

오늘의 청소년들에게 복음을 선교하기 위해서는 먼저 역사의 변천과정에서 새롭게 등장하는 새로운 젊은 세대의 성격을 이해하지 않으면 안 된다. 한국에 있어서 '신세대'의 특징은 다음과 같다.

첫째, 신세대는 객관적, 합리적, 초시간적 진리를 인정하지 않는다. 신세

---

2) 오닐 등(O' Neil et al., 1980)은 직업의 선택에 영향을 미치는 것으로 다음과 같은 여섯 가지 요인을 지적했다. 첫째, 어린 시절의 경험과 역할 모델로서의 부모의 직업과 같은 가족관련 요인; 둘째, 학교교육, 또래집단과의 경험, 대중매체 등의 사회적 요인; 셋째, 적절한 기회와 같은 상황적 요인; 넷째, 출신 계층, 성차별, 직업의 수요와 공급 등의 사회경제적 요인; 다섯째, 자기 자신에 대한 기대, 능력, 직업에 대한 태도, 성취욕구와 같은 개인적 요인; 마지막으로, 지신감의 결여, 실패에 대한 두려움, 자기주장 능력의 결여, 역할갈등 등의 심리사회적 요인.

대에게는 오직 현재만이 있을 따름이다. 지금 이 상황, 나만이 중요하다. 신세대는 감정대로 움직인다. 따라서 신세대를 한마디로 규정한다면 '감각적 개인주의'로 규정할 수 있다.

둘째, 신세대는 획일주의나 권위주의, 전체주의를 배격한다. 그리고 개인이 소신껏 행동하고 생활한다. 신세대는 기성세대의 전통주의적인 가치관을 배격하고 미래 지향적인 가치관을 기대하면서 기성세대에게 반항한다. 신세대들은 가치 기준을 자기만족과 자기개발에서 찾으려고 한다.

셋째, 신세대는 소비지향적인 생활 풍조를 특징으로 한다. 오늘의 신세대는 대중문화와 소비문화의 주요 고객이자 향유계층이다. 부모의 세대가 성장지상주의로 살아왔다면 신세대는 소비지상주의의 방식으로 살아가고 있다.

넷째, 신세대에게 있어서 컴퓨터는 언어의 확장이며 필수품이다. 신세대는 컴퓨터를 자신의 일부처럼 자유스럽게 다루고 그것을 이용하여 자기중심적으로 사회적 관계를 재편성한다. 신세대는 컴퓨터를 통하여 무한한 상상력을 갖고 언어를 구사하며 빠른 속도로 세계의 정보를 수집하면서 그들의 꿈을 범세계적으로 펼쳐간다.

다섯째, 신세대는 전통적인 시각에서 보면 반항하는 세대로 보여진다. 신세대가 만들어 가는 문화는 전통적인 관점에서 볼 때는 부모에 대한 순종보다는 부정과 반항의 태도로 보여진다.

2 청소년복지의 실태

1) 청소년 인구 현황

2007년 7월 1일 현재 9~24세의 청소년 인구는 1,066만 명으로 전체인구의 22.0%를 차지하고 있다. 성별로는 남자 560만 명, 여자 506만 명이며 성비는 110.8%이다.

[표 9-2] 2007년 연령별 청소년 인구

(단위: 천명, %)

연 령	청소년 인구	구 성 비	남 자	여 자	성 비
계	10,659	100.0	5,603	5,056	110.8
9세	637	6.0	332	304	109.2
10세	661	6.2	345	315	109.6
11세	681	6.4	360	321	112.1
12세	694	6.5	369	325	113.7
13세	701	6.6	374	326	114.7
14세	699	6.6	372	326	113.9
15세	684	6.4	362	322	112.5
16세	656	6.2	348	308	112.9
17세	629	5.9	335	293	114.1
18세	615	5.8	325	290	111.8
19세	610	5.7	317	293	108.3
20세	622	5.8	323	299	108.0
21세	646	6.1	339	306	110.6
22세	657	6.2	342	315	108.4
23세	703	6.6	364	339	107.4
24세	756	7.1	390	366	106.6

자료 : 통계청, 「장래인구추계」, 2006.

2) 청소년의 음주와 흡연

청소년의 연간 음주율은 28.08%로 월간 음주율은 16.94%로 나타났다. 남자와 여자 청소년의 음주율에 있어서는 거의 성차가 없는 것으로 나타남으로써 여자 청소년의 음주율이 상당히 높은 것으로 나타났고, 연령별로 비교해 보면 15~18세의 월간 음주율이 12~14세의 월간 음주율의 약 17배가 넘는 것으로 나타남으로써 고등학생의 음주율이 매우 높은 것으로 나타났다.

[표 9-3] 청소년의 연간, 월간 음주율

		연간 음주율1)	월간 음주율2)
전체		28.08	16.94
성	남자	28.19	16.34
	여자	27.97	17.62
연령	12～14세	6.08	1.79
	15～18세	46.70	29.76

1) 전체 청소년 중 지난 1년간 음주(1잔 이상)한 사람
2) 전체 청소년 중 지난 1달간 음주(1일 이상)한 사람

청소년의 음주 시작 연령은 1998년에는 15.1세로 2005년에는 14.7세로 처음으로 음주를 시작하는 연령이 조금 더 어려진 것으로 나타났다. 그러나 세부적인 연령추이를 살펴보면 1998년에는 12세 이하가 8.2%였으나 2005년에는 14.8%로 늘어났고, 13세에 처음 음주를 시작하는 비율도 1998년의 4.3%에서 2005년에는 10.1%로 증가함으로써 어린 연령에 처음 음주를 시작하는 비율이 상당히 큰 폭으로 증가하고 있는 추세임을 알 수 있다.

[표 9-4] 청소년의 음주시작 연령

음주시작 연령	1998년(%)	2005년(%)
12세 이하	8.2	14.8
13세	4.3	10.1
14세	12.7	14.1
15세	23.7	20.8
16세	22.4	20.3
17세	16.0	10.2
18세	7.1	9.7
평균	15.1세	14.7세

자료 : 보건복지부, 「국민건강영양조사」, 2006.

3) 청소년의 정신건강 현황

12~18세 청소년들의 스트레스 인지도(스트레스를 '대단히 많이 느낌' 혹은 '많이 느끼는 편'임)는 1998년과 비교해서는 증가하였지만 2001년과 비교하면 비슷하거나 역간 감소한 추세를 보이고 있다. 12~14세보다는 15~18세의 청소년이, 남자보다는 여자가 스트레스를 더 많이 경험하고 있는 것으로 나타났다.

[그림 9-1] 청소년들의 스트레스 정도

자료 : 보건복지부, 「국민건강영양조사」, 2006.

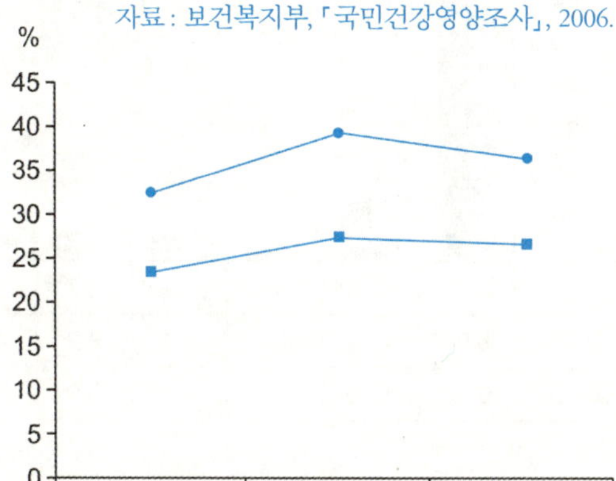

	1998년	2001년	2005년
12-14세	24.1	28.1	27.4
15-18세	33.3	40.0	37.1

[표 9-5] 청소년들의 스트레스 정도

(단위: %)

	연 령		성 별	
	12~14세	15~18세	남 자	여 자
대단히 많이 느낌	4.44	8.34	5.31	7.95
많이 느낌	22.99	28.76	23.62	28.92
조금 느낌	57.48	53.36	55.51	54.94
거의 느끼지 않음	15.10	9.54	15.55	8.19

자료 : 보건복지부, 「국민건강영양조사」, 2006.

청소년이 경험하는 스트레스의 원인으로는 학업 문제가 가장 많았고, 그 다음이 진로문제인 것으로 나타났다. 학업문제로 인한 스트레스는 1998년의 67.1%에서 2005년에는 67.0%로 약 10% 정도 증가한 것으로 나타났다.

[그림 9-2] 스트레스의 원인

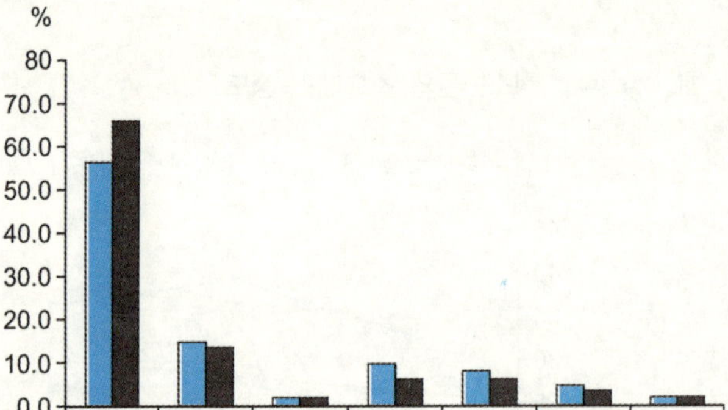

	학업문제	진로문제	이성문제	친구문제	가정문제	금전문제	기타
1998년	67.1	14.9	1.8	9.7	8.2	4.3	1.9
2005년	67.0	13.8	1.9	5.7	6.0	3.5	2.0

A주 : 1) 평상시 스트레스를'대단히 많이 느낀다', '많이 느끼는 편이다', '조금 느끼는 편이다'라고 응답한 사람을 대상으로 함
자료 : 보건복지부, 「국민건강영양조사」, 2006.

지난 1년간 자살을 생각해 본 적이 있는 청소년의 비율은 전체의 13.2%로 남자 청소년보다는 여자청소년이 약 2배 이상 자살 생각을 많이 하는 것으로 나타났고, 12~14세보다는 15~18세의 청소년이 자살 생각을 더 많이 하는 것으로 나타났다.

[그림 9-3] 청소년의 자살사고율

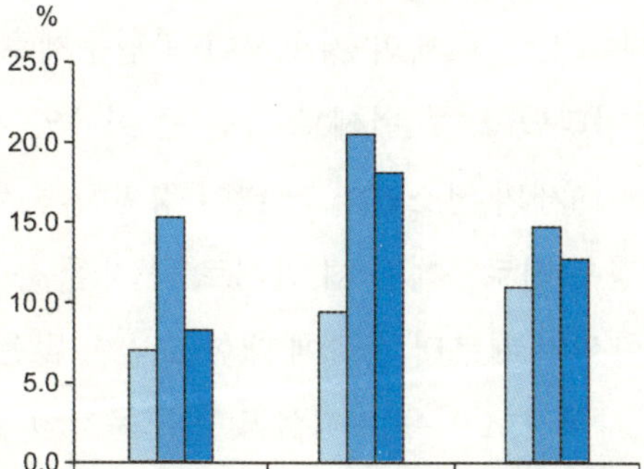

	12-14세	15-18세	전체
남자	7.2	9.8	11.1
여자	15.6	20.8	15.0
전체	8.6	18.4	13.2

자료 : 보건복지부, 「국민건강영양조사」, 2006.

지난 1년간 자살을 생각해 본 적이 있는 비율은 계속 감소하는 추세를 보이고 있다. 12～14세의 청소년의 경우는 1998년에는 22.7%였으나 2005년에는 8.6%를 나타내고 있으며, 15～18세의 경우는 1998년의 39.1%에서 2005년의 18.4로 감소하였다. 12～14세보다는 15～18세가 2배가 넘게 자살생각을 더 많이 하는 것으로 나타났다.

[그림 9-4] 청소년의 자살사고율 추이

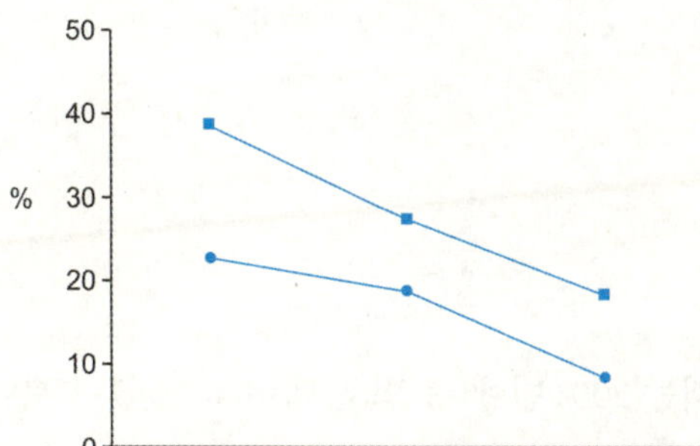

	1998년	2001년	2005년
12-14세	22.7	19.0	8.6
15-18세	39.1	27.4	18.4

자료 : 보건복지부, 「국민건강영양조사」, 2006.

청소년이 자살을 생각하는 이유로는 학업문제가 가장 큰 것으로 나타났다. 15～18세 보다는 12～14세의 청소년이 학업문제로 인한 자살생각을 더 많이 하는 것으로 나타났고, 두 번째로 가장 큰 이유인 가정문제의 경우는 12～14세보다는 15～18세의 청소년이 더 많이 경험하는 것으로 나타났다. 12～14세의 청소년의 경우 진로문제가 세 번째로 큰 자살 사고 이유로 나타남으로써 청소년들이 중학생일 때부터 진로에 대한 고민이 많은 것으로 나타났고, 15～16세의 세 번째 자살사고 이유는 이성 및 친구문제인 것으로 나타났다.

[그림 9-5] 청소년의 자살사고 이유

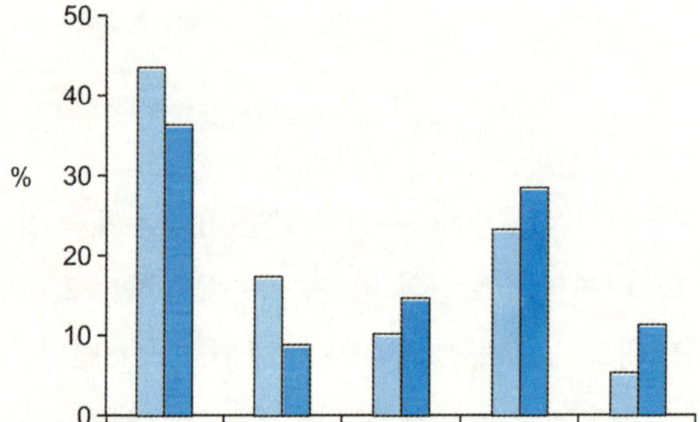

	학업문제	진로문제	이성 및 친구문제	가정문제	기타
12-14세	43.6	17.3	10.3	23.4	6.4
15-18세	36.0	9.0	14.7	28.7	11.7

자료 : 보건복지부, 「국민건강영양조사」, 2006.

4) 청소년 비행

청소년 범죄는 2001년에 총 범죄 대비 5.7%였던 것이 2005년에는 3.6%까지 감소하였다가 2006년에 다시 3.9%로 증가하였다.

[표 9-6] 2006년 전체범죄대비 청소년범죄 비율 추이

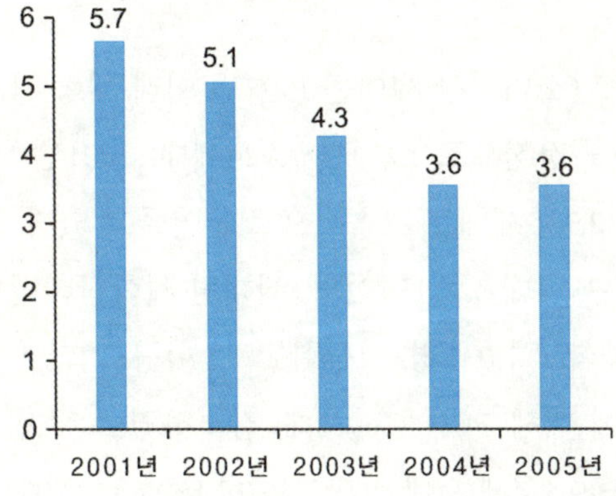

자료 : 법무부

청소년 범죄의 중요한 변화로는 저연령화 경향을 들 수 있다. 지난 5년간 전체 청소년 범죄에서 19세 소년의 범죄 비율이 가장 높았으나 2006년에는 16세 소년의 범죄율(18.5%)이 19세 소년의 범죄율 (17.9%)을 앞지르고 있다. 2006년도 청소년 범죄의 남녀별 비율을 보면 남자가 83.8%, 여자가 16.2%로 2005년을 제외하면 남녀의 비율이 일정 수준을 유지하고 있다.

[표 9-7] 2006년 전체 청소년 범죄에서 16세 및 19세 연령과 여성이 차지하는 비율

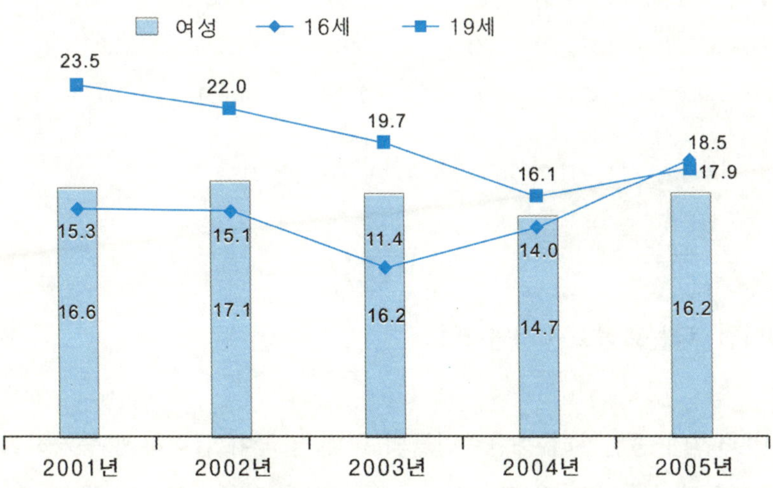

자료 : 대검찰청

5) 소년소녀가장세대 현황

우리나라의 소년소녀가장 세대는 1997년 이래 계속 감소하고 있다. 1997년(9,544세대) IMF를 정점으로 1999년 7,924세대, 2001년 5,248세대, 2003년 3,994세대, 2005년 2,755세대로 지속적으로 줄어들고 있다. 2006년 소년·소녀가장 세대는 총 2,086세대 3,271명이며, 세대원 재학상태별로는 미취학 39명, 초등학교 572명, 중학교 1,031명, 고등학교 1,570명, 기타 59명이다. 전년도인 2005년(2,755세대)에 비해 24.3%(669세대) 감소하였고, 소년·소녀가장 세대가 가장 많았던 1997년(9,544세대)에 비해서는 78.1%(7,458세대) 감소하였다.

[표 9-8] 소년소녀가장 세대현황

(단위: 명, 세대)

	세대주	세대원1)	재 학 상 태 별				
			미취학	초등학생	중 학 생	고등학생	기 타
2000	6,229	9,579	121	1,862	3,217	4,041	338
2001	5,248	8,060	133	1,640	2,611	3,414	262
2002	4,531	6,947	115	1,478	2,232	2,936	186
2003	3,994	6,184	99	1,309	1,966	2,668	142
2004	3,504	5,444	87	1,244	1,681	2,331	101
2005	2,755	4,332	85	901	1,343	1,923	80
2006	2,086	3,271	39	572	1,031	1,570	59

주 : 1) 세대주 포함
자료 : 보건복지부, 「보건복지통계연보」 각 년도

6) 새터민 · 다문화청소년 지원사업

1990년대 중반부터 북한주민들의 국내 입국이 급격하게 증가하였으며, 최근 10년 사이에 국제 결혼가정의 급증, 수많은 외국인이주노동자의 입국 증가로 인해 2007년 7월 현재 국내에 입국한 새터민 청소년의 수는 약 2,000여 명, 국제결혼가정의 청소년 수는 약 17,000여 명 가량이 된다. 이들 새터민·다문화청소년들은 교육제도의 차이, 문화차이, 심리·정서적 상처로 인해 남한 사회 적응에 많은 어려움을 겪고 있으며, 이들이 겪는 부적응 현상은 개인적인 노력만으로는 해결되지 않는 복합적인 문제이다. 그동안 이들 청소년을 위한 다양한 지원을 민·관 영역에서 추진하였으나 유기적이고 체계적인 지원시스템은 미비한 실정이다.

[표 9-9] 연령별 새터민 현황

(단위 : 명)

구 분	10세	10-19세	20-29세	30-39세	40-49세	50-59세	60세	계
'04까지	260	844	1,842	2,024	750	304	280	6,304
'05	40	184	374	475	187	53	70	1383
'06	84	259	527	688	258	73	130	2019
'07.5	35	121	266	363	141	29	44	999
누계	394	1,297	2,763	3,217	1,235	480	540	9,706

자료 : 통일부, 2007. 7.

[표 9-10] 다문화청소년 현황

(단위 : 명)

만 6세 이하	만 7세 ~만 18세 이하	총 계
26,445	17,813	44,258

주 : 모가 외국인인 학생 수 비율은 국제결혼가정 학생 수 대비임
자료 : 교육부, 2007. 4.

7) 청소년 관련업무 추진기관

「국가청소년위원회」외 중앙정부 부처는 고유기능에 따라 청소년관련 업무를 추진하고 있다. <표 9-11>은 각 부처의 청소년관련 업무를 요약한 것이다.

[표 9-11] 부처별 청소년 관련 업무 현황

부처명	업 무 내 용	주 요 담 당 부 서
교육인적자원부	학교문화지원 예술교육, 교육복지투자 우선지역지원사업, 청소년폭력예방 및 선도 등	초중등교육정책과, 교육복지정책과, 학교폭력대책팀, 방과후학교기획팀, 과학실업교육정책과, 특수교육정책과, 교육과정정책과, 여성교육정책과, 재외동포교육과, 영어교육혁신팀, 학교체육보건급식과, 학자금정책팀
노동부	청소년직장체험, 잡스쿨 등	청년고용팀, 근로기준팀, 고용서비스 혁신단, 능력개발지원팀, 종합직업 체험관 설립추진기획단
과학기술부	과학기술영재인력양성, 이공계장학사업	과학기술인육성과
보건복지부	아동안전사고 예방, 아동권리 및 아동복지 지원 등	아동안전권리팀, 아동복지팀, 재활지원팀, 보건정책팀, 공공의료팀, 기초의료보장팀, 근로연계복지팀, 암관리팀, 구강보건팀, 정신보건팀
문화관광부	문화예술교육지원, 국제청소년영화제, 국제스포츠 교류 등	문화예술교육팀, 국제체육팀, 저작권팀, 영상산업팀, 게임산업팀, 생활체육팀, 종무담당관실, 문화예술위원회, 공연사업팀
특허청	발명교실, 올림피아드 등	산업재산진흥팀
정보통신부	IT월드 운영, 저소득층 청소년 SW 기술교육 등	정보문화팀, 국제기구팀
중소기업청	기업·공고연계맞춤형 인력양성 프로그램, 청소년비즈쿨	인력지원팀, 창업제도팀
산림청	녹색수업, 학교숲 조성사업 등	산림휴양정책팀, 도시숲정책팀
여성가족부	성매매방지 및 피해여성 보호	권익기획팀
환경부	청소년 환경교육프로그램	민간환경협력과
농촌진흥청	4-H야영교육, 한국4-H본부 사업 지원	지원기획과
통일부	학교홍보지원	교육지원팀, 사이버교육팀, 정착지원팀, 연구개발팀
산업자원부	산업기술인력양성, 청소년디자인전람회	산업기술인력팀, 디자인브랜드팀
경찰청	청소년교실, 명예경찰소년단	여성청소년과
법무부	자립생활관 지원 사업	보호과
문화재청	청소년문화학교, 으뜸문화재지킴이 등	문화재정책과, 무형문화재과, 궁능관리과, 천연기념물과, 국립해양유물전시관

농림부	나의 농촌문화체험기 공모, 농·소·정 협력사업	농촌진흥과
국가 인권위원회	인권상황실태조사	정책총괄팀
외교통상부	한·일 대학생 교류 등	홍보과, 정책홍보팀, 교학과
해양수산부	청소년여름해양학교 운영	해양정책과
계	21개 부처	

자료 : 국가청소년위원회

부처별 청소년업무의 특성을 보면 부단위 기관에서는 고유의 정책기능과 관련된 사업 중 청소년이 대상고객인 사업에 일정부분을 투자하고 있는 경향이 강하다. 청단위 기관에서는 정책예산보다는 청소년을 대상으로 하는 이벤트성 예산을 지출하는 경향을 보이고 있다.

8) 청소년복지사업

(1) 청소년공부방

청소년공부방은 열악한 환경에서 생활하고 있는 도시 영세민지역 청소년들에게 학습공간을 제공함과 아울러 자원봉사자를 통한 학습지도 및 생활고충 상담을 병행 실시함으로써, 청소년이 사회적 열등감과 소외감을 극복하여 건전하게 성장할 수 있는 환경을 제공하는 기능을 수행한다. 청소년 공부방은 종래에 단순한 학습공간만 제공해 주는 역할에 불과했던 기존의 마을단위 공부방, 새마을문고를 보다 확대·발전시킨 것이라 볼 수 있다.

청소년 공부방은 지역 내 공공시설, 청소년단체, 종교 및 공공사회의 복지시설 등의 기존 시설을 사용하면서 현재 운영 중인 지역 내의 기존 공부방 중 영세시설을 확대·보강하여 '청소년 공부방'으로 보강·활용하는 방법을 취하였다.

(2) 청소년선도시설

청소년복지지원법에 따르면, 가정적·사회적으로 교육적 선도가 필요한 청소년에 대하여 청소년 본인, 청소년의 보호자 또는 학교의 장의 신청이 있을 경우, 국가 또는 지방자치단체가 해당 청소년에 대한 선도를 실시할 수 있다. 청소년의 효율적인 선도를 위하여 청소년지도자 또는 청소년지도위원을 선도후견인으로 지정하여 운영할 수 있다.

또한 국가 및 지방자치단체는 선도를 위하여 필요한 선도시설의 설치·운영, 선도프로그램의 개발·보급, 선도활동에 대한 지원 및 지도자교육 등 선도의 실효성을 확보하기 위한 노력을 강구해야 한다.

(3) 아동복지시설의 청소년복지 지원

아동복지시설에서 수용·보호되고 있는 아동은 18세가 되면 시설에서 퇴소하게 되지만, 대학 이하 재학, 직업훈련시설 등에서 교육훈련 중인 청소년과 학원에서 교육 중인 20세 미만, 장애·질병 등의 이유로 연장을 요청한 청소년 등은 보호 목적이 달성될 때까지 연장 보호를 받을 수 있다.

그리고 시설퇴소 연장아 중 취업 준비기간 또는 취업 후 일정기간 보호를 위한 자립지원시설(자립생활관)을 통해 주거제공하고 있으나 이용률이 낮아 앞으로 시설환경개선 및 자립 생활관 이용기간을 24세에서 25세까지로 확대하고 최장 5년까지 이용할 수 있도록 하였고, 또한 퇴소 및 연장아동에 대하여는 직업훈련시설에서 기술교육을 받을 수 있도록 하며, 시설 퇴소 시에는 침구나 취사도구 등을 구입할 수 있도록 일정액의 시설아동 자립정착금을 지원하고 있으며 점차 확대해 나갈 예정이다.

1997년도부터 시설보호아동의 사회적응 강화 계획의 일환으로 군부대입소, 자연탐방 등 자립지원 프로그램을 실시하고 있다.

(4) 장학금 지급사업

장학금 지급사업은 교회가 청소년들에게 학비를 제공해줌으로써 청소년들이 지속적으로 학업을 할 수 있도록 도와주는 사업이다. 교회 내에 장학위원회를 설치하고 장학기금을 형성하여 지급할 수 있다. 장학기금의 조성은 특별헌금을 통해 적립할 수 있고 구좌형태를 통해 뜻있는 성도들이 일 년에 일정구좌를 가입하는 식으로 조성할 수 있다.

(5) 학교폭력 예방사업

언젠가부터 한국사회에서는 학생들 사이의 폭력이 매우 만연된 현상이었음을 의심할 여지가 없다. 한국의 경우 1990년도 초기, 학생들의 잇단 자살과 폭력으로 인해 사회적 관심을 받게 되었다. 학교폭력이나 학생들의 일탈 또는 비행은 일반적으로 사회의 복합적 요인에서 발생하는데, 그 결과는 학생 개인 또는 사안에 따라 학생에게 큰 부정적 영향을 주기 때문에 예방하지 않으면 아니 될 것이다.

[표 9-12] 학교폭력으로 징계 받은 학생 수

구분	연도	초		중		고		계
		남	여	남	여	남	여	
총계	'05	133	51	2,652	1,593	1,553	622	6,604
	'06	130	48	2,430	1,507	1,365	787	6,267

출처 : 시도교육청

학교폭력 피해유형은 주로 신체적 폭행, 협박, 금품피해, 집단괴롭힘 등이며, 피해 장소는 주로 교사의 감독권을 벗어난 등·하교길, 학원 주변, 오락실·PC방 등이다. 그러므로 교회는 부모나 교사의 감독의 사각지대에서 심각한 학교 폭력을 예방하기 위해 의미 있는 역할을 수행할 수 있다.

[표 9-13] 학교폭력 피해 유형 현황

(단위 : %)

구 분	신체적 폭행 피해	협박 피해	금품피해	집단괴롭힘
'05	2.60	3.58	5.00	2.99
'06	2.86	4.26	5.23	3.21

출처 : 국가청소년위원회, 2007 청소년백서.

[표 9-14] 학교폭력 피해 장소

분야	년도	교 내	등·하교길	학원(주변)	오락실 PC방	놀이터, 공원 등	기타
신체적 폭력 또는 협박	'05	21.40	23.80	13.56	12.49	15.36	13.39
	'06	20.45	26.48	15.26	11.26	14.23	12.32
금품 갈취	'05	13.30	26.50	14.36	13.44	15.36	17.04
	'06	10.01	23.25	17.35	19.20	16.35	13.84

출처 : 국가청소년위원회, 2007 청소년백서.

(6) 대안학교 운영

최근 학교에 적응하지 못하는 청소년들을 위한 대안학교의 설립이 기독교계에 확산되고 있다. 본래 대안학교는 미국에서 공립학교의 적은 교사에 많은 학생이라는 과밀학급이라는 과밀학급 교육환경에 반발하는 부모들이 중심이 되어 공립학교에 대한 대안으로서 설립한 학교이다. 현재 기독계에서 실시하는 대안학교는 주로 학교에서 적응하지 못해 중도에서 학업을 중단한 청소년들을 위해 기숙학교 형태로 설립되는 경우가 많다. 교회는 대안학교를 통해서 사회로부터 소외받고 심리적으로 위축되어 생활하던 청소년들에게 하나님의 사랑과 말씀 가운데 교육을 함으로써 자신의 존귀함을 다시 깨닫게 되며 정상적으로 사회생활을 할 수 있는 사회인으로 양성할 수 있다

3) 성경 속의 기독교청소년복지

실질적으로 교회는 청소년들이 하나님으로부터 받은 재능과 은사를 활용해서 하나님께 영광을 돌릴 수 있도록 도와주어야 할 책임이 있다. 성경 속에 나타난 기독교 청소년복지 에 대한 내용을 정리하면 다음과 같다.

1) 구약성경의 청소년 복지

구약성경에서는 나아르(נַעַר) (창세기 34 : 19, 사무엘하 18 : 5), 엘렘(עֶלֶם) (욥기 33 :25, 시 89 : 45), 바후흐(בָּחוּר) (사사기 14 : 10, 전도서 12 : 1, 삼상 9 : 2), 엘레드(יֶלֶד) (창세기 4 : 23, 왕상 12 : 8), 그리고 신약성경에서는 파이스(παις) (누가복음 2 :43), 파이디온(παιδίον) (마가복음 5 : 39, 9 : 24), 파이다리온(παιδάριον) (요한복음 6 : 9), 네아니스코스(νεανίσκος)(마가복음 19 : 20, 누가복음 7 : 14) 등의 명칭들이 있다.[3)]

그리고 청소년에 대한 이야기들도 많다. 어리석고 미련한 청소년에 대한 이야기는, 한 그릇의 음식을 위하여 장자의 명분을 판 '에서'(창세기 25 :31-34), 친구들에게 나쁜 충고를 하여 나라의 운명을 그릇되게 한 '르호보암의 친구들'(왕상 12 : 10- 11), 영생의 길을 예수께 묻고는 재물 때문에 근심하며 돌아간 '부자 청년'(마태복음 19 : 16- 22, 마가복음 10 : 17- 22, 누가복음 18 : 18- 23), 유산을 받아 탕진했던 방탕한 아들(누가복음 15 : 11- 13) 등이다. 그러나 지혜로운 청소년에 대한 이야기는, 하나님의 감동을 받고 총리대신이 된 '요셉'(창세기 41 : 37- 39), 어려서부터 성전에 있으면서 하나님의 부름을 받고 후에 민족의 지도자가 되었던 '사무엘'(사무엘 상 1 : 28, 2 : 21, 3 : 19)이 있다.

성서를 통해서 본 청소년은, 하나님의 형상을 지닌 존재로서 하나님의 창조질서 가운데 있는 자이다. 그리고 예수 그리스도의 구속사역의 대상이며 하나님께 응답해야 할 책임 있는 존재이다. 이들은 기회와 신선함을 가지고 있으

3) 박수암, 청소년에 대한 성경 및 신학적 이해 총회 남선교회 지도위원회편, Op . cit ., p. 18.

며 하나님을 만날 만한 성품을 가지고 있고, 그의 전 인생을 좌우할 중요한 결단을 해야 하는 존재이다. 그러나 이를 방해하는 약점들이 있기에, 이를 극복하기 위해서 하나님을 경외하고 부모의 말씀을 따르면서 끊임없이 지혜를 구하고 마음을 지켜 근신해야 하는 것이다.

이러한 청소년들을 향하여 잠언에서는 자기 의뢰(3 : 5- 8), 궤휼과 사곡(4 :24, 6 : 12), 한 쪽으로 치우침(4 : 27), 술(2 : 12-15, 4 : 14-15), 남을 위한 보증(6 : 1-2), 나태(6 : 6-11, 13 : 4), 그릇된 교훈(19 : 27), 이방 여인과 음녀(6 : 32, 7 : 5, 21 : 27), 분노(14 : 17, 15 : 1, 20 : 3), 다툼(17 : 4), 탐욕(28 : 20) 등을 피하고, 여호와 경외(1 : 8), 근신(3 : 21), 지혜(4 : 7), 마음 지키기(4 : 23), 부모순종(23 : 21-25) 등을 추구하라고 하며, 이 모든 것 중에서 지혜를 얻으며 여호와를 경외하는 것이 지식의 근본임을 말하며 그들이 해야 할 일과 피해야 할 일을 가르친다.

"하나님이 가라사대 우리의 형상을 따라 우리의 모양대로 우리가 사람을 만들고..하나님이 자기의 형상 곧 하나님의 형상대로 사람을 창조하시고. 하나님이 그 지으신 모든 것을 보시니 보시기에 좋았더라"(창세기 1:27-31)

"너는 육 년 동안 너의 땅에 파종하여 그 소산을 거두고 제 칠 년에는 갈지 말고 묵여 두어서 네 백성의 가난한 자로 먹게 하라. 그 남은 것은 들짐승이 먹으리라. 포도원과 감람원도 그러할 지니라"(출애굽기 23:10-11)

"그 백성이 하나님의 사자를 비웃고 말씀을 멸시하며 그 선지자를 욕하여 여호와의 진노로 그 백성에게 미쳐서 만회할 수 없게 하였으므로 하나님이 갈대아 왕의 손에 저희를 다붙이시매 저가 와서 그 성전에서 칼로 청년을 죽이며 청년 남녀와 노인과 백발 노옹을 긍휼히 여기지 아니하였으며"(역대하 36:16-17)

"주의 권능의 날에 주의 백성이 거룩한 옷을 입고 즐거이 헌신하니 새벽이슬 같은 주의 청년들이 주께 나오는도다"(시편 110:3)

"청년이여 네 어린 때를 즐거워하며 네 청년의 날을 마음에 기뻐하여 마음에 원하는 길과 네 눈이 보이는 대로 좇아 행하라. 그러나 하나님이 이 모든 일로 인하여 너를 심판하실 줄 알라 그런즉 근심으로 네 마음에서 떠나게 하며 악으로 네 몸에서 물러가게 하라. 어릴 때와 청년의 때가 다 헛되니라 너는 청년의 때 곧 곤고한 날이 이르기 전, 나는 아무 낙이 없다고 할 해가 가깝기 전에 너의 창조자를 기억하라"(전도서 11:8-12:1)

"그들이 와서 시온의 높은 곳에 서 찬송하며 여호와의 은사 곧 곡식과 새 포도주와 기름과 어린 양의 떼와 소의 떼에 모일 것이라 그 심령은 물댄 동산 같겠고 다시는 근심이 없으리로다 할지어다. 그 때에 처녀는 춤추며 즐거워하겠고 청년과 노인이 함께 즐거워하리니 내가 그들의 슬픔을 돌이켜 즐겁게 하며 그들을 위로하여 근심한 후에 기쁨을 얻게 할 것임이니라"(예레미야 31:12-13).

히브리어에서 청년을 뜻하는 말인 샤하루트(שַׁחֲרוּת)는 새벽을 뜻하는데 시편 110 :3에서는 새벽이슬에 청년들을 비유한다. 이는 새벽이슬과 같은 신선함과 새로움이 이들에게 있음을 의미하는 것이다. 즉, 과거의 좋지 못한 습관이나 인습에 물들지 않고, 어떤 편견이나 고집에 사로잡히지 않았으며, 모든 것을 새로운 눈으로 볼 수 있는 순진함이 있으며, 양심은 순결하고 이상은 높은 자들이다. 그러므로 옥토와도 같은 좋은 열매를 많이 맺을 수 있는 자들이다. 시편 90 : 14의 아침에는 주의 사랑으로 만족하게 해주십시오. 우리를 괴롭게 하신 날 수만큼, 우리가 재난을 경험한 햇수만큼 이라는 구절이 있다. 여기서 아침이란 인생의 아침인 소년의 시기를 가리키는 것이다. 이는 청소년기의 결정과 결단이 인생의 운명을 좌우하고 생의 방향을 결정하는 분수령이 됨을 의미하는 것이다.

2) 신약성경의 청소년복지

또한, 복음서에는 삼가 "이 소자 중에 하나도 업신여기지 말라. 너희에게 말하노니 저희 천사들이 하늘에서 하늘에 계신 내 아버지의 얼굴을 항상 뵈옵느니라 (마태복음 18 : 10)"라는 예수의 말씀과 청소년에 대한 예수의 행위가 많이 기록되어 있다. 죽은 야이로의 딸을 살리심(마가복음 5 : 21-43), 귀신들린 수로보니게 여인의 딸을 고치심(마가복음 7 : 24-30), 간질병이 든 아이를 고침(마가복음 9 : 14-27), 나인성 과부의 아들을 살리심(누가복음 7: 11-17), 가나에 있는 왕의 신하의 아들을 고치심(요한복음 4 : 46-54), 죽은 나사로를 살리심(요한복음 11 : 1-44) 등이다.

예수께서 죽은 자를 살리신 이적을 베푸신 대상은 모두가 청소년이다.

예수께서 청소년의 죽음을 결코 지나치지 않으시며 그들을 불러 살리셨다는 사실을 나타내고 있다. 청소년은 예수의 사역에 있어서 그 어떤 대상보다도 중요한 대상이며 그들의 고통과 죽음을 예수께서는 결코 지나칠 수 없음을 보여주는 것이다. 인간의 가치를 나이에 따라서 구별하고(레위기 27 : 1- 8),청소년을 5세 이상의 어린이와 똑같이 미성년자로 취급하며, 여자와 어린이는 수를 세는데도 넣지 않던 시대(출애굽기 30 : 14, 마태복음 14 : 21, 15: 18)에 한 소년이 바친 오병이어로 오천 명을 먹이시는 위대한 이적을 행하신 이야기 등은 예수에게 있어서 청소년은 성인 못지않게 중요한 하나님의 나라를 위한 대상이었던 것이다.

마태복음서에서는 "어떤 사람이 주께 와서 가로되 선생님이여 내가 무슨 일을 하여야 영생을 얻으리이까 예수께서 가라사대 선한 이는 오직 한 분이시니라 네가 생명에 들어가려면 계명을 지키라 그 청년이 가로되 이 모든 것을 내가 지키었사오니 아직도 무엇이 부족하니이까 예수께서 가라사대 네가 온전하고자 할진대 가서 네 소유를 팔아 가난한 자들을 주라 그리하면 하늘에서 보화가 네게 있으리라. 그리고와서 나를 좇으라 하시니 그 청년이 재물이 많으므로 이 말씀을 듣고 근심하며 가니라 예수께서 제자들에게 이르시되 내가 진실로 너희에게 이르노니 부자는 천국에 들어가기가 어려우니라"[4] 라고 말씀하셨다.

또한 누가복음은 "너희는 스스로 조심하라 그렇지 않으면 방탕함과 술 취함과 생활의 염려로 마음이 둔하여지고 뜻밖에 그 날이 덫과 같이 너희에게 임하리라"[5]라고 하였고 로마서에서는 "밤이 깊고 낮이 가까웠으니 그러므로 우

4) 마태복음 19:16-23

리가 어두움의 일을 벗고 빛의 갑옷을 입자 낮과 같이 단정히 행하고 방탕과 술취하지 말며 음란과 호색하지 말며 쟁투와 시기하지 말고 오직 주 예수 그리스도로 옷 입고 정욕을 위하여 육신의 일을 도모하지 말라"[6] 라고 말씀하였다.

그리고 에베소서에는 "너희도 이것을 정녕히 알거니와 음행하는 자나 더러운 자나 탐하는 자 곧 우상 숭배자는 다 그리스도와 하나님 나라에서 기업을 얻지 못하리니" [7]와 갈라디아서는 "투기와 술취함과 방탕함과 또 그와 같은 것들이라 전에 너희에게 경계한 것 같이 징계하노니 이런 일을 하는 자들은 하나님의 나라를 유업으로 받지 못할 것이요."[8] 라고 말씀하셨다.

요한일서에서는 "아비들아 내가 너희에게 쓰는 것은 너희가 태초로부터 계신 이를 앎이요 청년들아 내가너희에게 쓰는 것은 너희가 악한 자를 이기었음이니라 아비들아 내가 너희에게 쓰는 것은 너희가 태초부터 계신 이를 앎이요. 청년들아 내가 너희에게 쓰는 것은 너희가 악한 자를 이기었음이니라 아이들아 내가 너희에게 쓴 것은 너희가 아버지를 알았음이요. 아비들아 내가 너희에게 쓴 것은 너희가 태초부터 계신 이를 알았음이요 청년들아 내가 너희에게 쓴 것은 너희가 강하고 하나님의 말씀이 너희 속에 거하시고 너희가 흉악한 자를 이기었음이라"[9] 라고 말씀 하셨다.

4 기독교 청소년복지의 실태와 사례

1) 기독교청소년복지의 실태[10]

<표 9-14>에서 나타난 바와 같이 청소년을 대상으로 한 사회복지 프로그

5) 누가복음 21:34
6) 로마서 13:12-14
7) 에베소서 5:5
8) 갈라디아서 5:21
9) 요한일서 2:13
10) 김미숙 외 3인, 「종교계의 사회복지활동 현황과 활성화 방안 연구」, p. 77.

램으로는 독서실을 운영하고 있는 교회가 조사대상의 교회의 7.1%로 조사되었다. 청소년을 대상으로 하는 프로그램 중 가장 많은 것이 장학사업으로 45.9%의 교회가 실시하고 있었고, 다음은 '소년소녀가장돕기' 33.4%, '청소년상담' 23.4%, '청소년 선도' 16.8%, '문화활동' 10.5% 등으로 나타나 청소년을 대상으로 한 활동이 아동을 대상으로 한 프로그램보다는 활발한 것으로 분석된다.

수혜인원은 프로그램의 종류에 따라 다양한 편차를 보여 적게는 5명에서 많게는 200명 이상이 수혜를 받고 있었다. 자원봉사자의 평균 수는 5명에서 19명 정도의 분포를 보이고 있었고, 교회 교인이 일반인보다 자원봉사를 더 많이 하는 것으로 파악되었다. 유급직원의 수는 평균 1명에서 2명으로 나타나 대부분 자원봉사자가 청소년을 위한 사회복지 활동을 하고 있는 것으로 조사되었다.

[표 9-15] 청소년대상 시설 및 프로그램

(단위: %, 명)

프로그램		실시여부(%)	수혜인원(명)	자원봉사자(명)		유급직원(명)
				교회교인	일반인	
프로그램	독서실운영	7.1	36.26	10.45	12.50	1.25
	장학사업	45.9	7.53	9.51	3.00	1.67
	소년소녀가장돕기	33.4	5.09	18.50	7.17	1.86
	청소년 상담	23.4	34.26	5.68	3.25	1.11
	청소년선도	16.8	64.93	7.74	11.00	2.29
	야학운영	2.4	14.50	4.75	6.00	1.00
	직업알선	4.1	10.80	11.00	6.00	1.00
	문화활동	10.5	206.00	13.19	11.50	1.00
	기타	2.9	89.13	5.00	–	1.00

자료: 김미숙 외 3인, 「종교계의 사회복지활동 현황과 활성화 방안 연구」(서울: 한국보건사회연구원, 1999), p. 77. 참조.

2) 기독교청소년복지의 실천 사례 (대한예수교장로회총회 http://0504.edupck.net 청소년 캠프)

1. **명칭** : "얘들아, 교회가자!" (Come and See!)
2. **일시 및 장소** : 2008년 5월 4일(주일), 전국 각 교회에서
3. **대상** : 모든 청소년들
4. **취지** :

"나다나엘이 이르되 나사렛에서 무슨 선한 것이 날 수 있느냐 빌립이 이르되 와서 보라 하니라."(요1:46)

본 교단에서는 92회기 "교회여, 생명을 잉태하라!"(다음세대를 품는 교회)라는 주제아래 2008년 5월 4일을 교회학교 총동원주일(와보라 Day)로 선포하며 전국의 모든 어린이, 청소년을 교회로 초청하고자 합니다. 한국교회의 미래는 다음세대 주인공인 어린이와 청소년에 달려있습니다.

전국교회가 적극적으로 행사에 참여함으로 다음세대 부흥을 위한 신앙의 대 잇기, 영적 인프라 형성을 이루어가기를 바랍니다.

5. **행사를 위한 기획안**

1) Come : 전도 및 홍보 프로그램

▶ "교회로 와요!" 초청 UCC 대회 개최

① 개요: "교회여 생명을 잉태하라"는 2008년 총회주제에 맞추어 다음세대 부흥을 꿈꾸며 전국의 어린이 · 청소년의 교회학교 총동원 주일을 선포한다. 이에 전국 교회학교 중고등학생들이 직접 만든 "교회로 와요!" 초청 UCC 대회를 개최한다.

② 참가 자격: 교단 내 전국 교회학교 중고등학생

③ 내용: 2008년 5월 4일은 전국 교회학교의 총동원 주일임을 알리며 모든 어린이 및 청소년을 교회학교로 초청하는 메시지를 담는다.

④ 개최일정

▷ 공모기간: 2008년 1월 21일 - 2월 29일

▷ 수상작 발표: 2008년 3월 20일(개별통보 및 총회 홈페이지 공지)

⑤ 공모형태

▷ 응모부문: 순수창작 동영상 UCC (3분, 50Mb 이내)

▷ 장르: 다큐, 애니메이션 등을 포함한 모든 장르

▷ 파일 형식: wmv, avi, swf 형식 권장

⑥ 접수방법

▷ 우편 접수: CD로 제작하여 총회교육자원부로 제출

▷ e-mail 접수 :

▷ 총회 홈페이지에서 '참가 신청양식'을 다운로드 후, 작성하여 작품과 함께 제출

⑦ 작품전시 : 총회 홈페이지 및 각 교회학교 산하단체 홈페이지를 통해 전시

▶ 기타 다양한 영상 및 인쇄매체를 통한 홍보

① 교회학교 교사를 격려하는 총회장의 신년 메시지를 "얘들아, 교회가자!" 행사의 일정과 취지를 함께 담은 1분 영상을 제작하여 총회 및 교육자원부 홈페이지를 통해 배포한다. 각 노회에는 포스터와 함께 CD로 발송하여 지교회에 배포할 수 있도록 돕는다.

② 초청을 알리는 테마송과 플래시 애니메이션을 전문가에게 제작 의뢰하여 총회 홈페이지와 기타 관련기관 홈페이지를 통해 홍보하며 다운로드를 받을 수 있도록 한다.
- 테마송의 예: 오사(5월4일)song, 와보라Day song 등

③ 기독 연예인을 섭외하여 행사 알리는 초청영상 제작하고 총회 홈피를 통해 홍보, 배포한다.

④ "얘들아, 교회가자!" 행사의 컨셉을 담은 포스터와 현수막, 전단지를 디자인하여 일간지 신문광고(예: 국민일보, 기독공보 등)에 기재하며 각 도시별 주요 지점에 육교형 광고판 또는 입간판으로 설치 홍보한다.

⑤ 전교인 대상으로 초청 캠페인 실시한다. "어른은 아이 3명, 아이는 친구 3명!"

▶ 교육자원부의 부흥 전략세미나(권역별, 노회별)를 통한 교육적 홍보

① 명칭: 교회학교 성장을 위한 부흥전략 세미나

② 개요: "하나님의 나라와 다음세대 부흥"이라는 2008년 교육주제 선포하며 교회학교 성장의 밑거름이 되는 다양한 교회별, 부서별 부흥전략들을 제시함으로 교회학교 부흥의 열정을 깨닫게 한다. 또한 부흥의 구체적인 사례들을 통해 다음세대를 향한 비전을 세우게 한다.

③ 참가대상: 교사, 교육전도사, 교육목사, 교회학교 부장, 담임목사, 노회교육부장 및 위원, 교회학교 연합회 임원 등

④ 일정: 중부권 2008년 1월 24일, 호남권 2월 22일, 포항지역 내 2월 28일

▶ 전국 교회학교 교사 전진 기도회 개최

① 개요: 2008년 5월 4일 "얘들아, 교회가자!"는 행사를 앞두고 전국 교회학교의 교사들이 한자리에 모여 기도함으로 단순히 과시적 행사가 아닌 다음세대 부흥을 향한 진정한 하나님의 비전을 나누며 꿈꾸는 자리가 되게 한다.

② 대상: 본 교단 소속 교회학교 교사 모두

③ 일정: 중앙 및 지역별 모임, 3월 22일경

2) And : 틈새 프로그램으로 좋은 교회 이미지를 위한 지역사회 연결 프로그램

▸ 지역사회를 위한 봉사 프로그램 지원· 사회봉사부와의 정책 연결

① 지역아동센터(공부방) 지원을 통한 교회학교 부흥모색, 공부방 어린이 초청행사 기획

② 교단 내 교회와 연계하여 청소년 사회봉사활동 지원, 교회학교로의 초청 행사 기획

▸ 비기독교학교에서 활동하는 선교단체와의 연결· 국내선교부와의 정책 연결

① 중고등학교 C.A(클럽활동) 지원, 지역교회와 연결하여 초청하기

② 한 교회 한 학교 자매결연 맺기 프로젝트 기획

▸ 문화행사 및 공연 지원: 문화선교연구원과의 연결 활동 모색

3) See : 행사 당일 프로그램으로 부서별 또는 전교인 예배와 찬양 축제 기획안을 제공

▸ "얘들아, 교회가자!" 행사를 위한 보조 프로그램

① 행사 당일 선포할 설교문과 다양한 예배 프로그램을 담은 지침서를 총회 홈피에 게시하여 사용할 수 있도록 한다.

② 행사시 초청된 어린이, 청소년들이 볼 수 있는 복음의 핵심을 담은 영상물을 제작, 상영한다.

③ 예배 후 진행할 수 있는 교회별 놀이와 먹거리 잔치, 환영행사 프로그램을 안내한다.

▸ 지속적인 양육프로그램과의 연계

① 영유아유치부: 부모교육 교재와 세미나를 통해 다음 세대 부흥을 위한 비전을 나눈다.

② 아동부: "세상에서 가장 특별한 선물을 받았어요"와 "나도 전도할 수 있어요!" 등 신앙양육교재를 통해 구원의 확신과 전도훈련을 제시한다.

③ 중고등부: 청소년 상담 교재 및 세미나를 통한 실제적인 청소년 부흥의 토대를 세운다.

제10장 노인과 기독교복지

1. 노인에 대한 이해
2. 노인의 실태
3. 성경 속에 나타난 기독교노인복지
4. 기독교노인복지의 실태와 사례

1 노인에 대한 이해

1) 노인의 정의

노인의 범위는 법규에 따라 상이하다.

- 고령자고용촉진법 : 고령자는 55세 이상, 준고령자는 50세 이상 55세 미만인 자
- 노인복지법 : 65세 이상인 자를 노인으로 규정
- 국민연금법 : 60세부터 노령연금 급여대상자로서 노인으로 규정

본서에는 노인복지법의 규정에 따른 65세 이상인 자를 노인으로 규정한다.
한편, UN은 다음과 같이 분류한다.

- 고령화사회(aging society) : 전체인구 중 65세 이상 고령인구비율이 7% 이상~14% 미만인 사회

- 고령사회(aged society) : 전체인구 중 65세 이상 고령인구비율이 14% 이상~20% 미만인 사회
- 초고령사회(super-aged society) : 전체인구 중 65세 이상 고령인구비율이 20% 이상인 사회

이 분류에 따르면 우리나라는 이미 지난 2000년 65세 이상 인구비율이 7.2%에 이르러 「고령화 사회」에 들어섰으며, 향후 2018년에는 이 비율이 14.3%가 되어 「고령사회」에 진입하고, 2026년에는 20.8%가 되어 「초(超)고령사회」에 도달할 것으로 전망된다.

2) 노인의 특성

노인복지법에서 규정하고 있는 노인은 만 65세 이상의 자를 노인으로 보고 있다.

(1) 신체적 변화

① 신체구조적인 면

뼛속의 칼슘분은 점점 없어지므로 뼈가 가벼워지고 밀도도 낮아지게 된다. 이 때문에 노인은 젊은이에 비하여 쉽게 골절상을 입는다. 또한 신체접합부분의 연골이 탄력성이 약해지면서 관절부분의 움직임이 더욱 굳어지고 제약을 받게 되므로 관절염 등이 연령증가와 더불어 많이 나타나게 된다.

피부는 나이가 들면서 창백해지고 얼룩반점이 많이 생기며 메마르게 되며, 탄력성을 유지시켜주는 피하지방분이 줄어들게 됨으로써 피부에 주름살이 생기게 된다. 그리고 피하조직의 손실과 피부의 신경세포 등의 감소로 인해 노인은 체온을 일정하게 유지할 수 있는 능력이 감퇴되어 추위를 많이 타게 된다.

키는 연령증가와 더불어 줄어들게 되는데 여자가 남자보다 조금 더 많이 줄어들며, 몸무게도 40~50대에는 늘어나는 것이 일반적이지만 60세 이후는 줄어든다. 머리카락은 중년기부터 보통 회색이 되기 시작하여 결국 흰색이 되며, 모낭이 약해져 머리털도 빠지게 된다.

치아는 45세 이후부터 빠지기 시작하여 60대 14개, 70대 11개, 80대에는 6개 정도 남게 된다.

② 신체기능적인 면

치아가 빠지고, 소화효소량도 줄고, 근육약화로 위의 연동활동도 약화되어 소화기능이 약해진다. 따라서 노인들은 많은 경우 변비에 걸리기 쉽다. 그리고 젊은이에 비하여 공기흡입량이 적어지기 때문에 호흡기능이 감퇴되고 이로 인해 노인에게는 기관지 질환 같은 호흡기 질환이 많아진다.

혈액순환은 50대부터 상당히 둔화되는 현상을 보이게 되는데, 연령증가에 따라 혈관벽이 두꺼워지고 딱딱하게 굳어져서 혈액순환을 방해하는 동맥경화현상이 생기게 된다.

55세 이후부터는 수면시간이 급격히 감소되어 60세 이상 노인은 5~6시간 정도 자게 된다. 수면은 건강 유지에 중요한 요소가 되는데 노인에게는 불면현상이 상당히 나타난다.

밤에 소변을 보는 야뇨도 연령증가에 따라 증가한다. 젊은이는 밤에 소변을 거의 보지 않으나 45세 이후부터는 야뇨회수가 현저히 증가하여 60세 이상 노인은 밤에 2~3회씩 소변을 보는 것이 일반적이다.

③ 감각 및 지각기능

노화가 되면 가까운 물체의 정확한 식별이 어렵게 되고 수정체에 섬유질이 증가하여 차양처럼 가려져서 시각이 흐려지는 백내장이 생기기도 한다. 또한 소리의 고저와 강도에 대한 감지능력도 떨어진다.

지각기능은 감각기관에 의해 수집된 정보를 의식적인 수준에서 처리하고 평가하는 기능으로, 지금까지 밝혀진 바에 의하면 노화에 따라 지각과정의 속도가 저하되고 있다는 것이 일반적이다. 이로 인해 노인은 환경의 변화에 즉각적으로 대처하는 행동이 잘 이루어지지 못하고 안전사고를 당하는 경우도 많다. 그러나 70세 이전까지는 순수한 생물학적 노화에 의한 것보다는 질병 및 기타 특수한 상황의 영향에 의하여 크게 촉진된다고도 한다.

④ 정신 및 지적기능

일반적으로 연령이 증가함에 따라 지능이 쇠퇴된다고 이해되고 있으나 한 개인이나 집단을 몇 십 년씩 추적하여 조사한 것이 아니고 어떤 한 시점에서 여러 연령층을 동시에 조사하여 비교한 결과이기 때문에 노화의 영향을 정확히 알 수는 없다.

그리고 지능은 교육수준, 생활경험, 직업, 지능검사 당시의 신체적, 정신적 건강상태 등에 의하여 크게 영향을 받는다. 따라서 지능검사의 변화 가운데 16~25% 정도만이 연령에 의한 영향이고 나머지는 연령 이외 다른 요인들의 영향으로 보는 것이 적절할 것이다.

학습능력 또한 연령이 증가할수록 저하된다고 하나 연령이외의 다른 요인들도 복합적으로 영향을 미치므로 연령이 학습능력에 미치는 영향은 불분명하다.

기억은 외부에서 들어온 정보를 기록해서 저장했다가 회상해 내는 것을 말한다. 노년기에 접어들면서 기억력이 약화된다고 일반적으로 믿고 있으나, 1시간이나 며칠 후에 회상해내는 '최근 기억'에 대한 상실이 오래 전에 일어났던 일을 회상해내는 '과거 기억'에 대한 상실보다 더 빈번하게 일어나며, 기계적인 암기에 의한 기억보다는 논리적인 것에 대한 기억능력이 더 크게 감퇴하며, 또한 본 것에 대한 기억보다는 들은 것에 대한 기억이 더 좋은 편이다.

따라서 부분적으로 나타나는 기억력의 저하와 학습능력의 감퇴는 노인이 옛날 습관을 중시하게 되고 보수적인 성향을 띠게 됨을 이해하도록 한다.

(2) 성격특성

노년기에 일반적으로 변화하는 성격적 특성으로 우울증, 경직성, 조심성, 생에 대한 회고 경향, 애착심, 의존성 등이 증가한다.

① 우울증의 증가

노령에 따른 여러 가지 스트레스, 신체적인 질병, 배우자의 죽음, 경제사정의 악화, 사회와 가족들로부터의 소외와 고립, 일상생활에 대한 자기통제의 불가능, 지나온 세월에 대한 회한 등이 원인이 되어 우울증이 증가한다. 이러한 우울증은 많은 경우 불면증, 체중감소, 강박관념, 증오심 등을 가져오기도 한다. 이는 개인이 가진 적응능력에 따라 정도가 다르며 전혀 우울증을 보이지 않는 노인도 있다.

② 경직성의 증가

융통성과 반대되는 경직성은 어떤 문제를 해결하는 데 있어서 그 방법이나 행동이 옳지 않거나 이득이 없는데도 자기에게 익숙한 습관적인 태도나 방법을 고수하려는 행동의 경향을 의미하는데, 이는 노화에 따라 증가되는 경향이다.

③ 조심성의 증가

일반적으로 노인이 되면 젊은이에 비해 모든 사물에의 판단과 행동수행에 있어 조심성이 증가한다고 본다. 시각, 청각 등의 감각능력 감퇴를 비롯한 신체적·심리적 메카니즘 기능이 쇠퇴한 결과로 부득이 조심스럽게 된다고도 보며, 결정에 대한 자신감이 감퇴하기 때문으로도 본다. 또한 노인은 특성상 작업의 속도나 양보다 정확성이나 질을 중요시하므로 자기 의지에 의하여 조심스럽게 행동한다고도 본다.

노령기에 이르면 특히 생의 시간이 얼마 남지 않았으며 죽음이 가까워지고 있음을 알게 된다.

④ 지난날을 회상하는 경향

지나온 생을 뒤돌아보고 회상하는 경향이 있다. 가까운 과거부터 시작하여 먼 과거로 거슬러 올라가면서 해결 안 된 갈등적인 문제가 없는가를 찾아서 새로운 의미로 해결을 하려고 시도하며 남은 시간에 못다 한 것을 해 볼 생각을 한다.

⑤ **애착심의 증가**

노인이 될수록 자기가 오랫동안 사용해 오던 친근한 물건에 대한 애착심이 증가한다. 그것은 집, 가재도구, 사진, 골동품, 일용품 등 여러 가지 친숙한 물건들이다. 이러한 물건들은 노인으로 하여금 지나온 과거를 회상하고 마음의 안락과 만족을 느끼게 하며 나아가서는 비록 자기의 주변세상과 세월은 많이 변하였지만 자기 자신과 자신의 주변은 변하지 않고 일정한 방향으로 유지되고 있다는 안도감을 갖기 위한 것이다.

⑥ **의존성의 증가**

노인은 신체적, 경제적 능력의 쇠퇴로 인하여 신체적, 경제적, 정서적, 사회적 의존성이 증가하는 경향이 있다. 이러한 노인의 의존적 경향은 병리적인 현상이 아니라 정상적인 노화의 현상이며 특히 신체적 건강이 좋지 않을수록 심리적, 정서적 의존성은 더 커질 수 있다.

3) 노인복지의 원칙[1)]

노인복지의 목표를 달성하기 위해서 지켜야 할 바람직한 원칙을 장인협과 최성재(2006)는 사회복지의 기본가치에 근거하여 ① 인간 존엄성 및 개인존중 ② 개별화 ③ 자기결정 ④ 권리와 책임 ⑤ 보편성과 선별성 ⑥ 개발적 기능 ⑦ 전체성 ⑧전문성 그리고 ⑨ 노인의 시대적 욕구 반영이라는 9가지로 제시하고 있다. 물론 이러한 노인복지의 원칙은 매우 타당하지만, 노인복지의 원칙은 국제연합(UN)이 1991년 유엔총회에서 채택한 노인을 위한 유엔원칙에 가장 잘 반영되어 있다. 이 원칙에 따르면 국가가 노인복지사업을 추진함에 있어서는 독립, 참여, 보호, 자아실현, 존엄이라는 원칙을 반영하여야 한다. 이를 세부적으로 살펴보면 다음과 같다.

---

1) 보건복지부(2007), 요양보호사 표준교재.

a. 독립

- 소득, 가족과 지역사회의 지원 및 자조를 통하여 적절한 식량, 물, 주거, 의복 및 건강보호에 접근할 수 있어야 한다.
- 일을 할 수 있는 기회를 제공받거나, 다른 소득을 얻을 수 있는 기회에 접근할 수 있어야 한다.
- 직장에서 언제 어떻게 그만둘 것인지에 대한 결정에 참여할 수 있어야 한다.
- 적절한 교육과 훈련 프로그램에 접근할 수 있어야 한다.
- 개인의 선호와 변화하는 능력에 맞추어 안전하고 적응할 수 있는 환경에서 살 수 있어야 한다.
- 가능한 오랫동안 가정에서 살 수 있어야 한다.

b. 참여

- 사회에 통합되어야 하며, 그들의 복지에 직접 영향을 미치는 정책의 형성과 이행에 적극적으로 참여하고, 그들의 지식과 기술을 젊은 세대와 함께 공유하여야 한다.
- 지역사회 봉사를 위한 기회를 찾고 개발하여야 하며, 그들의 흥미와 능력에 알맞은 자원봉사자로서 봉사할 수 있어야 한다.
- 노인들을 위한 사회운동과 단체를 조직할 수 있어야 한다.

c. 보호

- 각 사회의 문화적 가치체계에 따라 가족과 지역사회의 보살핌과 보호를 받아야한다.
- 신체적, 정신적, 정서적 안녕의 최적 수준을 유지하거나 되찾도록 도와주고 질병을 예방하거나 그 시작을 지연시키는 건강보호에 접근할 수 있어야 한다.
- 노인의 자율과 보호를 고양시키는 사회적, 법률적인 서비스에 접근할 수 있어야 한다.

- 인간적이고 안전한 환경에서 보호, 재활, 사회적 · 정신적 격려를 제공하는 적정 수준의 시설보호를 이용할 수 있어야 한다.
- 노인이 보호시설이나 치료시설에서 거주할 때도 그들의 존엄, 신념, 욕구와 사생활을 존중받으며, 자신들의 건강보호와 삶의 질을 결정하는 권리도 존중받는 것을 포함하는 인간의 권리와 기본적인 자유를 향유할 수 있어야 한다.

d. 자아실현
- 자신들의 잠재력을 완전히 개발하기 위한 기회를 추구하여야 한다.
- 사회의 교육적, 문화적, 정신적 자원과 그리고 여가에 관한 자원에 접근할 수 있어야 한다.

e. 존엄
- 존엄과 안전 속에서 살 수 있어야 하며, 착취와 육체적, 정신적 학대로부터 자유로워야 한다.
- 나이, 성, 인종이나 민족적인 배경, 장애나 여타 지위에 상관없이 공정하게 대우받아야 하며, 그들의 경제적인 기여와 관계없이 평가되어야 한다.

국제연합에서는 이러한 원칙을 재확인하고 전 세계적으로 진행되고 있는 인구고령화에 보다 효과적으로 대처하기 위하여 2002년 4월에 스페인의 마드리드에서 제2차 세계고령화 회의를 개최하여 '마드리드 고령화국제행동계획'을 채택하여 보다 구체적인 과제와 세부목표 그리고 행동지침을 제시하고 있다. 이 국제행동계획에서는 '노인과 발전, 노년기까지의 건강과 안녕 증진, 능력을 부여하고 지원하는 환경의 확보'라는 세 가지 방향을 설정하고, 그 아래 18개 분야의 과제를 선정하고 분야별세부목표와 행동지침을 제사하고 세계 전 국가에 이를 권고하고 있다.

2 노인의 실태

우리나라는 2000년 65세 이상 인구비율이 7.2%에 이르러 「고령화 사회」에 진입, 2007년(7월 1일) 총인구 중 65세 이상 인구가 차지하는 비율은 9.9%로 우리나라 인구 10명 중 1명이 노인인구이다. 향후 2018년에는 14.3%로 「고령사회」에, 2026년에는 20.8%가 되어 「초(超)고령사회」에 도달할 것으로 전망된다.

[그림 10-1] 연령계층별 인구 구성비 추이

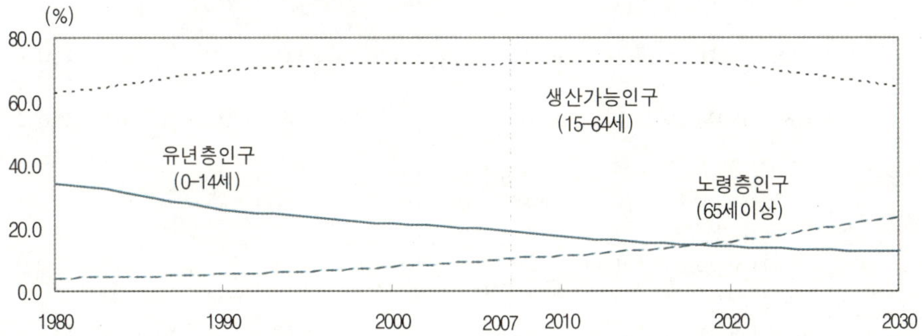

[표 10-1] 연령계층별 인구 및 구성비 추이

(단위 : 천명, %)

	1980	1990	1997	2000	2007	2010	2020	2030
총인구	38,124	42,869	45,954	47,008	48,456	48,875	49,326	48,635
0~14세	12,951	10,974	10,233	9,911	8,734	7,907	6,118	5,525
15~64세	23717	29,701	32,791	33,702	34,912	35,611	35,506	31,299
65세이상	1,456	2,195	2,929	3,395	4,810	5,357	7,701	11,811
구성비	100.0	100.0	100.0	100.0	100.0	100.0	100.0	100.0
0~14세	34.0	25.6	22.3	21.1	18.0	16.2	12.4	11.4
15~64세	62.2	69.3	71.4	71.7	72.0	72.9	72.0	64.4
65세이상	3.8	5.1	6.4	7.2	9.9	11.0	15.6	24.3

자료 : 통계청, 「장래인구추계」, 2006

1) 65세 이상 인구의 이혼·재혼건수

2006년 65세 이상 인구의 이혼건수는 남자기준 3,087건, 여자기준 1,251건이었고, 10년 전(1996년)과 비교하여 여자기준 이혼건수는 6.3배 증가(전체 이혼건수는 1.6배 증가)하였다. 또한, 65세 이상 인구의 재혼건수도 계속 증가 추세를 보이고 있다. 2006년 남자기준 재혼건수는 1,761건, 여자기준은 509건으로 10년 전(1996년)에 비해 각각 1.9배, 3.0배 증가하였다.

[표 10-2] 고령자의 이혼·재혼건수

(단위 : 건)

		남자					여자				
		1996	2000	2004	2005	2006	1996	2000	2004	2005	2006
이혼건수		79,895	119,982	139,365	128,468	125,032	79,895	119,982	139,365	128,468	125,032
65세 이상		773	1,354	2,373	2,612	3,087	198	430	837	922	1,251
	%	1.0	1.1	1.7	2.0	2.5	0.2	0.4	0.6	0.7	1.0
재혼건수		44,400	43,617	56,671	59,772	55,688	45,171	48,324	63,555	66,666	59,751
65세 이상		922	1,002	1,417	1,573	1,761	170	209	338	414	509
	%	2.1	2.3	2.5	2.6	3.2	0.4	0.4	0.5	0.6	0.9

자료 : 통계청, 「인구동태통계」, 각년도

2) 노인부부 가구의 이전소득 수지

노인부부가구의 소득은 이전소득(연금, 사회보장수혜 등)이 56.9%였다. 노인부부 가구의 이전소득은 2003년 전국가계조사 이후 연금 및 사회보장수혜에서 지속적인 증가세를 보인다.

[표 10-3] 노인부부 가구의 이전소득 수지

(단위 : 천원, %)

	2003		2004		2005		2006	
	금액	구성비	금액	구성비	금액	구성비	금액	구성비
총소득	959.0	100.0	1,117.4	100.0	1,159.8	100.0	1,208.9	100.0
이전소득	489.8	51.1	607.5	54.4	633.4	54.6	687.3	56.9
연금 및 사회보장	231.6	24.2	272.5	24.4	293.7	25.3	313.5	25.9
기타	258.2	26.9	335.1	30.0	339.7	29.3	373.8	30.9
연금 수급률	10.8		13.2		16.1		19.0	

자료 : 통계청「가계조사」, 각년도
주 : 연금수급률은 국민연금통계, 공무원연금통계 및 사학연금통계의 합계임

3) 노인의료비 추이

노인의료비는 7조4천억 원으로 매년 증가 추세를 보이고 있다. 2006년 65세 이상 노인의료비는 7조4천억 원으로 전체의료비의 25.9%를 차지하고 있다.

[표 10-4] 65세 이상 노인의료비 추이

(단위 : 억원, %,)

	2001	2002	2003	2004	2005	2006
전체의료비	178,195	190,606	205,336	223,559	247,968	285,580
노인의료비	31,681	36,811	43,723	51,364	60,556	73,931
구성비	17.8	19.3	21.3	23.0	24.4	25.9

자료 : 건강보험심사평가원

4) 노인사망 원인

2006년 65세 이상 인구의 사망원인 1위는 암(악성신생물)으로 인구 10만명당 905.9명이 사망하였고, 다음은 뇌혈관질환(542.8명), 심장질환(338.8명)

순으로 나타났다. 성별로 보면, 남녀 모두 암(악성신생물)으로 인한 사망이 남녀인구 각각 10만 명당 1,422.4명과 569.4명으로 가장 많았다.

[그림 10-2] 65세 이상 인구의 사망원인(2006)

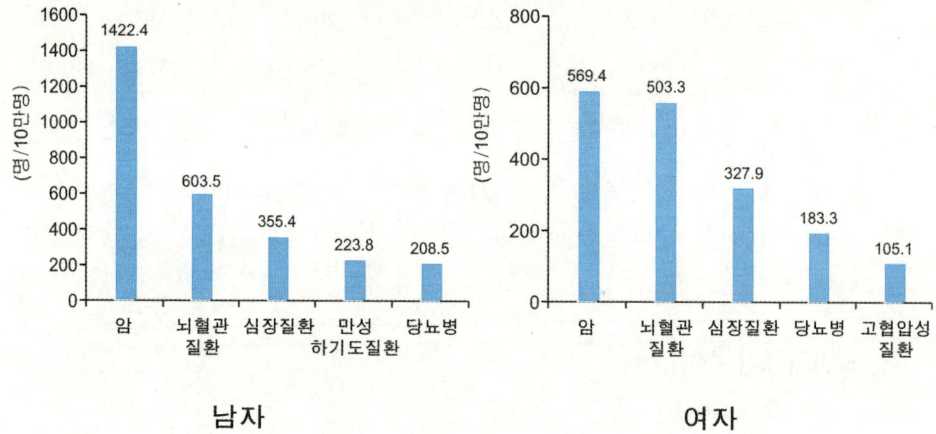

[표 10-5] 65세 이상 인구의 사망원인

(단위 : 해당인구 10만명당 명)

	1 위		2 위		3 위		4 위		5 위	
1986	뇌혈관 질환	1,101.0	암	676.1	고혈압성 질환	591.8	심장질환	499.9	만성하기도 질환	208.6
1996	뇌혈관 질환	886.9	암	851.3	심장질환	355.4	만성하기도 질환	196.3	고혈압성 질환	178.5
2006	암	905.9	뇌혈관 질환	542.8	심장질환	338.8	당뇨병	193.2	만성하기도 질환	142.5
남 자	암	1,422.4	뇌혈관 질환	603.5	심장질환	355.4	만성하기도 질환	223.8	당뇨병	208.5
여 자	암	569.4	뇌혈관 질환	503.3	심장질환	327.9	당뇨병	183.3	고혈압성 질환	105.1

자료 : 통계청, 「사망원인 통계」, 각년도

5) 인터넷 이용경험 여부 및 인터넷 이용률

2007년 60세 이상 인구 중 인터넷을 이용해 본 경험이 있는 경우는 22.2%로, 2006년(20.6%)에 비해 1.6% 증가하였다. 성별로 보면 남자 31.4%, 여자 15.4%로 남자의 비율이 16.0% 높았다. 2007년 60세 이상 인구의 인터넷 이용률은 17.4%였으며, 2006년 이용률 15.2%에 비해 2.2% 높게 나타났다. 성별로는 남자의 인터넷 이용률이 26.2%로 여자 10.8% 보다 15.4% 높았다.

[그림 10-3] 60세 이상 인터넷 이용경험자

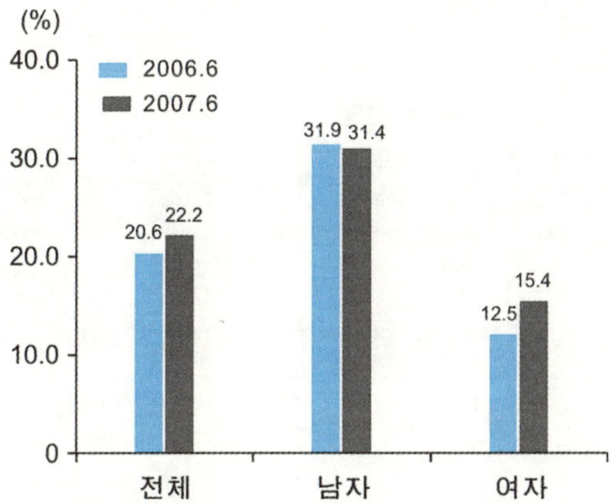

[표 10-6] 인터넷 이용경험 여부 및 인터넷 이용률1)

(단위 : %)

		계	인터넷 이용경험 있음			인터넷 이용률		
				남자	여자		남자	여자
2006.6	6세이상	100.0	77.6	83.4	71.9	73.5	79.3	67.6
	60세이상	100.0	20.6	31.9	12.5	15.2	23.4	9.3
2007.6	6세이상	100.0	79.9	84.7	75.1	75.5	81.1	69.9
	60세이상	100.0	22.2	31.4	15.4	17.4	26.2	10.8

자료 : 한국인터넷진흥원, 「상반기 정보화실태조사」, 각년도
주 : 1) 최근 1개월 이내에 인터넷을 이용한 사람의 비율

6) 여성노인학대

노인학대는 1980년대에 처음 일반인들에게 인식된 후 현재는 심각한 노인문제로 나타나고 우리나라에서도 최근 위험수위를 넘어서고 있다. <표 10-7>에서 보는 바와 같이 '06년 한 해 동안 노인학대로 신고 접수된 사례는 2,274건으로 '05년에 비해 11.6% 증가하였다(2006년 전국 노인학대상담사업 현황보고서, 보건복지부). 전체 피해노인 중 여성노인은 1,540명으로 전체 피해노인의 2/3 (67.7%)를 차지하였다. 이는 65세 이상 전체 노인인구 중 여성노인의 비율이 60%인 점과 비교할 때 여성노인에 대한 학대가 많았다.

[표 10-7] 피해노인 성별 및 연령별 현황

(단위 : 명, %)

구분	성별		피해노인연령분포(남/여)										
계	남	여	59세 이하	60-64세	65-69세	70-74세	75-79세	80-84세	85-89세	90-94세	95-99세	100세 이상	파악 안됨
명수 (남/여)	734	1,540	18/33	64/105	133/156	199/337	134/318	98/283	51/188	22/76	5/12	– /5	10/27
비율	32.3	67.7	2.2	7.4	12.7	23.7	19.9	16.8	10.5	4.3	0.7	0.2	1.6

출처: 2006년 전국 노인학대상담사업 현황보고서, 보건복지부

3 성경 속에 나타난 기독교노인복지

1) 성경에서의 노인의 특징

(1) 하나님의 축복으로서의 노년

성경에서 백발로 대표되는 노년의 삶은 하나님이 주시는 복이며, 하나님을 경외하고 그 계명을 지킨 데 대한 은총으로 이해된다(삼상 2:32 참조). 그러므로 노년은 이러한 하나님의 은총과 복을 증언하며 살아야 할 사명이 있는 시기이다. 구약에서는 나이 많아 늙은 노년을 히브리어로 "세바 토바(שֵׂיבָה וֹתבָה)"

라고 했는데 직역하면 '좋은 흰머리'라는 뜻이며, 아브라함(창 15:15, 25:8), 기드온(삿 8:32), 다윗(대상 29:28)의 노년에 이런 표현이 사용되었다.

이것은 보다 구체적으로 머리가 완전히 희어질 때까지 오래 살고, 죽을 때까지 형통하며 자연사하여 가족묘에 장사되는 것을 말한다. 성경의 신앙인들은 노년에 이르기까지 장수하는 것을 부끄럽게 생각하거나 욕심이라고 여기지 않았으며, 하나님의 은총을 증언할 좋은 기회로 삼았다고 하는 점은 오늘을 사는 우리에게도 노년이 이해에 있어서 좋은 교훈이 될 수 있다.

(2) 존경의 대상으로서의 노인

구약에서 노년을 의미하는 히브리어 "יָשִׁישׁ, asis"는 "나이 든"이라는 뜻과 함께 '존경할 만한'이라는 의미를 가지고 있다. 그리고 성경은 "너는 센머리(히브리어로 '세바') 앞에서 일어서고 노인의 얼굴을 공경하며, 네 하나님을 경외하라. 나는 여호와니라"(레 19:32)고 명령한다. 그런데 성경에서 노인이 존경받는 것은 단순히 흰머리나 흰 수염 때문이 물론 아니다. 존경받는 백발도 있고, 존경받지 못하는 백발도 있다. "백발은 영화로운 면류관이니 의로운 길을 걸어야 그것을 얻는다"(잠 16:31)고 성경은 가르치면서, 또한 늙어도 어리석으며 백발로도 악한 사람이 있다고 증언하기도 한다(전 4:13; 시 119:110; 왕상 2: 9 참조). 노년의 백발은 여호와 하나님을 경외하고 그의 계명을 지킨 데 대한 하나님의 약속된 복으로서 여겼기 때문에 노인은 존경을 받고 노년은 복된 인생의 단계로 인식되었다.

(3) 지혜의 상징으로서의 노인

지혜는 노인들의 오랜 경험에서 나오는 것으로 그들의 가르침을 받을 것을 성경은 제시하고 있다. 지혜자로서의 노인의 역할은 대표적으로 구약시대의 '장로'의 직분으로 나타난다. 장로를 히브리어로 "זָקֵן, zaken"이라고 하는데, 본래는 노인의 얼굴에 있는 긴 수염을 가리키는 것이다.

곧 장로란 연령이 높고 생의 경험이 풍부한 지도자를 일컫는 말로 성경에서 장로는 가족과 공동체 내에서 일어난 시시비비를 가려주고, 충고와 권면을 통하여 올바른 삶을 살도록 하는 지도력을 발휘하였다. 신명기 32:7절에 "옛 날을 기억하라 역대의 연대를 생각하라 네 아비에게 물으라 그가 네게 설명할 것이요 네 어른들에게 물으라 그들이 네게 이르리로다"라고 하였다. 한편 열왕기상 12:68은 "유다왕 르호보암이 노년의 장로들의 충고를 저버림으로써 돌이킬 수 없는 왕국 분열의 실패를 맛봐야 했음"을 분명하게 보여주고 있다. 성경에서는 그러므로 노인을 존경하지 않는 것을 병들고 부패한 사회의 징후로 보았고(사 3:4 이하), 반면에 노인을 존경하는 사회는 하나님의 약속하신 복을 받은 것으로 나타난다.

(4) 연약한 존재로서의 노인

인간은 나이가 들면 들수록 육체적으로나 정신적으로 점차 쇠약해지는 것이 특징이다. 노인의 표시로서 성경은 무엇보다 백발을 언급한다. 말년에 사무엘은 "보라 나는 늙어 머리가 희었고"(삼상 12:2)라고 말하고 있다. 흰머리와 함께 노년은 시력, 청력, 미각과 치아의 약화 내지는 상실과 함께 기운이 약해져서 지팡이에 의비하게 되고(슥 8:4), 불면증, 걱정, 욕망의 감퇴를 경험하며 고독과 소외에 대한 두려움(시 71:9)을 느끼게 된다. 전도서 12:1～8은 노년의 죽음에 이르는 쇠약의 과정을 시적으로 비유하고 있는데, 특히 "은줄이 풀리고 금 그릇이 깨어지고 항아리가 샘 곁에서 깨어지고 바퀴가 우물 위에서 깨어지고 흙은 여전히 땅으로 돌아가고 신은 그 주신 하나님께로 돌아가기 전에 기억하라(6～7)"는 말씀은 청년들에게 노년의 실상을 깨우치면서 창조주를 경외하며 살아야 할 인생의 지혜를 깨우치고 있다.

(5) 돌봄의 대상으로서의 노인

노년은 육체적으로나 정신적으로 쇠약해지는 것을 피할 수 없기 때문에 하나님께서는 자녀들에게 부모를 공경할 것을 명령하셨다(출 20:12; 신 5:16; 엡 6:1～2). 여기서 "공경하다"라는 히브리어 동사 "캅베드"는 노년의 부모를 "생계를 유지할 수 있도록 돌보아 드린다(versorgen)"는 뜻을 갖고 있다. 그러므로 "네 부모를 공경하라"는 제 5계명의 일차적인 의미는 사춘기의 자녀가 반항하는 미성년 자녀를 부모의 권위 아래 두려는 것이 아니다. 그것은 오히려 부모를 떠나 가정을 이룬(창 2:24 참조) 성년의 자녀를 겨냥하고 있으며, 구체적으로 노년에 쇠약하고 생계가 어려운 부모를 정성을 다해, 특히 음식과 의복과 같은 물질로서 보살펴 드리라는 것이 본래적인 의미다.

(6) 가르침의 특권을 가진 자로서의 노인

노인은 영적 성숙의 시기이다. 노인은 육체적으로는 노화되지만 깊은 신앙 즉 체험적인 신앙과 정진하는 자세로 영적 성숙함에 이르는 시기이다. 그러기 때문에 초대교회에서는 장로와 감독의 직분을 노인에게 맡겨 모든 사람들의 모범이 되게 하고 있다.[2)]

"하나님이여 내가 늙어 백수가 될 때에도 나를 버리지 마시며 내가 주의 힘을 후대에 하고 주의 권능을 장래 모든 사람에게 전하기까지는 나를 버리지 마소서" (시편17:18)

"늙어도 결실하며 진액이 풍부하고 빛이 청청하다"

"이 사람들은 다 믿음을 따라 죽었으며 약속을 받지 못하였으되 그것을 멀리서 보고 환영하며 또 땅에서는 외국인과 나그네로다 증거하였으니 이같이 말하는 자들은 본향을 찾는 것을 나타냄이라 저희가 나온바 본향을 생각하였다면 돌아갈 기회를 얻었으려니와 저희가 이제는 더 나은 본향을 사모하니 곧 하늘에 있는 것이라 그러므로 하나님이 저희 하나님이라 일컬음을 받으심을 부끄러워하지 아니하시고 저희를 위하여 성을 예비하셨느니라" (히11:13-16)

이와 같이 노인들은 후대를 가르치는 자로서 늙음이 퇴화나 무기력해가는 현상으로만 보이는 것이 아니라 앞을 바라보는 눈이 트여 원숙한 인격적 성숙과 영적 성숙의 시기임을 말해준다. 신앙적인 노인들은 죽음 앞에서도 부활신앙으로 승리의 개선가를 부를 수 있었다

2) 정정숙· 성경적· 가정사역(1994), 도서출판베다니, p. 399.

1) 구약성경의 노인 복지

구약성경에는 노인들의 신체적 특성이 눈이 어두워지고 즐거움과 맛을 알지 못하게 되며, 힘이 쇠약해지고 신체기능이 나빠져 거동이 불편한 내용들이 나와 있다. 때문에 어려운 노인들의 생활을 돌보아 드리고 노인들을 공경하고 보호하며 지혜를 배우라는 교훈을 주고 있다. 구약성경 안에서 노인 관계된 성구는 약 250번이 기록되어 있다.[3]

"너는 센머리 앞에 일어서고 노인의 얼굴을 공경하며 네 하나님을 경외하라"[4]

"옛날을 기억하라 역대의 연대를 생각하라 네 아비에게 물으라 그가 네게 설명할 것이요 네 어른들에게 물으라 그들이 네게 이르리로다"[5]

"르호보암 왕이 그 부친 솔로몬의 생전에 그 앞에 모셨던 노인들과 의논하여 가로되 너희는 어떻게 교도하여 이 백성에게 대답하게 하겠느뇨……[6]

"늙은 자에게는 지혜가 있고 장수하는 자에게는 명철이 있느니라"[7]

"백발은 영화의 면류관이라 의로운 길에서 얻으리라"[8]

"젊은 자의 영화는 그 힘이요 늙은 자의 아름다운 것은 백발이니라"[9].

2) 신약성경의 노인 복지

신약성서에서의 노인의 묘사는 첫째, 게론(geron)은 요한복음 3장 4절에서 자녀 출산이 불가능한 늙은이(old man)으로 표현하고 있다. 둘째, 게라스

3) Walter C. Kaiser. Jr, 『구약성경신학』, 최종진 역 (서울: 생명의 말씀사, 1993), p. 219.
4) 레위기 19:32
5) 신명기 32:7
6) 열왕기상 12:16-8
7) 욥기 12:12
8) 잠언 16:31
9) 잠언 20:29

(geras)는 누가복음 1장 36절에서 '늙은 나이'로 표현되고 있다. 셋째, 프레스부테스(presbutes)는 누가복음 1장 18절, 디도서 2장 2절, 빌레몬서 1장 9절에서 노인, 연장자를 가리킨다. 이 말은 자녀생산능력이 없는 생리적 노령과 연령적으로 연장자를 말하고 있다.

노인과 관련 육체적으로는 노쇠하나 체험적 신앙과 인내로 영적 성숙함에 이른다고 고후 4:16을 통해서 말씀하고 있다. 노인에 대한 관념적인 사상은 구약과 마찬가지로 부모에 대한 존경(마 15:4-6), 노인공경(딤전 5:1-4)을 강조하고 있다.

뿐만 아니라 에베소서 6장 1절부터 4절까지 에서는 "자녀들아 너희부모를 주 안에서 순종하라 이것이 옳으니라 네 아버지와 어머니를 공경하라 이것이 약속있는 첫 계명이니 이는 네가 오직 주의 교양과 훈계로 양육하라"라고 가르치고 있다. 또한 디도서 2장 4절에서도 늙은 여자들이 젊은 여자들을 훈계하는 교육적 사명을 밝혀주고 있으며, 3장 1절 이하에 보면 노인들을 가리켜 그리스도인의 다스리는 자요, 교사요, 지도자라고 칭했을 정도였다. 이처럼 성경 속에서의 노인의 의미는 여러 가지로 찾아볼 수 있다.

4 기독교 노인복지의 실태와 사례

1) 기독교노인복지의 실태

(1) 노인복지시설의 종류(노인복지법 제31조)

[표 10-8] 노인 복지시설 현황

(단위 : 개소, 명)

종류	시설	설치목적	입소대상자	설치
	양로시설	노인을 입소시켜 무료 또는 저렴한 요금으로 급식 기타 일상생활에 필요한 편의 제공	생활보장대상노인 또는 생활보장대상노인이 아닌 65세 이상의 자 중 그 부양의무자로부터 적절한 부양을 받지 못하는 자로서 일상생활에 지장이 없는 자	시장·군수·구청장에 신고

노인주거 복지시설	실비양로시설	노인을 입소시켜 저렴한 요금으로 급식 기타 일상생활에 필요한 편의를 제공	본인 및 그 배우자와 부양의무자의 월소득을 합산한 금액을 가구원 수로 나누어 얻은 1인당 월평균 소득액이 통계청장이 고시하는 전년도의 도시근로자가구 월평균 소득을 전년도의 평균 가구원수로 나누어 얻은 1인당 월평균 소득액 이하인 자(이하 "실비보호대상자"라 한다)로서 일상생활에 지장이 없는 65세 이상의 자	〃
	유료양로시설	노인을 입소시켜 급식 기타 일상생활에 필요한 편의를 제공하고 이에 소요되는 일체의 비용을 입소한 자로부터 수납하여 운영	일상생활에 지장이 없는 60세 이상의 자	〃
	실비노인복지주택	보건복지부장관이 정하는 일정소득 이하의 노인에게 저렴한 비용으로 분양 또는 임대 등을 통하여 주거의 편의·생활지도·상담 및 안전관리 등 일상생활에 필요한 편의를 제공	실비보호대상자로서 단독취사 등 독립된 주거생활을 하는 데 지장이 없는 65세 이상의 자	〃
	유료노인복지주택	노인에게 유료로 분양 또는 임대 등을 통하여 주거의 편의·생활지도·상담 및 안전관리 등 일상생활에 필요한 편의를 제공	단독취사등 독립된 주거생활을 하는데 지장이 없는 60세 이상의 자	〃
	노인요양시설	노인을 입소시켜 무료 또는 저렴한 요금으로 급식·요양 기타 일상생활에 필요한 편의를 제공	생활보장대상노인 또는 저소득 노인으로서 노인성질환 등으로 요양을 필요로 하는 자	〃
	실비노인요양시설	노인을 입소시켜 저렴한 요금으로 급식·요양 기타 일상생활에 필요한 편의를 제공	실비보호대상자로서 노인성질환 등으로 요양을 필요로 하는 65세 이상의 자	〃
노인의료 복지시설	유료노인요양시설	노인을 입소시켜 급식·요양 기타 일상생활에 필요한 편의를 제공하고 이에 소요되는 일체의 비용을 입소한 자로부터 수납하여 운영	노인성질환 등으로 요양을 필요로 하는 60세 이상의 자	〃
	노인전문요양시설	치매·중풍 등 중증의 질환노인을 입소시켜 무료 또는 저렴한 요금으로 급식·요양 기타 일상생활에 필요한 편의를 제공	생활보장대상노인 또는 저소득 노인으로서 치매·중풍 등 중증 노인성질환으로 요양을 필요로 하는 자	〃
	유료노인전문요양시설	치매·중풍 등 중증의 질환노인을 입소시켜 급식·요양 기타 일상생활에 필요한 편의를 제공하고 이에 소요되는 일체의 비용을 입소한 자로부터 수납하여 운영	치매·중풍 등 중증 노인성질환으로 요양을 필요로 하는 60세 이상의 자	〃

노인여가복지시설	노인전문병원	주로 노인을 대상으로 의료를 행하는 시설 ☞ 의료법에 의한 의료기관을 개설할 수 있는 자(치과의사 및 조산사 제외)에 한하여 시·도지사의 허가를 받아 설치	가. 노인성질환으로 치료 및 요양을 필요로 하는 자 나. 임종을 앞둔 환자	〃
	노인복지회관	무료 또는 저렴한 요금으로 노인에 대하여 각종 상담에 응하고, 건강의 증진·교양·오락 기타 노인의 복지증진에 필요한 편의를 제공	60세 이상의 자	시장·군수·구청장에 신고
	경로당	지역노인들이 자율적으로 친목도모·취미활동·공동작업장 운영 및 각종 정보교환과 기타 여가활동을 할 수 있도록 하는 장소를 제공	65세 이상의 자	〃
	노인교실	노인들에 대하여 사회활동 참여욕구를 충족시키기 위하여 건전한 취미생활·노인건강유지·소득보장 기타 일상생활과 관련한 학습프로그램을 제공	60세 이상의 자	〃
	노인휴양소	노인들에 대하여 심신의 휴양과 관련한 위생시설·여가시설 기타 편의시설을 단기간 제공	60세 이상의 자 및 그와 동행하는 자. 다만, 이용인원이 정원에 미달하는 때에는 정원의 100분의 30의 범위 안에서 그 외의 자도 이용할 수 있다.	〃
재가노인복지시설	가정봉사원파견시설	신체적·정신적 장애로 일상생활을 영위하기 곤란한 노인이 있는 가정에 가정봉사원을 파견하여 노인의 일상생활에 필요한 각종 편의를 제공	신체적·정신적 장애로 일상생활을 영위하기 곤란한 자로서 가정에서의 보호가 필요한 자	〃
	주간보호시설	부득이한 사유로 가족의 보호를 받을 수 없는 심신이 허약한 노인과 장애노인을 낮 동안 시설에 입소시켜 필요한 각종 편의를 제공	심신이 허약하거나 장애가 있는 자로서 낮 동안의 보호가 필요한 자	〃
	단기보호시설	부득이한 사유로 가족의 보호를 받을 수 없어 일시적으로 보호가 필요한 심신이 허약한 노인과 장애노인을 시설에 단기간 입소시켜 보호	심신이 허약하거나 장애가 있는 자로서 단기간의 보호가 필요한 자	〃
노인보호전문기관	노인보호전문기관	시·도지사가 노인보호전문기관을 지정·운영, 노인학대 신고, 상담, 보호, 예방 및 홍보, 24시간 신고·상담용 긴급전화(1389) 운영	노인학대행위자에 대한 상담 및 교육 학대받은 노인의 발견·상담·보호 등 노인학대 예방 및 방지를 위한 홍보	시·도지사 지정

종류	시 설	2007		2006		2005	
		시설수	입소정원	시설수	입소정원	시설수	입소정원
합계		60,788		59,121		56,518	
노인 주거 복지 지설	소 계	398	16,579	366	16,074	282	13,289
	양로시설(무료)	147	5,643	145	5,780	137	6,051
	실비양로시설	161	2,772	132	2,267	64	1,126
	유료양로시설	76	4,599	74	4,462	69	3,954
	실비노인복지주택						
	유료노인복지주택	14	3,565	15	3,565	12	2,158
노인 의료 복지 지설	소 계	1,186	61,406	898	52,628	583	35,172
	노인요양시설(무료)	202	12,540	174	11,546	149	10,321
	실비노인요양시설	350	11,654	260	9,099	123	4,819
	유료노인요양시설	123	3,169	103	2,381	84	2,189
	노인전문요양시설(무료)	273	16,635	184	13,445	139	10,436
	실비노인전문요양시설	59	3,560	24	1,518	5	520
	유료노인전문요양시설	107	3,752	70	2,600	43	1,678
	노인전문병원	72	10,096	83	12,039	40	5,209
노인 여가 복지 시설	소 계	57,777		56,789		54,785	
	노인복지회관	211		183		163	
	경로당	56,480		55,504		53,616	
	노인교실	1,082		1,099		1,002	
	노인휴양소	4		3		4	
재가 노인 복지 시설	소 계	1,408	72,563	1,049	51,699	851	40,002
	가정봉사원파견시설	767	62,736	523	42,832	399	32,752
	가정봉사원교육시설			4	903	3	
	주간보호시설	504	8,109	409	6,557	346	5,682
	단기보호시설	137	1,718	113	1,407	103	1,568
노인 보호 전문 기관	노인보호전문기관	19		19		17	

자료: 2008년 노인복시설 현황, 보건복지가족부.

노인복지시설은 입소 비용이나 이용 비용에 따라 무료시설, 실비시설, 유료시설로 구분하였는데 2007년 노인복지법의 개정을 통해 비용에 따른 시설 구분은 현재 삭제되었다.

2007년 현재 우리나라의 노인복지시설은 크게 노인주거복지시설, 노인의료복지시설, 노인여가복지시설, 재가노인복지시설, 노인보호전문기관의 5개 유형으로 구분된다. 이용방법에 따라 생활시설과 이용시설로 분류되는데 생활시설은 요보호 대상자를 24시간 일정한 장소에서 보호하는 시설로, 노인주거복지시설(양로시설)과 노인의료복지시설(요양시설)이 해당된다. 이용시설은 재가 혹은 시설 생활자가 통원하는 방법으로 서비스를 이용할 수 있는 시설로 노인여가복지시설(노인복지회관, 경로당, 노인교실, 노인휴양소)과 재가노인복지시설(가정봉사원파견시설, 주간보호시설, 단기보호시설), 그리고 노인보호전문기관(노인학대예방센터)이 포함된다.

이용방법에 따른 분류로 노인보호전문기관은 이용시설이지만 기능적으로 보면 노인보호전문기관은 피학대노인을 보호하고 노인학대를 예방하기 위한 사업을 하고 있어 일반 이용시설과는 분리된다.

노인복지는 현재 시설서비스 중심에서 재가서비스 중심으로 변하고 있으며, 대상도 저소득층 노인중심에서 일반노인으로 확대되고 있다.

① 노인주거복지시설

노인주거복지시설은, 2007년 8월 노인복지법 개정 전까지는 이용노인의 경제력과 부양자 유무에 따라 양로시설, 실비양로시설, 유료양로시설, 실비노인복지주택, 유료노인복지주택으로 분류되었으나 노인장기요양보험제도에 대비한 노인복지법의 개정(2007.8.3)으로 노인주거복지시설은 ①양로시설, ② 노인공동생활가정, ③ 노인복지주택으로 통합· 개편되었다.

- 양로시설 : 노인을 입소시켜 급식과 그 밖에 일상생활에 필요한 편의를 제공함을 목적으로 하는 시설을 말한다.
- 노인공동생활가정 : 노인들에게 가정과 같은 주거여건과 급식, 그 밖에 일상생활에 필요한 편의를 제공함을 목적으로 하는 시설을 말한다.

- 노인복지주택 : 노인에게 주거시설을 분양 또는 임대하여 주거의 편의·생활지도·상담 및 안전관리 등 일상생활에 필요한 편의를 제공함을 목적으로 하는 시설을 말한다.

② 노인의료복지시설

노인의료복지시설 역시 2007년 8월 노인복지법 개정 전까지는 이용노인의 경제력과 부양자 유무에 따라 요양시설, 실비요양시설, 유료요양시설로 분류되어 왔고, 이용자의 경제력과 건강수준에 따라 전문요양시설, 유료전문요양시설로 구분한다. 또한 의료서비스 제공여부에 따라 전문병원으로 구분된다.

노인세대의 고령화로 사회적 부양체계에 대한 요구가 증가하면서 도입된 노인장기요양보험제도가 시행되면 노인의료복지시설에 대한 요구는 더욱 높아져서 노인의료복지시설 수도 계속 증가할 것이다.

노인장기요양보험제도에 대비한 노인복지법의 개정(2007.8.3)으로 노인의료복지시설도 통합·개편되었는데 ① 노인요양시설, ② 노인요양공동생활가정, ③ 노인전문병원으로 구분하고 있다.

- 노인요양시설 : 치매·중풍 등 노인성질환 등으로 심신에 상당한 장애가 발생하여 도움을 필요로 하는 노인을 입소시켜 급식·요양과 그 밖에 일상생활에 필요한 편의를 제공함을 목적으로 하는 시설을 말한다.
- 노인요양공동생활가정 : 치매·중풍 등 노인성질환 등으로 심신에 상당한 장애가 발생하여 도움을 필요로 하는 노인에게 가정과 같은 주거여건과 급식·요양, 그밖에 일상생활에 필요한 편의를 제공함을 목적으로 하는 시설을 말한다.
- 노인전문병원 : 주로 노인을 대상으로 의료를 행하는 시설을 말한다.

③ 노인여가복지시설

노인여가복지시설은 2007년 8월 노인복지법 개정을 통하여 노인여가복지시설 중 기존 노인복지회관의 명칭을 노인복지관으로 새롭게 변경하였으며, 복지관의 기능과 목적에 대해 새롭게 정의하고 있다.

2005년도 노인여가복지시설 총 시설 수는 54,785개소로 2003년보다 5,152개소가 증가하였다. 노인여가복지시설의 대부분은 경로당으로 전체의 약 98%를 차지하고 있고 노인교실이 나머지를 차지하고 있다(보건복지부, 2006).

④ 재가노인복지시설

재가노인복지사업은 1987년 한국노인복지회에서 저소득층 노인을 대상으로 시범사업을 하면서 시작되었다. 노인복지법의 재가노인복지사업은 신체적·정신적 장애가 있는 노인이 가정에서 계속 생활하면서 필요한 각종 보호와 지원을 받을 수 있도록 재가노인복지 증진을 목적으로 하는 사업으로 정의되고 있다. 재가노인복지사업은 가정봉사원파견센터, 주간보호시설, 단기보호시설에서 각기 서비스를 제공해 왔다.

재가노인복지시설 중에서 실비주간보호시설이 2003년 이래 급증했고 나머지 시설들도 노인장기요양보험제도 시행에 대비하여 매년 급격히 늘어나고 있다(보건복지부, 2006).

그러나 재가노인복지시설 역시 노인장기요양보험제도에 대비한 노인복지법의 개정(2007.8.3)으로 구분에 있어 시설중심에서 이용자의 서비스 중심으로 개편되었으며, 가정봉사원교육기관은 요양보호사교육기관으로 명칭이 변경되었다.

(2) 교회의 노인복지시설의 운영 현황[10)]

노인복지시설의 종교단체간 운영주체 현황은 <표 10-9>에서 볼 수 있는 것처럼 초교파 법인시설을 제외한 개신교단들의 노인복지시설 운영도 전반적으로 저조한 것으로 조사되었는데 감리교법인이 노인여가시설과 의료시설을 각각 2곳씩, 그리고 노인재가시설을 7곳 운영하고 있고, 장로교통합은 노인여가시설 2곳, 의료시설 2곳, 재가시설 10곳 그리고 일반주거시설을 한 곳을 각각 운영하고 있다.

10) 손병덕(2004), 전국 복지시설의 운영주체 분석에 의한 종교·교단별 사회복지사업활동 현황조사 그리고 한국 교회사회복지의 과제, 총신논총 Vol 24. p.444-451.

[표 10-9] 전국 노인복지시설의 운영주체별 현황

	노인여자시설	노인의료시설	노인재가시설	일반주거시설
천 주 교	10 (7%)	29(8.1%)	51(10.2%)	17(13.8%)
감 리 교	2(1.4%)	2(.5%)	7(1.4%)	
장로교 통합	2(1.4%)	2(.5%)	10(2%)	1(.8%)
장로교합동	1(.7%)			
성 공 회	1(.7%)	2(.5%)	5(1%)	1(.8%)
성 결 교			2(.4%)	
초 교 파	6(4.2%)	4(1.1%)	27(5.4%)	3(2.4%)
기타 종교		3(.8%)	2(.4%)	
불 교	14(9.9%)		52(10.4%)	10(8.1%)
일반 법인	106(75.1%)	171(48.3%)	340(68.5%)	91(73.9%)
시설 합계	141(100%)	354(100%)	496(100%)	123(100%)

[그림 10-6] 전국 노인복지시설 종교단체별 현황

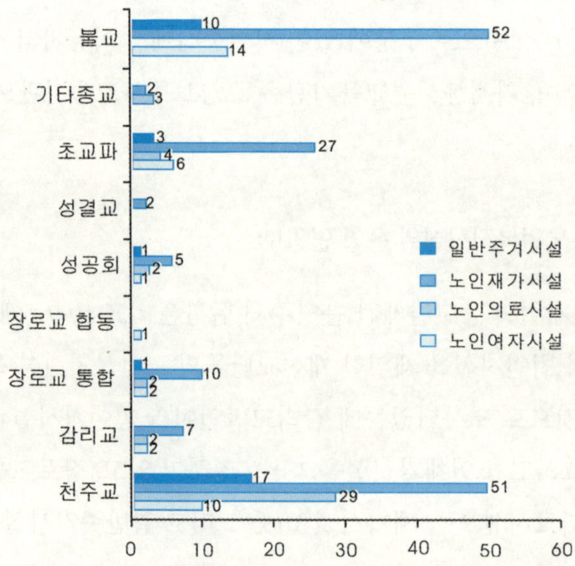

① 노인여가시설

노인여가시설은 <표 10-10>에서 보는 바와 같이 전국 지역별 노인여가시설 현황 가운데 65세 이상 인구 구성비에 따른 시설구성비가 인천과 대전 울산 충북 전북 전남은 초과 설치되어 운영되고 있는 반면에, 부산(인구구성비 6.8%/시설 구성비 4%), 대구(4.4%/3%), 강원(4.3%/2.1%), 충남(6.2%/4.9%), 경북(8.8%/4.2%)지역은 여가시설 설치구성비가 인구구성비에 크게 못 미치고 있었다.

[표 10-10] 전국 노인여가시설 현황

	일반법인	천주교	초교파	장로교 합동	장로교 통합	감리교	성결교	성공회	불교	기타 종교	65세이상 인구구성비 (%)	시설 구성비 (%)
서 울	12	4	2	1					2		16.1	21(14.8)
부 산	7										6.8	7(4)
대 구	5										4.4	5(3)
인 천	10										4.1	10(7)
광 주	2	1	1						1		2.3	4(2.0)
대 전	2		1		1				1		2.3	5(3.0)
울 산	1								5		1.2	6(4.2)
경 기 도	16	1	1	1		2			1		16.5	21(14.8)
강 원 도	3										4.3	3(2.1)
충청북도	6	2	1								4.0	9(6.3)
충청남도	5		1					1			6.2	7(4.9)
전라북도	9										5.8	9(6.3)
전라남도	11								2		7.5	13(9.2)
경상북도	3		1						1	1	8.8	6(4.2)
경상남도	9										7.6	9(6.3)
제 주 도	5										1.2	5(3)
시설합계	106 (75.1)	10 (7)	6(4.2)	1(.7)	1(.7)	2(1.4)		1(.7)	13 (9.2	1(.7)		

*통계청(2001), 노인복지시설현황.

② 노인의료시설

전국노인의료시설(노인요양시설, 노인전문요양시설, 노인전문병원 등)의 지역별 현황도 일부 편중된 현상을 보이고 있는데(표 10-11 참조) 예를 들어 부산 인천 광주 대전 울산 경기도 강원도 경북 경남 제주 등은 65세 이상 인구구성비 대비 시설구성비가 비슷하거나 높은데 비하여 서울, 대구, 충북, 충남, 전남 등은 인구구성비에 크게 못 미치게 설치되어 있었다.

[표 10-11] 전국 노인의료시설 현황

	일반법인	천주교	초교파	장로교 합동	장로교 통합	감리교	성결교	성공회	불교	기타 종교	65세이상 인구구성비 (%)	시설 구성비 (%)
서 울	11	2							2		16.1	15(6.5)
부 산	14	1	1								6.8	16(6.9)
대 구	7	1	2						1		4.4	11(5.2)
인 천	5					2			5		4.1	12(5.2)
광 주	7	1									2.3	8(3.4
대 전	8										2.3	8(3.4
울 산	4								1		1.2	5(2.1)
경 기 도	32	2						2	6	1	16.5	41(17.9)
강 원 도	8	3							1	1	4.3	13(5.6)
충청북도	3	4							1		4.0	8(3.4)
충청남도	8	3									6.2	11(5.2)
전라북도	20	1	1								5.8	22(9.6)
전라남도	9	1									7.5	10(4.3)
경상북도	16	6							1		8.8	23(10)
경상남도	16	3							1	1	7.6	21(9.1)
제 주 도	4			2					1		1.2	7(3)
시설합계	168 (73.3)	28 (12.2)	4(1.7)	2(.8)	2(.8)		2(.8)		20 (8.7)	3(1.3)		

*통계청(2004), 노인복지시설현황

③ 노인재가시설

노인재가시설 중 먼저 노인가정봉사원 파견시설 현황을 살펴보면 65세 이상 인구구성비에 비해 시설의 지역편중현상이 두드러짐을 알 수 있다. 전북은 인구에 비해 세 배나 많은 시설이 설치 운영되고 있고 대부분의 지역들이 인구구성에 훨씬 못 미치는 시설이 설치되어 있는 상태이다. 장로교 합동의 경우 전라남북도에 3개 소의 가정봉사원 파견시설이 있었고 통합이 6곳 감리교가 2곳 성공회가 3곳을 각각 운영하고 있는 것으로 나타났다. 두 번째로 노인주간보호시설도 <표 10-12>에서 볼 수 있는 것처럼 65세 이상 노인인구 구성비가 16.1%에 불과한데 비하여 시설구성비는 58개소(33.3%)에 이르렀고 그밖

[표 10-12] 전국 노인가정봉사원 파견시설 현황

	일반 법인	천주교	초교파	장로교 합동	장로교 통합	감리교	성결교	성공회	불교	기타 종교	65세이상 인구구성비 (%)	시설 구성비 (%)
서 울	19	3	4						3		16.1	29(12.8)
부 산	19	2						1	2		6.8	24(10.6)
대 구	19										4.4	19(8.4)
인 천	6								1		4.1	7(3.1)
광 주	4	1	1			1			1		2.3	8(3.5)
대 전	6	1							1		2.3	8(3.5)
울 산	5		1								1.2	6(2.6)
경 기 도	14	1	1		1		1				16.5	18(8)
강 원 도	5	2	1						2		4.3	11(4.8)
충청북도	2	1									4.0	3(1.3)
충청남도	2	1	2					1	1		6.2	7(3.1)
전라북도	29	1	2	2	4			1			5.8	39(17.3)
전라남도	8	4		1		1			2		7.5	16(7.1)
경상북도	4	3							1		8.8	8(3.5)
경상남도	16	1							1		7.6	18(8)
제 주 도	4										1.2	5(2.2)
시설합계	162 (72)	21(9.3)	12(5.3)	3(1.3)	6(2.6)	2(.8)	1(.4)	3(1.3)	15 (6.6)			

*통계청(2004). 노인복지시설현황.

에 부산(6.8%/11.4%), 대구(4.4%/5.1%), 광주 (2.3%/2.8%), 대전(2.3%/4.0%), 울산(1.2%/5.1%)이 노령인구 구성비보다 다소 높은 시설비율을 보였고 다른 시도의 대부분이 시설부족을 경험하고 있는 것으로 조사되었다. 교단적으로는 장로교 합동이 1개소, 장로교통합 1개소 감리교 3개소 성결교 0, 성공회 3개소 등 비교적 저조한 운영실적을 보이고 있다.

④ 노인주거시설

노인주거시설(양로시설, 노인복지주택 등)의 지역별 현황은 <표 10-13>에서 보는 바와 같이 지역간시설설치가 인구구성비와 부합하게 설치되어 있지 않음을 보여주었다. 기타 다른 노인시설현황과 비슷하게 서울과 경기도는 65세 이상 인구 구성비보다 상대적으로 많은 시설들이 설치되어 있는 반면에 부산(6.8%/3.1%), 대구(7.4%/4.9%), 인천(6.6%/2.4%), 광주(6.7%/3.2%), 강원도(11.9%/5.4%) 충북(11.2%/4%), 전북(12.8%/9.8%), 전남(15.8%/4.8%), 제주 (9.7%/3.2%)는 상당히 낮은 비율의 설치상황을 보여주고 있다.

한편 노인주간보호시설은 서울(33.3%), 부산(11.0%), 경기도(8.6%), 경북(5.7%)의 순으로 나타났으면 기타 지역에서는 2인 주거시설 현황이 마찬가지로 상당히 낮은 비율의 상황을 보여주고 있다.

[표 10-13] 전국 노인주거시설 현황

	일반법인	천주교	초교파	장로교 합동	장로교 통합	감리교	성결교	성공회	불교	기타 종교	65세이상 인구구성비 (%)	시설 구성비 (%)
서 울	8	1									16.1	9(7)
부 산	6	1									6.8	7(3.1)
대 구	4								1		4.4	6(4.9)
인 천	1	1							1		4.1	3(2.4)
광 주	3	1									2.3	4(3.2)
대 전											2.3	
울 산											1.2	
경기도	16	4						1	3		16.5	24(19.6)

강 원 도	5										4.3	5(4)
충청북도	4	1									4.0	5(4)
충청남도	11	1			1						6.2	14(11.4)
전라북도	10	1							1		5.8	12(9.8)
전라남도	3		2						1		7.5	6(4.9)
경상북도	10	4	1						1		8.8	16(13.1)
경상남도	7	1							1		7.6	9(7)
제 주 도	2	1							1		1.2	4(3.2)
시설합계	90 (73.7)	17 (13.9)	3(2.4		1 (.8)			1 (.8)	10 (8.1)			

통계청(2004). 노인복지시설현황.

[표 10-14] 전국 노인주간보호시설 현황

	일반법인	천주교	초교파	장로교 합동	장로교 통합	감리교	성공회	불교	기타 종교	65세이상 인구구성비 (%)	시설 구성비 (%)
서 울	36	6	3	1		2	1	9		16.1	58(33.3)
부 산	16	1					1	2		6.8	20(11.4)
대 구	7		1					1		4.4	9(5.1)
인 천	5	1								4.1	6(3.4)
광 주	2		1					2		2.3	5(2.8)
대 전	6		1							2.3	7(4.0)
울 산	6	1	1					1		1.2	9(5.1)
경 기 도	12							3		16.5	15(8.6)
강 원 도	2	3				1		1	1	4.3	7(4.0)
충청북도	1	2								4.0	3(1.7)
충청남도		1	1				1	1		6.2	4(2.2)
전라북도	5	2	1							5.8	8(4.5)
전라남도	4							1		7.5	5(2.8)
경상북도	7	2						1		8.8	10(5.7)
경상남도	3									7.6	3(1.7)
제 주 도	3				1					1.2	3(1.7)
시설합계	115 (66)	19 (10.9)	9(5.1)	1(.5)	1(.5)	3(1.7)	3(1.7)	22 (12.6)	1 (.5)		

통계청(2004). 노인복지시설현황.

2) 기독교노인복지의 실천 사례 (논산중앙교회 http://www.ncpch.or.kr/old.htm)

1. 노인대학 설립취지

1) 시대적인 변화

인구 고령화시대를 맞이하여 선진국에서는 물론 우리나라에서도 노인복지 문제는 갈수록 사회문제로 심화되는 현실을 보여주고 있다.

노인들은 하나같이 인간의 노년기에 겪게 되는 빈곤, 질병, 고독, 무력감에 시달리고 있다. 그 중에서도 가장 극복하기 어려운 고통이 무료감이라고 한다.

이 무료감은 가정 안에서 메우기는 쉽지 않다. 따라서 우리 논산중앙장로교회에서는 평생교육의 이념으로 새로운 지식과 지혜를 넓혀 줌으로 노인의 소외감과 무료감을 해소하고, 무료급식과 무료건강진료, 무료 이·미용을 실시하여 노인의 건강을 보호 증진시키며, 변천하는 시대문화를 이해하여 앞서가는 노인이 되며, 지식과 경험을 사회에 봉사할 수 있는 기회로 연결하여 여생을 보람 있게 보낼 수 있게 하기 위함이다.

2) 받은 바 은혜를 나누기 위함이다.

뿌리 없는 나무 없고, 원인 없는 결과 없듯이 오늘이 있기까지 알게 모르게 많은 은혜를 입고 살았습니다.

그 받은 바 은혜에 감사하며 은혜에 보답하는 마음으로 여러 어르신들을 섬기고자 함이다.

3) 하나님의 명령이요 교회의 사명이기 때문이다.

가장 한국적인 동시에 가장 성경적인 것 이는 "효" 정신입니다.

이는 5000년 역사를 이어온 우리 민족 최고의 에너지입니다.

그 동안 우리는 민족의 전통이며 하나님의 명령인 효를 무시했습니다.

효는 공자보다 1000년 전에 모세를 통해서 십계명으로 주신 하나님의 명령입니다. (출 20:12)

효의 원조는 성경입니다. 성경은 효경입니다.

2. 운영계획

1) 입학

중앙노인대학은 논산시에 거주하고 계시는 60세(65세) 이상 남녀 노인들 누구나 입학할 수 있습니다. (1년 내내 수시 입학을 원칙으로 하고 있다)

2) 학제

프로그램진행 기간은 1년 단위로 매년 3월 첫 주 목요일부터 시작하여 6월 말까지, 9월부터 12월 첫 주까지 매주 목요일 실시하며, 학제는 3년 과정으로써 매년 수료식 때마다 학사 가운과 학사모를 쓰고 수료식을 가지며, 3년 졸업식 때는 석사모와 석사 가운을 입고 졸업할 예정이다. 졸업 이후에는 평생 수강생으로 공부할 수 있다(왜냐하면 만학의 기쁨을 드리기 위해서이다).

3) 모임

노인대학 모임은 매주 목요일 오전 10:30부터 오후 2:30 주 1회 모임을 가지며, 매 모임 시마다 전 노인정에 차량을 보내어 모셔 오고, 모셔다 드린다.

4) 교육내용

① 사회 저명인사 및 대학교수 전문가 분을 초빙하여 강의
② 의사들을 초청하여 무료진료를 통한 노인건강문제를 지도하고 상담하며 치료
③ 건강체조와 운동을 통해 건강을 증진
④ 분야별 취미 활동을 장려
⑤ 무료급식을 실시함으로 노인의 건강을 보호하며 증진
⑥ 무료 이·미용을 실시
⑦ 고적답사 및 산업시찰 여행 등 사업 실시
⑧ 노래와 레크레이션을 통해 마음의 즐거움과 정신건강도모
⑨ 경건회를 통해 정신교육함양
⑩ 자치회 운영 통해 서로 교제
⑪ 학습활동을 통해 삶의 기쁨 가짐

5) 교육목표 설정

① 시민으로서 존경받을 수 있는 태도 확립
② 현실적 사회적용 및 지식정보 제공
③ 건강과 질병에 대한 기본지식 습득 및 진급
④ 환경 보호의 이해 및 필요성 고취
⑤ 사회봉사 활동의 필요성인식 및 적극 참여 유도
⑥ 청소년 선도 및 노인의 사회적 역할 고취
⑦ 노인 복지에 관한 국가 및 사회적 관심 유도
⑧ 하나님을 알지 못하는 이들에게 하나님의 사랑을 보이며 소외당하는 노인들에게 사랑으로 복음과 함께 즐거운 시간을 가지게 해주어 선교 사명을 실천한다.
⑨ 새로운 전도 방법 모색

6) 교육표어

① 경천애인 ② 자기 개발 ③ 사회봉사

7) 노인대학 구호

모이자 배우자 본이 되자

8) 특전

① 노인대학 전 과정을 무료학습 한다.
② 모임시마다 전학생들에게 무료급식을 제공한다.
③ 매주 목요일에 원하시는 분들께 전문 미용사들로 하여금 무료 이·미용을 실시한다.
④ 매주 목요일, 무료진료를 실시할 예정
⑤ 본 교회 남여 기관들과 지역 노인정과 자매결연을 맺어 방학동안 어르신들을 섬기게 한다.
⑥ 1년에 년 2회 이상 소풍이나 고적 답사, 무료 목욕, 체육대회를 실시하고자 한다.
⑦ 상을 당했을 때는 위로금을 지급한다.
⑧ 학과에 등록하여 취미생활, 건강관리, 한글공부, 영어공부, 신앙교육 등을 받는 혜택이 부여된다.

9) 강의시간표

3월 첫 주 목요일-6월 말 , 9월 첫 주 목일-12월 첫 주(매주 목요일)

시 간	과 목	기 타
10:00 - 10:30	각 노인정 및 동네에서 모셔오기	반드시 안내요원 동승 (1호차/, 2호차/ , 3호차/)
10:30 - 11:00	체조 및 율동	담당/ 보조/
11:00 - 11:30	경건의 시간	담당/
11:30 - 12:30	학과별 시간	
12:30 - 01:00	과별 점심시간	식당봉사/
01:00 - 02:00	무료진료, 및 이, 미용봉사	내과. 외과, 한방, 이발, 미용.

모셔다 드리기

3. 노인대학 운영방침

1) 학생모집은 매년 2월중에 실시하며, 모집기간은 이외에도 수시로 모집한다.
2) 입학수속 및 등록을 필한 자만 강의와 무료급식, 무료자료, 무료 이·미용의 혜택을 받을 수 있다.
3) 학생들의 모든 활동을 학생 자치회에서 자율적으로 활동하도록 한다.
4) 강의 시간에는 항상 정숙하게 청강토록 한다.
5) 실내에서는 절대 금연토록 한다.

6) 연속해서 4회 이상 무단결석하거나 수업전체 일수에 과반수 이상 결석시는 자연탈락 한 것으로 인정한다.

4. 노인대학 운영효과

1) 새로운 지혜와 지식을 통해 노인들의 소외감과 무료감을 해소시켜 드려 남은 생을 즐겁게 사시도록 합니다.
2) 무료급식, 무료진료, 무료 이·미용, 무료 목욕을 통해 노인들의 건강을 증진케 한다.
3) 노인정마다 노인들의 놀이 문화가 개선 되도록 한다.
4) 지역 주민들의 노인공경에 큰 이바지한다.
5) 지역 학생 및 주민들의 자원 봉사를 통하여 어르신 공경에 크게 기여하게 된다.
6) 고부간의 갈등, 부자간의 갈등 등이 많이 해소된다.
7) 사회봉사의 삶을 통해 여생을 즐겁게 보내실 수 있도록 도와 드린다.
8) 교회와 지역사회 일치감(네트워크)이 조성된다.

5. 노인대학 운영 재정확보

1) 교회 경상비에서 매년 1000만원 지원 받음
2) 교우들의 찬조금
3) 교우들 자원 봉사
4) 지역사회 뜻 있는 분들의 참여 (※ 부식 등)

6. 노인대학 운영시 예상되는 문제점

1) 학생들의 연령, 학력, 생활 환경 등 개인차가 심하여 프로그램 진행상의 표준을 잡기가 어렵다
2) 도심지와 달리 교육내용에 알맞는 유능한 강사 교섭이 어렵다
3) 노인대학을 놀이 공간으로 인식되어온 학생들의 선입관과 교육적인 목적 사이에 괴리감이 있다.
4) 노인들은 기억력 및 체력이 약하므로 지속적인 프로그램을 진행하기 어렵다.
5) 프로그램 진행에 있어서 객관적 평가가 어려우며 타성에 젖어 버리는 경우가 있다.
6) 학생들의 교육에 대한 식견부족으로 진행자와의 관계형성에 어려움이 있다.
7) 많은 인원으로 인하여 일관성 있는 프로그램진행에 어려움이 있으며 시설 및 교육기자재의 부족으로 세분화된 프로그램 진행이 어렵다.

7. 노인대학 운영의 방향설정

1) 내용적인 측면에서

① 세부프로그램 진행시 사회적 여건, 계절 등을 감안하여 현실감 있는 프로그램으로 진행한다.

② 청력이나 시력이 좋지 않은 학생은 앞좌석으로 유도한다.
③ 멀티미디어 액정 비전 사용으로 시각적인 효과를 강화한다.
④ 강의 속도는 될 수 있는 대로 천천히 하고 알기 쉽게 한다.
⑤ 어려운 내용은 이해가 쉽게 구체적 실례를 들어 설명하라.
⑥ 중요한 내용은 이해가 충분하도록 여러 번 반복하라.
⑦ 프로그램은 수동적인 것보다 능동적으로 참여할 수 있는 것이 좋다.

2) 운영적인 측면
① 학생 자치회로 활성화하여 자발적인 활동을 유도하라.
② 학생회의 조직을 세분화하여 책임을 맡은 임원 등을 많이 두어 관리에 효율성을 두라.
③ 지역사회와 연계하여 노인 등이 직접 참여 할 수 있는 프로그램을 제공한다.
④ 노인역할을 강조하여 가정, 청소년 문제 등의 예방 활동에 참여토록 한다.

3) 재정적인 측면에서
① 지역사회와 연결하여 노인복지 프로그램을 개발하여 예산 비중을 높인다.
② 노인 경제에 관심을 두어 노인들의 부업 및 취업알선 프로그램을 단계적으로 실시하여 노인들의 적극적인 참여를 유도한다.
③ 지역의 유지나 단체, 교회 안에 일시적인 지원을 의존하는 관습을 버리고 후원회 등을 조직화한다.

8. 노인대학과 봉사의 기대되는 효과

1) 교인들이 지역사회를 향한 교회 봉사적 사명을 중요하게 인식한다.
2) 봉사하는 교회가 되니까 교인들의 소속감과 자부심이 강해지고 교회를 자랑하고 성도들이 가슴을 펴고 떳떳이 신앙생활을 하게 된다.
3) 지역주민이 존경하고 칭찬하는 문화 센터적 교회가 된다.
4) 교회의 공신력이 높아진다.
5) 교회 안에 사장되어 가고 있는 인력과 은사를 발견하여 자원하는 마음으로 기쁘게 봉사하게 된다.
6) 전 교인들이 하나 될 수 있다.
7) 타 교회, 타 교단, 지역사회에 매력을 주고 모델적인 역할을 하게 된다.
8) 교회가 성장하게 된다.

9. 현재 진행되고 있는 학과

문학반(한글반), 영어반, 무용반, 성경반, 컴퓨터반, 한문반, 중국어반

10. 2008년도 제1학기 노인대학 일정표

과 목	교 수	담 임	장 소
문학 1반	박선영 선생	한수남 집사	2층 회의실
문학 2반	서승석 목사	한혜선 집사	2층 백합방
영 어 반	이주은 집사	천인숙 집사	2층 예배실
컴퓨터 반	김대현 집사	서윤희 집사	2층 컴퓨터실
종이접기 반	이애정 집사	성복순 집사	2층 아기교회
한 문 반	고덕상 선생	김남숙 집사	3층 새가족실
무 용 반	이선실 선생	윤숙이 집사	체 육 관
중국어 반	박근철 선생	박경희 집사	3층 청년방
노래교실반	문미숙 집사	박은주 집사	갈릴리홀

<table>
<tr><th>월</th><th>일</th><th colspan="2">수 업 내 용</th></tr>
<tr><td rowspan="4">3월</td><td>6일</td><td colspan="2">개 강, 축하행사</td></tr>
<tr><td>13일</td><td colspan="2">건강강좌(보건소)</td></tr>
<tr><td>20일</td><td colspan="2">교양강좌(권혁하)</td></tr>
<tr><td>27일</td><td colspan="2">신앙강좌</td></tr>
<tr><td rowspan="4">4월</td><td>3일</td><td rowspan="4">논산시 보건소
건강관리 연속강좌</td><td></td></tr>
<tr><td>10일</td><td></td></tr>
<tr><td>17일</td><td></td></tr>
<tr><td>24일</td><td></td></tr>
<tr><td rowspan="5">5월</td><td>1일</td><td colspan="2">영화상영</td></tr>
<tr><td>8일</td><td colspan="2">건강강좌(보건소)</td></tr>
<tr><td>15일</td><td colspan="2">관광견학</td></tr>
<tr><td>22일</td><td colspan="2">교양강좌(권혁하)</td></tr>
<tr><td>29일</td><td colspan="2">신앙강좌</td></tr>
<tr><td rowspan="4">6월</td><td>5일</td><td colspan="2">교양강좌(김승종교수)</td></tr>
<tr><td>12일</td><td colspan="2">건강강좌(보건소)</td></tr>
<tr><td>19일</td><td colspan="2">신앙강좌</td></tr>
<tr><td>26일</td><td colspan="2">종 강, 생일축하</td></tr>
</table>

11. 200학년도 2학기 노인대학 일정표

월	일	수업내용
3월	6일	개 강, 축하행사
	13일	건강강좌(보건소)
	20일	교양강좌(권혁하)
	27일	신앙강좌
4월	3일	
	10일	논산시 보건소
	17일	건강관리 연속강좌
	24일	
5월	1일	영화상영
	8일	건강강좌(보건소)
	15일	관광견학
	22일	교양강좌(권혁하)
	29일	신앙강좌
6월	5일	교양강좌(김승종교수)
	12일	건강강좌(보건소)
	19일	신앙강좌
	26일	종 강, 생일축하

◈학과별 교사명단(총무 : 서순자 집사)

과 목	교 수	담 임	장 소
문학 1반	박선영 선생	한수남 집사	2층 회의실
문학 2반	서승석 목사	한혜선 집사	2층 백합방
영 어 반	이주은 집사	천인숙 집사	2층 예배실
컴퓨터 반	김대현 집사	서윤희 집사	2층 컴퓨터실
종이접기 반	이애정 집사	성복순 집사	2층 아기교회
한 문 반	고덕상 선생	김남숙 집사	3층 새가족실
무 용 반	이선실 선생	윤숙이 집사	체 육 관
중국어 반	박근철 선생	박경희 집사	3층 청년방
노래교실반	문미숙 집사	박은주 집사	갈릴리홀

제11장 여성과 기독교복지

사회복지학의 영역에 있어서 여성은 오랫동안 관심의 대상이 되지 못했다. 상품화된 여성의 노동력은 남성 반값에도 미치지 못하며, 탈 상품화된 여성의 노동력은 사회복지 영역에 있어서조차 의료보험, 국민연금 등 각종 사회보험에서 불리한 취급을 받고 있고 이로 인한 정서적 문제에 대한 사회적 서비스도 전무한 실정이기 때문이다.

1 여성에 대한 이해

1) 여성복지의 대상

사회복지 대상으로서의 여성문제는 크게 모든 여성을 포함하는 일반여성의 문제와 사회적으로 인식된 구체적인 문제를 가진 요보호여성의 문제로 구분할 수 있다. 일반여성의 문제는 우리 사회의 여성이면 누구나 경험할 수 있는 문제로서 사회활동 참여 여부를 떠나서 가정이 여성의 일차적 삶의 터전이라는 인식에서 나타나는 여성의 가정에의 종속과 의존에서 발생하는 것으로서 가정에의 종속으로 인해 나타나는 문제와 가정에서의 여성의 역할과 관계되는 문제가 있다. 요보호여성의 문제는 종속성과 의존성의 대상이 되는 가정과 남성의 부재 내지 부조화에서 비롯되는 것이다.

요보호여성이란 사회적으로 특수한 문제를 가진 것으로 인식되는 여성으로서 환경부적응, 욕구불만, 불안 등 여성 자신의 개인적 결함과 가정적, 사회적 환경요인에 의해 발생하는 문제에 봉착해 있는 사람들이다. 이러한 요보호여성들은 여성이라는 특성으로 출산· 육아· 가사노동에서의 모성 기 수행과 사회참여와 직장진출에 따르는 이중적 과업 수행 때문에 모성보호조치를 필요로 하고 있다. 여성이 자녀의 양육과 교육담당자라는 특성은 사회변화로 나타나는 욕구상승, 경쟁심, 가치관의 혼란 등 모든 아노미현상에 대처할 수 있는 여성의 가치관 확립을 요청하고 있다. 이 밖에도 여성이 갖는 신체적 특성 즉, 성적 기능과 관련하여 성폭력, 혼전임신, 매춘 등과 같은 위험에도 처해 있다. 요보호여성의 문제는 요보호남성의 문제와는 달리 그 유형으로서 미혼모, 윤락여성, 성폭력피해여성집단 등이 있다. 이들은 모두 여성의 신체적 특성과 관련된 문제이다. 여기에서 성에 대한 본질적인 관심이 제기되는데, 성 차별, 성문화, 성에 대한 이중기준 등이 바로 그것이다.

이와는 달리 일반여성이라 함은 요보호여성을 제외한 모든 여성을 지칭한다. 일반여성의 문제는 첫째, 가정에서의 종속으로 인해 나타나는 문제로서 아내에 대한 유· 무형의 폭력과 학대이다. 둘째, 가정에서의 여성의 역할에 관한 것으로서 여성의 가정에의 종속· 가사 및 육아의 일차적 책임 전담으로 인한 사회참여의 제한과 사회적 노동에 참여하지 않은 여성의 가사노동에 대한 가치저하 그리고 심리적 보상이 정당화되지 못한 데 따르는 문제이다. 셋째, 사회적 자원의 결핍문제와 가부장제하에서 생기는 불평등과 성 차별의 문제이다.

2) 여성복지의 접근방법

여성의 동등한 권리 확보와 복지 향상은 다양한 접근 방식을 통해 이루어질 수 있다. 여기서는 정책적 접근, 서비스 접근, 운동적 접근의 세 가지로 구분하여 보기로 한다.

(1) 정책적 접근

여성복지에 대한 정책적 접근은 여성을 위한 정책이나 법, 제도와 관련된 정부의 정책으로서 여성정책은 여성과 관련된 다양한 분야 즉 교육, 노동, 문화, 복지, 경제, 보건, 인권, 환경, 가족 등에 대한 정부의 정책으로서 사회정책의 한 분야이다. 여성복지정책이 사회 정책의 한 분야로 성립될 수 있는 근거는 산업화에 따른 사회적 위험성, 여성을 둘러싼 비형평성, 여성에 대한 낙인, 여성의 생활의 질이라는 측면이다.[1)]

우리나라의 여성복지정책은 여성개인의 욕구충족을 일차적 표적대상으로 하는 정책과, 여성의 보호자로서의 역할을 지원하는 정책, 그리고 의존자로서의 여성 차별적 정책으로 구분할 수 있다.

여성개인의 욕구충족을 일차적 표적대상으로 하는 우리나라의 복지정책으로는 매매춘 여성과 가출여성, 성폭력 피해여성과 일반여성을 위한 복지정책을 들 수 있고, 보호자로서의 역할을 지원하는 대표적 정책은 미혼모 및 저소득모자가정에 대한 지원과 영유아보육정책을 들 수 있다. 그리고 의존자로서의 여성 차별적 복지정책으로는 생활보호정책과 국민연금, 산재보험, 고용보험 등에 나타나 있다. 여성 개인의 욕구충족을 일차적 대상으로 하는 여성복지정책과 보호자로서의 여성역할을 지원하는 정책은 주로 사회복지서비스 형식을 통해 이루어지고 있고, 의존자로서의 여성 차별적 복지정책은 사회보험과 공적부조의 형태로 이루어지고 있다.[2)]

(2) 서비스적 접근

여성복지를 위한 서비스적 접근은 욕구를 가진 여성에 필요한 다양한 서비

1) 김상균, 여성을 위한 사회복지정책 여성복지 제 2권 4호, 한국여성개발원.
2) 김인숙, 여성복지정책의 현황과 발전방향, 「여성복지발전을 위한 포럼」, 사단법인 한국여성단체연합, 1999, pp.7-8.

스를 직접적으로 제공하는 것을 의미한다. 여성복지에 대한 서비스적 접근은 여성에 대한 임상적 개입, 여성의 경제 사회적 욕구충족을 위한 각종프로그램 지원, 그리고 시설보호서비스의 세 가지 유형으로 구분할 수 있다. 여성에 대한 임상적 개입의 예로 여성 중심적 상담을 들 수 있으며,[3] 여성지원 프로그램으로는 여성의 경제적·사회적 욕구를 충족시키기 위한 각종 프로그램을 들 수 있다. 여기에는 여성의 경제적 지원을 위한 직업알선과 직업훈련 프로그램, 재취업훈련 프로그램, 탁아프로그램은 물론이고 이들의 사회적·정서적 욕구충족을 위한 교육 프로그램과 지도력 향상 및 자기 표현을 위한 각종 훈련 프로그램이 이에 해당된다.

시설보호 서비스는 여성이 스스로 살아 갈 수 있는 능력을 상실했거나 주변환경의 열악한 조건 때문에 독자적 삶이 불가능한 경우 제공되는 서비스이다.[4]

(3) 운동적 접근

여성복지분야는 다른 어떤 사회복지 분야보다 그 대상의 폭이 넓고(인구의 절반이 클라이언트집단) 문제의 근원이 성차별적 이념, 가치, 정책, 제도 등으로 인해 생기는 경우가 대부분이다. 이 때문에 오래전부터 이러한 구조적 틀을 변화시키기 위하여 여성운동적 접근이 이루어져왔다. 여성운동적 접근은 그동안 사회복지 내에서 충분히 수용되지 못한 것이 사실이나 우리나라의 현실을 보면 사실상 그간 이루어진 여성복지 관법과 정책 형성에 여성운동계의 역할이 가장 컸음을 부인할 수 없다. 이러한 여성운동계의 사회복지에 대한 기여라는 측면에서 본다면 여성복지의 발전을 위해서는 여성복지와 여성운동과의 연계는 반드시 필요하다. 따라서 여성복지의 발전을 위해서는 운동적 방식의 도입이 필요하고 그 실천 모델을 개발해야 한다.

3) 김영애, 여성상담론 ,「여성상담과 여성복지」, 한국여성의 전화, 1995, p.39.
4) 김인숙(1998), 여성복지시설의 운영 실태,「사회복지 리뷰」제3집, 가톨릭대학교사회복지연구소, pp. 78-81.

3) 한국교회사에 나타난 여성복지

(1) 선교초기에서 해방까지(1884~1945년)

한국의 기독교사회사업은 1884년 기독교의 전래와 더불어 외국선교사들의 복음 선교활동에 의해 시작되었다. 선교 초기 선교사들은 기독교 복음을 전혀 모르는 이 땅에 와서 복음을 전하기 위한 한 방편으로 사회사업적인 사업들을 시작하였다.

초창기 선교사들의 선교활동을 통해 실시되었던 사업들을 보면 병원, 학교, 고아원, 탁아소, 갱생원, 소년직업학교, 맹·농아 학교, 사회복지관, 양로원, 나환자수용소, 결핵요양원, 맹아학교, 야학, 금주운동, 매춘부수용 및 방지운동, 정신질환자 수용소, 빈민 및 이재민 구제사업 등이 있다.[5)]

① 북감리 여선교회를 중심한 여성복지사업

1800년대 말과 1900년대 초에 이르러 교회 여성도들이 선교를 위하여 조직을 갖기 시작하였다. 감리교회에서는 여선교회들이 조직되었는데 1920년대로 들어오면서 많은 사업들이 여선교부에 의해서 추진되었다. 북감리 여선교회에서는 주로 의료 및 교육에 힘을 써 영변지방의 유치원사업과 공주시의 공중위생 및 아동복지 센터를 중심으로 일했다.

② 남감리 여선교회를 중심한 여성복지사업

여선교회는 막대한 선교부의 재정지원을 얻어서 특히 한국여성복지 사업에 전심하였다.[6)] 한국에서 남감리 여선교회가 추진한 여성복지 사업은 국내에서는 가장 처음에 시작한 것이었다.

③ 서울 태화여자관

부녀자들을 위한 사회복지사업의 종합적인 형태로 출발된 최초의 부녀사회

---

5) 김덕준(1983), 「기독교사회복지」, 서울, 한국기독교사회복지회.
6) 조선 급 조선민족(제 1집), 조선사상논집사, 소화 2년, pp. 408-408.

복지원인 태화여자관은 1921년 4월에 남감리교 여선교회에 의해 시작되었다.

태화여자관에서는 봉건적인 사회제도에서 여성의 위치를 올바르게 찾도록 하기 위하여 여성 자질 향상과 그들을 이끌 수 있는 지도력 개발 및 양성에 힘을 기울이는 한편 성서연구, 학령초과부녀자 교육, 가정강좌, 직업부녀클럽, 아동복지사업, 의료진료 및 공중위생 보급사업, 체육 및 오락, 음악 강습, 기타 구제사업 등을 전개하였다. 특히 의료사업에 있어서 소아건강진료 및 어린이 무료목욕은 당시 우리나라에서는 처음 실시한 사회의료사업이었다.

태화여자관은 1924년에 장로교선교회에서 킨슬러 양을 전문사역자로 파송하여 성경학원을 맡게 하는 한편 선교사업을 하게 하였다. 북감리교회에서도 최활란씨가 와서 교육부와 사회부를 전담하였다. 이들의 노력으로 이전에 없던 월망구락부와 여고생구락부 그리고 자모회 및 부인구락부들이 조직되었다. 남감리교회 여선교회에서 시작한 사업을 장로교와 북감리교회가 합하여 사업을 함으로서 전보다 더 활발한 여성사업을 펼쳤다.[7)]

㉠ 원산 보혜여자관

원산에서 시작한 보혜여자관에서는 여성교육을 중심으로 한 활동 외에 영아부를 두었는데 이를 위하여 휴양부까지 두어 일반아동복지 사업에도 공헌하였다. 여성교육을 위해서는 성경공부 외에 야학을 비롯해서 영어, 재봉, 윤리 등을 전문적으로 가르쳐 주었다. 그러나 보혜여자관은 보혜여자관은 1948년 에 중단되었다.

㉡ 개성 고려여자관

태화여자관이 서울에서 활동을 개시한 이후 다른 지역에서도 부녀자 복지 사업이 추진되어, 1922년 5월에 개성 고려여자관이 시작되었다. 역시 이곳도 전도사업 외에 교육 및 사회사업을 하였다. 어려서 공부할 기회를 놓친 가정 여성들과 학교에 가지 못하는 젊은 처녀들을 중심으로 한 교육과 사회사업의 일환으로서 재봉 및 요리 그리고 가정경제를 가르쳤으며, 유치원 사업도 하였다.

7) 전게서. pp. 411-415.

(2) 해방 후

한국 근대 사회복지사업은 1960년대 초, 국가의 책임에 의한 자주적 사회복지 사업이 나타나기 이전까지는 주로 외국의 원조에 의한 형태로 진행되었다고 할 수 있다. 외국원조에 의한 구제사업은 해방 전후와 6.25동란 전후에 두드러지게 나타났다. 이 당시에 많은 난민, 전재민, 전상자, 미망인, 전쟁고아, 노인들에게 사랑의 손길을 베푼 것 역시 세계 기독교 단체 및 교인들이었다.

2) 여성복지의 실태

2007년 여성인구는 24,112천명, 남성인구는 24,344천명으로 남성이 232천명 많았으며, 성별 구성비를 보면 여성이 49.8%, 남성은 50.2%이다.

[그림 11-1] 남녀별 인구비중

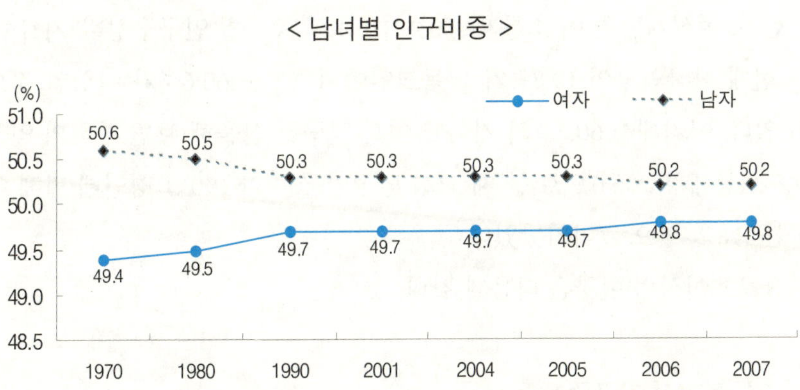

[표 11-1] 인구추이

(단위 : 천명, %)

	추계인구	증가율	여성	증가율	남성	증가율
1970	32,241	2.2	15,932	2.1	16,309	2.3
1980	38,124	1.6	18,888	1.5	19,236	1.6
1990	42,869	1.0	21,301	1.0	21,568	1.0
2001	47,357	0.7	23,514	0.7	23,843	0.7
2004	48,039	0.4	23,874	0.4	24,165	0.3
2005	48,138	0.2	23,947	0.3	24,191	0.1
2006	48,297	0.3	24,030	0.3	24,268	0.3
2007	48,456	0.3	24,112	0.3	24,344	0.3

자료 : 통계청, 「장래인구추계」 통계자료 ☞ 43 쪽
주 : 증가율은 전년대비 증가율임

이 중 통계청조사(2006, 인구총조사)에 의하면 종교를 갖고 있는 인구는 56.3%이다. 종교인구 중 종파별 여성인구는 불교 42.6%, 개신교 34.7%, 천주교 20.8%, 원불교 0.5%, 유교 0.4% 순으로 나타났다.

한편, 여성개발원 여성 통계(2003)의 "성 및 종파별 인구구성비"자료에 의하면 현재 한국인구의 19.8%가 기독교인이며, 그 중 60.6%가 여성인 것으로 나와 있다. 여기에서 60.6%의 기독교 여성 인구를 산출해 보면 한국의 인구를 약 4,820(통계청, 2004)으로 볼 때 교회 남성인구는 약 190만 명인데 비해 여성인구는 578만 명으로 나타났었다.

요보호여성의 현황은 다음과 같다.

1) 저소득층 여성 가구주

또한 <표 11-2>에서와 같이 전국 가구대비 수급가구비율을 보면, 1991년 5.5%에서 1995년 3.8%로 낮아졌다가 경제위기 이후인 2000년에는 4.8%로 증가하였다. 여성수급율도 1991년 15.9%에서 1995년 12.2%로 낮아졌다가,

2000년 14.1%로 다시 증가하였다. 남성수급가구와의 비교에서도 여성가구의 수급비율은 5.4배 정도 높게 나타나고 있다. 이상과 같은 통계치는 '빈곤의 여성화'에 주요 구성 집단은 빈곤 여성가구주임을 의미하는 것이다.

[표 11-2] 전국 여성가구주 가구수 및 수급가구비율

연도	전국 가구수(단위:천가구)					수급가구비율(%)		
	총가구수	남성가구수		여성가구수		총수급비율	남성수급율	여성수급율
1991	11,355	9,568	74.3%	1,787	15.7%	5.5	3.6	15.9
1995	12,958	10,811	73.5%	2,147	16.5%	3.8	2.2	12.2
2000	14,312	11,659	71.5%	2,653	18.5%	4.8	2.6	14.1

자료: 보건복지부, 『복지정책의 양성평등 효과성 평가 및 대안연구』, 2002, p62

2) 미혼모[8)]

미혼모 시설에 입소한 미혼모들의 연령별 비율은 21-25세가 45.8%로 20대 초반의 연령층이 가장 많고, 16-20세가 31.5%, 26-30세가 14.3%로 나타났다.

[그림 11-2] 연령별 인원

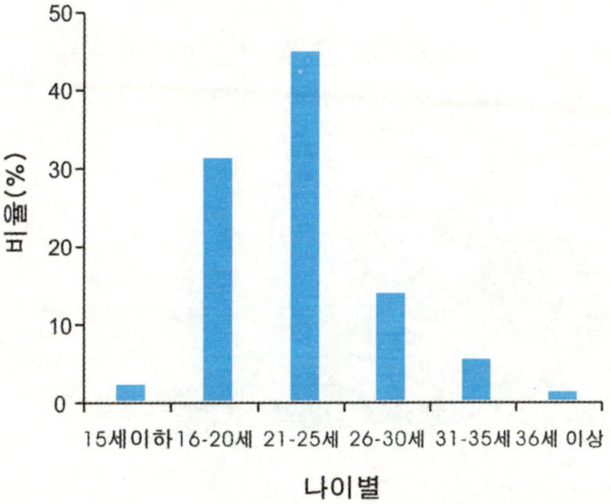

8) 여성부「가족지원팀」, 2005미혼모 현황 및 욕구조사 결과

(1) 미혼모의 입양/양육 결정 문제

출산 후 아기문제에 대해서는 68.3%가 입양을, 31.7%가 양육을 선택하였다. 미혼모 10명중 3명이 양육을 원하고 있으며, 양육시 경제적 지원이 가장 필요하다.

[그림 11-3] 출산 후 아기 문제

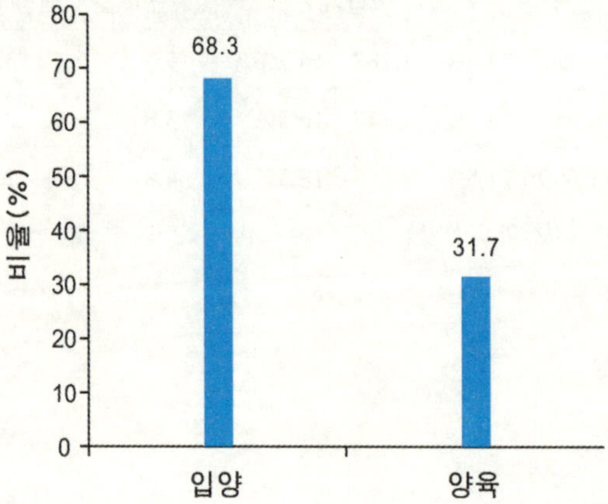

(2) 미혼모들이 겪고 있는 어려움을 해소할 수 있는 적절한 도움으로 경제적 지원(28.0%), 분만지원(25.0%), 상담(23.7%) 등을 들고 있다.

[그림 11-4] 미혼모가 된 후 가장 필요한 도움

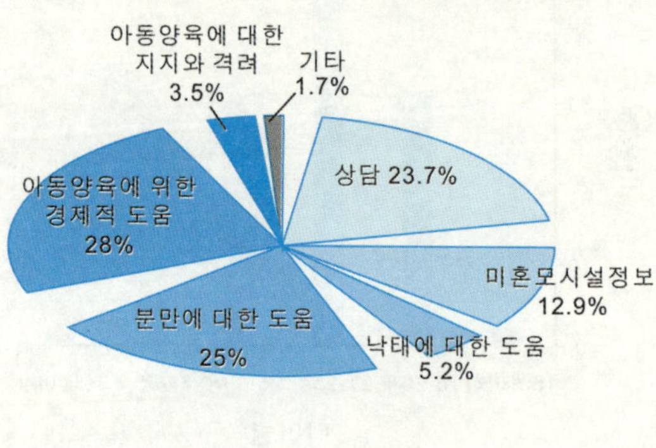

(3) 취업시 필요한 교육으로는 컴퓨터(29.6%), 미용기술(22.9%)등을 선호하였으며, 홈패션, 제과제빵, 외국어 등 다양한 분야에 대해 고른 요구를 보였다. 이는 미혼모 중 고등학교이상 졸업자가 점차 증가하고 있어 보다 다양하고 전문적인 분야의 취업을 위한 직업교육의 필요성을 보여주고 있는 것이다.

[그림 11-5] 취업시 가장 필요한 교육

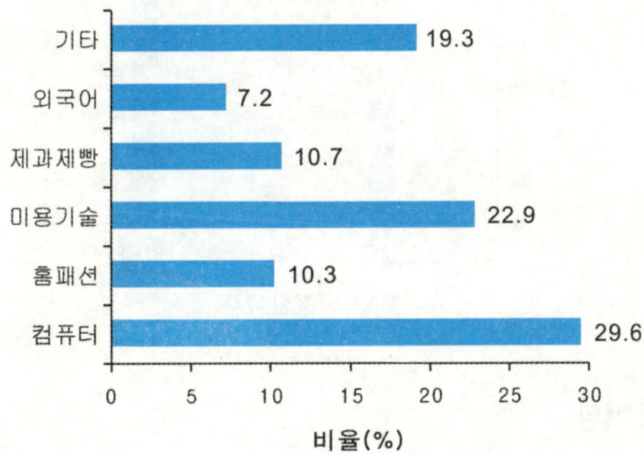

(4) 다른 한편으로 아직도 고등학교 중퇴 이하가 35.3%에 달해 취업 등 사회참여를 효과적으로 지원하기 위하여 대안학교 운영 등 기본적인 학력이수 지원 필요성도 나타났다.

[그림 11-6] 학력수준

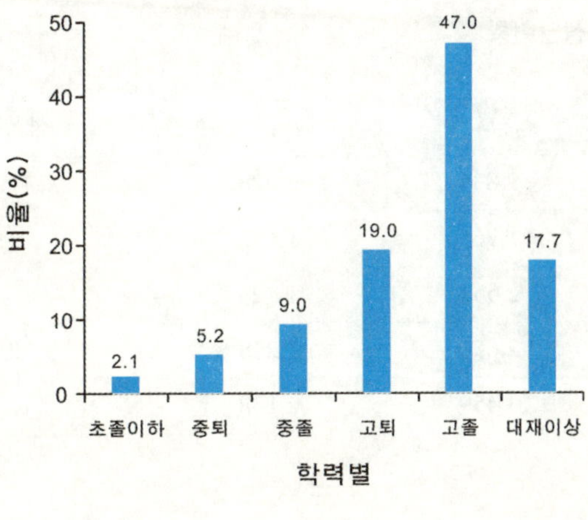

(5) 조사대상 미혼모의 28.6%가 미혼상태에서 이미 출산한 적이 있다고 응답해, 미혼모들의 재임신, 출산의 문제가 심각한 것으로 나타났다

[그림 11-7] 출산 경험 유무

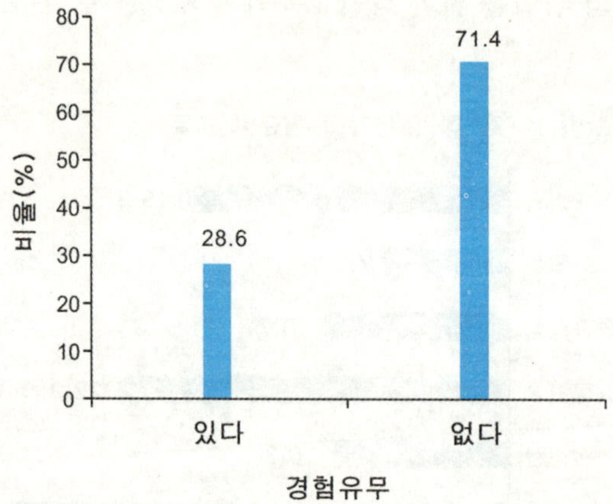

3) 성폭력피해 여성

2006년에는 총 2,468건(4,246회)의 상담이 접수되었고, 상담 방법별로는 전화상담 2,439회(57.4%), 인터넷(메일 654, 게시판 641) 1,295회(30.4%), 면접 494회(11.6%), 서신 18(0.1%)회였다. 전년 대비 전화상담비율은 5.1% 감소한 대신 인터넷상담은 3.1%, 면접상담은 1.9% 증가하였다.

[표 11-3] 연도별 상담현황

(단위: (%))

연도	상담회수	상담건수	성폭력상담건수
1991~92	2,834	2,028	1,349 (66.5)
1993	1,765	1,182	841 (71.1)
1994	2,553	1,723	1,356 (78.7)
1995	2,050	1,238	1,021 (82.5)
1996	3,459	2,138	1,779 (83.2)

[표 11-3] 계속

연도	상담회수	상담건수	성폭력상담건수
1997	3,424	2,295	1,647 (71.8)
1998	4,285	2,948	2,085 (70.7)
1999	5,397	3,692	2,564 (69.4)
2000	4,164	2,873	2,309 (80.4)
2001	4,995	3,593	2,869 (79.8)
2002	4,877	3,533	2,961 (83.8)
2003	4,871	3,135	2,839 (90.6)
2004	3,870	2,505	2,362 (94.3)
2005	3,979	2,348	2,151 (91.6)
2006	4,246	2,468	2,317 (93.8)
총	44,108	29,390	30,450 (80.8)

출처: http://www.sisters.or.kr (한국성폭력상담소)

(1) 피해 유형별 상담현황

<표 11-4>의 피해 유형별 상담현황을 살펴보면, 성추행이 927건(40%)으로 가장 많은 분포를 보이고, 그 다음으로 강간이 835(36%), 성희롱 248(10.7%), 스토킹 113(4.9%), 강간미수 87(3.8%), 통신매체이용음란 51(2.2%), 카메라이용촬영 5(1.5%) 순으로 나타나, 작년 보다 스토킹 상담이 약 1% 증가하면서 강간미수 피해보다 더 많이 접수되었음을 알 수 있다.

[표 11-4] 2006년 피해유형별 상담현황 〈단위: 건(%)〉

유형 / 계	강 간 835(36)			강간미수	성추행	성희롱	통신매체이용음란	카메라이용촬영	스토킹	미상	기타
	단순강간	특수강간	강간치상								
2,317 (100)	666 (28.7)	105 (4.5)	64 (2.8)	87 (3.8)	927 (40)	248 (10.7)	51 (2.2)	35 (1.5)	113 (4.9)	20 (0.9)	1

출처: http://www.sisters.or.kr (한국성폭력상담소)

(2) 피해 유형별·연령별 상담현황

피해 유형별로 피해자의 연령분포는 <표 11-5>와 같이 나타났다. 성인과 어린이, 유아의 경우 성추행 피해가 가장 많았고, 청소년의 경우 강간 피해가 더 많았다. 성희롱 피해의 경우 대부분 성인에게 일어나지만, 청소년, 어린이, 유아 피해도 보고되고, 통신매체이용음란이나 카메라이용촬영, 스토킹 피해의 경우 성인과 청소년에게 주로 일어난다는 것을 알 수 있다.

[표 11-5] 2006년 피해유형별 · 연령별 상담현황

(단위 : 건(%))

피해유형	연 령					계
	성인	청소년	어린이	유아	미상	
강간	394(17.0)	140(6.0)	95(4.1)	25(1.1)	12(0.5)	666(28.7)
강간미수	70(3.0)	11(0.5)	4(0.2)	1(0.1)	1(0.1)	87(3.8)
특수강간	61(2.6)	36(1.6)	7(0.3)	1(0.1)	0	105(4.5)
강간치상	54(2.3)	5(0.2)	2(0.1)	2(0.1)	1(0.1)	64(2.8)
성추행	497(21.5)	133(5.7)	174(7.5)	118(5.1)	5(0.2)	927(40.0)
성희롱	214(9.2)	16(0.7)	7(0.3)	4(0.2)	7(0.3)	248(10.7)
통신매체 이용음란	41(1.8)	8(0.3)	0	0	2(0.1)	51(2.2)
카메라이용촬영	29(1.3)	5(0.2)	0	0	1(0.1)	35(1.0)
스토킹	110(4.7)	2(0.1)	0	0	1(0.1)	113(4.8)
기타	1(0.1)	0	0	0	0	1(0.1)
미상	5(0.2)	2(0.1)	6(0.3)	3(0.1)	4(0.2)	20(0.9)
성폭력 계	1,476 (63.7)	358 (15.5)	295 (12.7)	154 (6.6)	34 (1.5)	2,317 (100)

출처: http://www.sisters.or.kr (한국성폭력상담소)

(3) 성폭력 피해자와 가해자와의 관계

성폭력 피해를 피해자와 가해자의 관계는 <표 11-6>에서 보는 바와 같이, 아는 사람 1,935건(83.5%), 모르는 사람 306건(13.2%), 미상 76건(3.3%)의 분포를 보이고 있다. 사회적 지위가 있는 가해자에 의한 피해를 직종 별로 살펴보면, 교사나 교수 등 교육자에 의한 피해가 125건(5.4%), 의사 등 의료기관 종사자에 의한 피해가 51건(2.2%), 공무원 등 공직자에 의한 피해가 21건(0.9%), 목사 등 성직자에 의한 피해가 24건(1.0%), 경찰 등 법조인에 의한 피해가 4건(0.2%), 방송· 연예인 8건(0.3%) 등으로 전체 성폭력 상담건수의 10%를 차지하고 있다.

[표 11-6] 2006년 피해자/ 가해자 관계

(단위:건(%))

아는 사람 1,935(83.5)												모르는 사람	미상	총계
친족, 친/인척 360 (11.2)		직장 내	친밀한 관계	채팅/ 소개로 만난 사람	동네 사람	서비스 제공자	성직자/ 신도	학교/ 학원내	주변인의 지인	기타				
친족	친/인척													
313 (9.7)	47 (1.5)	527 (16.4)	182 (5.7)	80 (2.5)	120 (3.7)	101 (3.1)	23 (0.7)	235 (10.4)	119 (5.1)	188 (8.1)		306 (13.2)	76 (3.3)	2,317 (100)

출처: http://www.sisters.or.kr (한국성폭력상담소)

4) 여성노인단독가구

(1) 성별 고령인구

<표 11-7>에서 보는 바와 같이 2007년 65세 이상 남자인구가 전체 남자인구에서 차지하는 비율은 8.0%, 65세 이상 여자인구가 전체 여자인구에서 차지하는 비율은 11.9%였다. 65세 이상 인구의 성비(여자 100명당 남자인구)는 2007년 67.5로, 2006년(66.7)보다 0.8명 상승하였으며 10년 전(1997년)보다 7.8명 많아졌다.

[그림 11-8] 성별 고령인구 구성비 추이

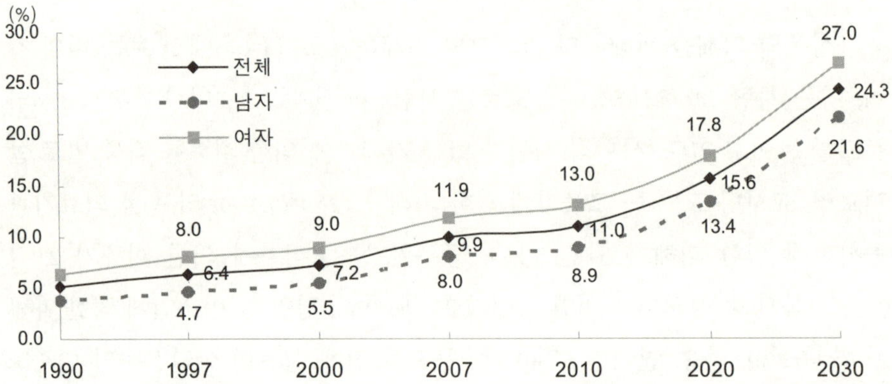

[표 11-7] 성별 고령인구 추이

(단위 : 천명, %, 여자 100명당)

	1990	1997	2000	2006	2007	2010	2020	2030
65세이상	2,195	2,929	3,395	4,586	4,810	5,357	7,701	11,811
구성비	5.1	6.4	7.2	9.5	9.9	11.0	15.6	24.3
성 비	59.8	59.7	62.0	66.7	67.5	69.2	75.1	79.1
<남 자>	822	1,095	1,300	1,835	1,939	2,190	3,303	5,218
구성비	3.8	4.7	5.5	7.6	8.0	8.9	13.4	21.6
<여 자>	1,373	1,835	2,095	2,751	2,872	3,167	4,398	6,593
구성비	6.4	8.0	9.0	11.4	11.9	13.0	17.8	27.0

자료: 통계청, 「장래인구추계」,2006

(2) 성비 및 유배우율의 불균형

우리나라 65세 이상 노인 인구의 성비(여자 100명당 남자 수)는 <표 11-8>에서 보는 바와 같이 2007년 65세 이상 남자인구가 전체 남자인구에서 차지하는 비율은 8.0%, 65세 이상 여자인구가 전체 여자인구에서 차지하는 비율은 11.9%로 나타났다. 이러한 무배우 여성노인의 증가는 생활보장 문제, 장기보호 문제, 자녀와의 갈등, 심리적 고독감, 성 및 재혼 문제 등 제반 영역에 걸쳐 해결되거나 예방하여야 할 많은 과제들을 시사해 주고 있다

[그림 11-9] 성별 고령인구 구성비 추이

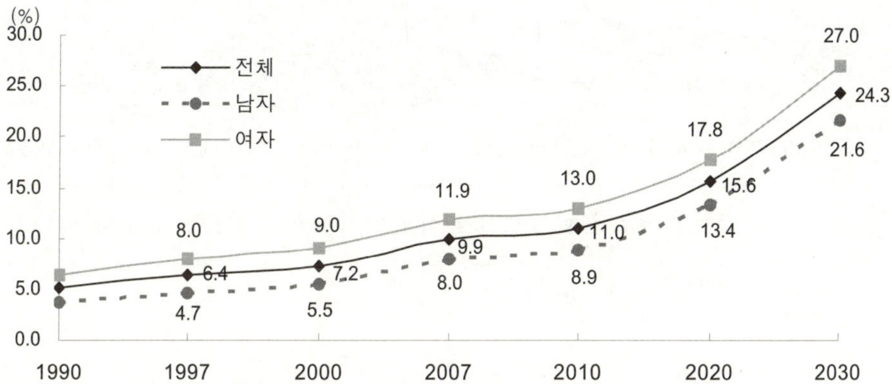

[표 11-8] 성별 고령인구 추이

(단위 : 천명, %, 여자 100명당)

	1990	1997	2000	2006	2007	2010	2020	2030
65세 이상	2,195	2,929	3,395	4,586	4,810	5,357	7,701	11,811
구성비	5.1	6.4	7.2	9.5	9.9	11.0	15.6	24.3
성 비	59.8	59.7	62.0	66.7	67.5	69.2	75.1	79.1
< 남 자 >	822	1,095	1,300	1,835	1,939	2,190	3,303	5,218
구성비	3.8	4.7	5.5	7.6	8.0	8.9	13.4	21.6
< 여 자 >	1,373	1,835	2,095	2,751	2,872	3,167	4,398	6,593
구성비	6.4	8.0	9.0	11.4	11.9	13.0	17.8	27.0

자료 : 통계청, 「장래인구추계」, 2006

(3) 경제적 특성

2006년 65세 이상 여성노인의 경제활동참가율은 전체 여성의 경제활동 참가율인 50.3%의 절반에도 못 미치는 22.7% 수준이고, 남성노인의 경제활동

참가율(42%)에 비해서도 현저히 낮은 수준으로 여성노인의 빈곤화를 보다 심화시킨다고 할 수 있다.

[표 11-9] 경제활동참가율

(단위 : %)

	2002	남	여	2003	남	여	2004	남	여	2005	남	여	2006	남	여
15세 이상	62.0	75.0	49.8	61.5	74.7	49.0	62.1	75.0	49.9	62.0	74.6	50.1	61.9	74.1	50.3
65세 이상	30.7	42.8	23.0	28.7	39.8	21.5	29.8	41.4	22.2	30.0	41.2	22.4	30.5	42.0	22.7

*자료 : 통계청, 「경제활동인구연보」, 각년도
* 주 : 구직기간 4주기준 적용

(4) 여성노인 학대

노인학대는 <표 11-10>에서 보는 바와 같이 전체 피해노인 중 여성노인은 1,540명으로 65세 이상 전체 노인인구 중 여성노인의 비율이 60%인 점과 비교할 때 전체 피해노인의 2/3 (67.7%)에 해당한다(2006년 전국 노인학대상담사업 현황보고서, 보건복지부).

[표 11-10] 피해노인 성별 및 연령별 현황

(단위 : 명, %)

구분	성별		피해노인연령분포(남/여)										
계	남	여	59세 이하	60-64세	65-69세	70-74세	75-79세	80-84세	85-89세	90-94세	95-99세	100세 이상	파악 안됨
명수 (남/여)	734	1,540	18/33	64/105	133/156	199/337	134/318	98/283	51/188	22/76	5/12	-/5	10/27
비율	32.3	67.7	2.2	7.4	12.7	23.7	19.9	16.8	10.5	4.3	0.7	0.2	1.6

출처: 보건복지부, 2006년 전국 노인학대상담사업 현황보고서.

3 성경 속의 여성복지

기독교에서는 여성복지에 대한 헌신을 강조하고 있다. 이러한 가르침은 성서 여러 곳에서 찾을 수 있다. 성경에서 여성복지에 관련된 구절은 다음과 같다.

"너희는 유태인이나 헬라인이나 종이나 자주자나 남자나 여자없이 다 그리스도 안에서 하나이니라(갈3:28)"

"자녀들아 너희 부모를 주안에서 순종하라 이것이 옳으니라 네 아버지와 어머니를 공경하라 이것이 약속 있는 첫 계명이니(엡6:1-2)"

이근홍은 "여성복지란 미혼모, 가출여성, 근로여성, 저소득여성 및 학대받는 여성 등과 같은 요보호 여성은 물론 모든 여성들이 인간다운 삶을 영위할 수 있도록 정부 및 민간이 행하는 모든 조직적 활동이라고 정의하고 있다.[9]

또한 국가나 사회로부터 인간의 존엄성과 인간다운 생활을 할 권리를 동등하게 보장 받음으로 여성의 건강, 재산, 행복의 조건들이 만족스러운지는 상태의 실현뿐 아니라 기존의 가부장적 가치관과 이에 기초를 둔 법 및 기타 사회 제도를 개선하도록 하기 위한 모든 노력을 포함하는 개념으로 여성 복지를 정의하였다.

현대 사회는 급속하게 변화해가는 변혁의 시대에 직면하고 있고 이에 따라 여성들의 사회문제 또한 새로운 영역에서 지속적으로 발생하고 있다.

오늘날 여성의 지위는 가정에만 국한되어 있지 않다. 현대의 사회적 경제적 발전으로 여성들은 아동양육, 가족, 욕구를 충족시키는 외에 남성과 마찬가지로 노동시장에 적극적으로 참여하고 있다. 이러한 구조 속에서 여성복지에 대한 새로운 인식이 필요하다.

가정에서 주부의 역할의 중요성을 생각하고 다양한 교육과 취미활동 프로그램을 진행해 왔는데 앞으로는 지역특성에 맞는 프로그램 개발이 절실하다. 더구나 윤락녀, 유흥업소에 종사하는 여성과 미혼녀 등을 위한 교회의 개입이 필요하다.

물론 윤락여성의 문제는 한국교회가 1950년대부터 관심을 갖고 개입하기 시

9) 이근홍(1999), "여성복지" 「한국사회보장제도의 재조명」, (중앙대학교사회복지학과 편, 사회복지정책연구소), p. 247

작한 중요한 사회문제분야라고 할 수 있다. 성서는 인류사회에서 가장 오랜 역사를 지닌 직업 가운데 하나인 매춘행위에 대하여 구약의 신명기(23장 17절~18절), 그리고 지혜 서신인 잠언서(6장 25절~26절, 7장 24절~27절, 23장 27~28절, 29장 3절) 등에서 창녀와 매춘행위에 대한 경계와 질책, 처벌을 명백하게 경고하고 있다. 그러나 성경이 매춘행위 자체를 심히 징계하고 심판의 날 무서운 징벌이 가해짐을 일관성 있게 가르치고 있지만 신·구약을 통해서 매춘여성들도 의로운 일로 쓰임 받거나 회개에 의해 천국에 들어갈 수 있으며 구원의 대상이 되고 있음도 분명히 보여주고 있다. 그래서 교회는 영혼구원차원에서 윤락여성에 대한 매춘문제에 개입하였다. 오늘날에는 교회가 좀 더 여성문제의 관점에서 매춘여성들을 위한 시설들을 운영하고 있는 것을 보게 된다. '다비다의 집', '다일공동체', '두레짱', '사마리아의 집', '참사랑 쉼터' 등이 기독교가 매춘여성시설로 운영하고 있는 복지시설이고 이들 시설들에서는 영혼구원 뿐만 아니라 전문적인 사회사업적 입장에서 직업훈련이나 사회통합 프로그램 들을 운영하고 있다.

최근에 들어와서 미혼모 사업에 관심을 가지기 시작하여 미혼모를 위한 상담 및 보호, 여성복지시설 방문 및 지원, 지역사회 내 여성들을 위한 주부교실과 같은 문화강좌들이 다소 전보다는 활성화되고 있다.

4) 기독교 여성복지의 실태와 사례

1) 기독교여성복지 실태

사회보험제도와 함께 그 사회의 사회복지의 실체를 가름하는 중요한 요소 중의 하나가 사회복지 서비스이다. 따라서 사회복지 서비스는 사회복지대상자의 진정한 사회적 자활과 자립을 위해서 반드시 필요하며 또 대단히 중요하다.[10] 우리나라의 기존의 여성복지서비스는 주로 요보호여성 중심의 잔여적 서비스

10) 김인숙(1997), 여성복지정책의 현황과 발전방향, 「여성복지발전을 위한 포럼」, 사단법인 한국여성단체연합, pp. 8-11

형태라고 할 수 있다. 여성복지 서비스의 대상, 내용 및 법적 근거는 다음과 같다.

[표 11-11] 여성복지서비스의 내용[11]

대상		서비스 내용	서비스의 법적 근거
요보호여성	매매춘여성	상담서비스 기술교육 및 취업알선 시설수용보호 서비스	윤락행위 등 방지법 부녀복지 사업지침
	가출여성	상담서비스 기술교육 및 취업알선 시설 수용보호	윤락행위 등 방지법 부녀복지 사업지원
	미혼모	상담서비스 기술교육 및 취업알선 시설수용보호	모자복지법 부녀복지 사업지원
	저소득 모자가정	영구임대주택 우선 공급 자녀양육/교육지원 기술교육 및 취업알선 시설수용보호 서비스	모자복지법 부녀복지 사업지원 시·도 여성 회관 조례
	학대받는 여성	성폭력피해자 보호시설 모자일시보호 시설 운영	윤락행위 등 방지법 모자복지법 부녀복지사업지침
일반여성		부녀지도사업 농어촌 미혼남녀 결혼 및 동거 부부 결혼사업 여성단체 활동지원 부녀복지관(여성회관)운영	부녀복지사업지침 시·도 여성회관 조례

11) 시정개발연구원(1993), 서울특별시 부녀복지관 발전 방안, p. 14.

여성을 위한 사회봉사 프로그램에 있어서 교회들은 어느 정도 활동적인가 하는 것이 <표 11-2>에 나와 있다.

[표 11-12] 여성프로그램 (단위: %)

프로그램 내용	있었음	없었읍	계
모자원 운영	0.6	99.4	100.0(N=958)
모자원 지원	3.6	96.4	100.0(N=958)
미혼모 상담 및 보호	1.4	98.6	100.0(N=958)
주부교실	7.2	92.8	100.0(N=958)
여성 상담	3.5	96.5	100.0(N=958)

*이유식, 「사회봉사의 이론과 실제」. (서울: 큰사람기획, 1999), p.208

<표 11-13>에서 보여지는 것처럼 모자원 지원(3.6%)이나 주부교실(7.2%), 여성상담(3.5%)이며, 그 밖에 모자원 운영(0.6%), 미혼모 상담 및 보호(1.4%) 등의 프로그램 지원에는 거의 빈약하다. 사회에서 차별과 소외감을 느끼고 가정의 문제로 어려움을 당하는 많은 여성들을 위한 봉사 프로그램의 활성화가 요청되고 있다고 하겠다.

2) 기독교여성복지의 실천 사례(온누리교회)

– 온누리 교회의 '여성이혼자치유학교'

서울 서빙고에 위치한 온누리교회는 2002년부터 이혼 여성들을 위한 '여성이혼자치유학교'를 열어 이혼의 충격과 고통에서 벗어나 하나님과 동행하며, 관계를 회복하도록 돕는 사역을 해오고 있다.

(1) 주요 사업 내용

① 이혼 여성들을 위한 단기 학교

크리스천 이혼 여성들을 대상으로 단기간 치유 세미나 형태의 학교를 운영하고 있다. 매년 봄·가을 2회에 걸쳐 열리며, 교파와 출석 교회에 상관없이 누구나 신청하여 참석할 수 있다. 자아 정체성과 신앙의 회복에 초점을 맞추어 5주간 강의와 워크숍이 진행되며, 과정 중에 1박 2일의 특별 프로그램도 운영하고 있다.

② 이혼 여성들을 위한 예배

이혼으로 인한 아픔과 죄책감, 미움과 분노 등을 품은 채 힘들게 신앙생활을 하고 있는 이혼 여성들을 위한 예배 모임을 갖고 있다. 함께 모여 예배드리며 자신들의 상황에 맞는 말씀과 기도를 통해 치유와 회복을 경험하고 있다. 또한 먼저 이혼의 아픔을 겪고 이 모임을 통해 회복된 회원들이 리더로 섬기며 같은 아픔과 어려움에 놓인 회원들을 돌보는 소그룹 모임이 운영되고 있다.

③ 상담 프로그램

로뎀의 집과 내적 치유 모임 등 활발한 상담 사역을 진행하고 있다. 개인 상담과 집단 상담, 전화 및 면접 상담, 전문 상담 등으로 나눠 운영하고 있으며, 자신의 내면에 쌓여 있는 상처와 죄, 영적인 문제들을 성경적인 관점으로 다루며 회복하도록 돕고 있다.

(2) 이혼 여성들을 위한 프로그램

이혼 여성들을 돕기 위해 2002년 6월부터 매년 2회, 봄·가을 여성 이혼자들을 위한 치유학교를 진행하고 있다.

- 목표 : 이혼으로 인한 상처와 아픔을 치유하고, 정체성과 자존감의 회복을 통해 자신과 타인과의 조화로운 삶을 영위하며, 하나님과 동행하는 삶을 살도록 돕는 데 있다.
- 일시 : 매주 토요일 총 5회로 진행하며, 1회당 약 4시간이 소요된다. 3회 모임은 1박 2일 프로그램으로 진행한다.

(3) 2005년 하반기 프로그램 내용은 다음과 같다.

[표 11-13] 여성이혼자치유학교 프로그램

회기	회기명	내용	강사
1회	왜 나에게 이런 일이 일어났을까?	- 찬양 - 식사 - 학교 및 조장소개 - 특별순서: 위십댄스 - 간증 - 강의 : 이혼 후 심리적 반응 성격을 통한 이혼에 이해와 준비 재혼 전에 이루어야 할 관제 - 조별나눔	황혜리 교수: 한동대상담 사회복지학 교수
2회	자아상의 치유와 회복	- 찬양 - 식사 - 특별순서: 특송 및 간증 - 강의: 배우자 선택과 자아상 어린시설 돌아보기 현재 가족의 모습 돌아보기	최혜숙 교수 : 한국인성개발 연구원 상담 교수

		가치 있는 삶의 과제 발견하기 - 조별나눔	
3회	이혼의 현실 대처와 MBTI	<첫째날> - 찬양 - 강의: 이혼의 현실 직면과 치유 용서 및 용서를 위한 편지쓰기 - 산책 - 특별순서 : 특송 - 강의: 새로운 시작 - 촛불예식 <둘째날> - 체조 및 식사 - 예배 - 강의 : 이혼 가정의 자녀양육과 회복 - 특별 순서 : 워십댄스	정성준 상담사
4회	역기능 가정의 자녀양육	- 찬양 - 식사 - 특별순서 : 크로마하프 연주 - 학생 및 자녀 편지 발표 - 강의 : 건강한 자아상 무조건적인 사랑과 조건적인 사랑 - 조별나눔	하신주 선교사
5회	하나님과 동행하는 삶	- 찬양 - 식사 - 수료식 - 학생 간증 - 강의 : 회복 - 애찬식	크리스 해리슨 목사

자료: 온누리교회

제 3 부

기독교사회복지실천의 대상

In Jesus' name, I pray. Amen.

제12장 한부모가족과 기독교복지

1. 한부모가족의 이해
2. 한부모가족의 현황
3. 성서 속의 한부모가족복지
4. 기독교한부모가족복지의 실태와 사례

오늘날 한부모가족은 배우자와의 사별뿐만이 아니라 이혼의 증가로 인하여 그 관심이 더욱더 높아지고 있다. 한부모가족 중 가구주가 여성인 경우 경제적으로 취약한 상태에 놓여 빈곤의 악순환이 만성화될 가능성이 높다.

1 한부모가족의 이해

1) 한부모가족의 정의

오늘날 현대사회에는 다양한 형태의 가족이 존재한다. 이와 같은 가족 유형 중에서도 특히 한부모가족은 부모 중 한쪽이 부재하기 때문에 그로 인한 복합적인 문제에 처할 가능성이 높아 사회복지의 일차적 관심 대상이 되고 있다.

일반적으로 한부모가족은 부(父)나 모(母) 중의 한 사람이 단독으로 부모의 역할을 수행하는 가족으로 인식되고 있다.[1] 그러나 한부모가족에 대한 정의는 이보다 복잡할 뿐만 아니라 학자에 따라 각기 다른 견해를 갖고 있어 하

1) 영어의 single-parent-family는 one parent family, lone- parent family 등으로 쓰이고 있으나, single parent family의 여러 형태를 기술해 줄 만한 하나의 용어는 없다 (Zimmerman, 1983: 3).

나의 합의된 정의를 이끌어 내기가 어려운 실정이다.

한부모가족을 구체적으로 어떻게 정의해야 하는가가 중요한 의미를 가지는 것은 특히 이들에 대한 국가의 정책을 수립할 경우이다. 자녀의 연령을 기준으로 할 경우, 자녀의 연령이 특정 연령 이상이면 그 가족이 아무리 어려운 상황일지라도 한부모가족으로서의 혜택을 받지 못하게 될 것이다. 그리고 만약 한부모가족이 된 원인에 중점을 두어 사별과 이혼한 가족만을 한부모가족의 범주에 넣는다면, 실질적인 한부모가족 형태인 별거한 가족에 대한 지원은 기대할 수 없다. 또 가족의 형태에 초점을 두어 한쪽 부모와 자녀로만 구성된 가족을 한부모가족으로 하는 경 우, 한쪽 배우자의 장애나 만성질환으로 인한 실질적 한부모가족 등은 국가로부터의 지원을 기대하기 어렵게 된다. 따라서 한부모가족을 어떻게 정의하느냐 하는 것은 중요한 의미를 가진다.

2) 한부모가족의 분류

한부모가족이 되는 가장 일반적인 이유로는 배우자와의 이혼, 별거, 사망, 입양 그리고 사생아 출산(미혼모) 등인데, 이를 좀 더 체계적으로 분류해 보면 다음과 같다(Trost. 1980: 131).

첫째, 부모집단 유형에 따라 분류하는 것이다. 즉 부모가 결혼을 한 사람들인지 아니면 결혼을 하지 않고 동거상태로 살다가 한부모가족이 된 사람들인지 하는 것이다. 둘째, 가족해체의 유형에 따라 분류하는 것이다. 예를 들면, 해체의 유형이 부(父)나 모(母)의 사망에 기인한 것인지, 부모의 별거나 이혼에 의한 것인지, 배우자의 장기 입원이나 장기 구속에 의한 것인지 아니면 미혼의 모(母)에 의한 것인지 등이 그것이다(정복란, 1983: 3). 셋째, 아동에 대한 보호를 누가 맡느냐 즉 부모역할을 누가 맡느냐에 따라 모(母)가 자녀에 대한 보호를 맡고 있는 모자(母子)가 족(fatherless family)과 부(父)가 자녀를 보호하고 있는 부자(父子)가족(motherless family)으로 분류될 수 있다. 이처럼 한부모가족을 그 원인에 따라 구체적으로 구분하는 것은 각 범주에 따라 가족의 특성 및 문제가 다를 수 있기 때문에, 한부모가족을 상대로 일하는 사회복지사에게는 이에 대한 이해가 필요하기 때문이다. 그 외에 한부모가족을 생활 유형에 따라 구분해 보는 것 또한 이들을 상대로 일하는 사회복지사에게 유용하다.

한부모가족을 생활 유형에 따라 구분해 보면 다섯 가지로 정리할 수 있다 (Mendes. 1979: 193-198). 첫째, 부모 중 한쪽이 자녀에 대한 의식주뿐만 아니라 가정 내에서 자녀의 사회화 등 모든 것을 책임지고 단독으로 부모역할을 수행하는 경우로서, 직업과 가사 책임의 이중부담으로 스트레스가 가중되기 쉽다. 둘째, 가족과 함께 살지 않는 보조부모[2](auxiliary)와 함께 부모역할과 책임을 나누는 유형이 있다. 셋째, 한부모가 가족과는 관련이 없는 사람과 부모 역할을 함께하는 유형으로서. 자녀가 엄마처럼 느끼는 가정부와 함께 사는 경우나 한부모의 친구나 연인이 부모역할과 책임을 수행하는 경우가 이에 해당한다. 넷째, 아동의 실질적인 부모는 아니지만 부모역할을 수행하는 사람이 혈연관계나 법적인 친척관계에 있는 경우로서, 주로 조부모나 사촌, 형제 등이 결손된 부모역할을 수행하는 것이 통례이다. 다섯째, 한부모가 알코올이나 약물에 중독되어 있거나 유아적인 사람이거나 혹은 심한 정신적 문제가 있는 경우처럼 사실상 부모역할을 유기한 경우의 가족을 들 수 있다.

2) 한부모가족의 현황

1) 저소득 한부모가족 현황

한부모가족의 현황을 보면 <표 12-1>과 같이 2007년도에 모·부자가정 합계 총 세대수 151,520세대였으며 인원수는 404,446명으로 집계되었다. 이 중 국민기초수급대상과 국가보호대상을 포함한 세대 수는 전체 저소득 한부모가족 세대 수의 약 50%에 이르고 있다.

2) 예를 들어, 이혼의 경우 주로 부(父)가 보조 부모의 역할을 한다. Atkins & Rubin은 이를 'part-time father' 로 불렀다.

[표 12-1] 저소득 한부모가족 현황

(단위: 세대/명, 2007.12.31현재)

가정현황		저소득 한부모 가족 계	한부모가족지원법 보호대상			국민기초 수급대상	국가보호 대 상
			소계	재가보호	시설보호		
합 계	세 대	151,520	76,810	76,125	685	74,641	69
	인 원	404,446	198,791	196,967	1,824	205,499	156
모자가정	세 대	120,656	60,285	59,606	679	60,327	44
	인 원	321,837	154,950	153,128	1,822	166,782	105
부자가정	세 대	30,864	16,525	16,519	6	14,314	25
	인 원	82,609	43,841	43,839	2	38,717	51

※ 자료 : 2007년 저소득 한부모가족 실태조사(여성가족부)

2) 한부모가족 형성요인별 현황

한부모가족이 되는 요인을 살펴보면 <표 12-2>에서 보는 바와 같이 '사별'로 인해서 한무모가족이 되는 용인이 가장 높았다. 지난 2005년도의 경우 '사별'이 36.6%, '이혼'이 29.1%, '미혼모부자'가 10.4%의 순서로 나타났다. 한편, 특징적인 것은 2005년도의 경우 이전의 다른 년도에 비해서 '사별'로 인해서 한부모가 되는 경우와 '이혼'으로 인해서 한부모가 되는 비율의 간격이 불가 10%의 차이도 보이지 않고 있다. 이로 보건대 우리 사회에 이혼으로 인해서 한부모가족이 증가되고 있는 만큼 그에 대한 대책이 시급하다고 할 수 있다.

[표 12-2] 한부모가족 형성요인별 현황

(단위 : 1,000가구, %)

연 도	총 가구수	한 부 모 가 구					한부모가구 비율
		유배우	사별	이혼	미혼	계	
1985	9,571	254(30.0)	443(52.2)	50(5.9)	101(11.9)	848(100)	8.9
1990	11,355	227(25.5)	498(56.0)	79((8.9)	85(9.6)	889(100)	7.8
1995	12,958	216(22.5)	526(54.8)	124(12.9)	94(9.8)	960(100)	7.4
2000	14,312	252(22.5)	502(44.7)	245(21.9)	122(10.9)	1,124(100)	7.9
2005	15,887	328(23.9)	501(36.6)	399(29.1)	142(10.4)	1,370(100)	8.6

자료: 여성가족부, 2008년도 한부모가족사업 지원안내.

또한, 모· 부자가구의 현황을 살펴보면 <표 12-3>에서 보는 바와 같이 모자가구가 되는 요인으로 지난 2005년도의 경우 사별로 인한 경우가 39.4%, 이혼으로 인한 경우가 23.9%였으며, 부자가구가 되는 요인으로는 <표 12-4>에서 보는 바와 같이 사별로 인한 경우가 25.8%, 이혼으로 인한 경우가 48.8%로 지난 2000년 이래로 모자가구가 되는 요인과 달리 이혼으로 인해서 한부모가족이 되는 경우가 더 높은 비율을 차지하고 있음을 알 수 있다. 이로 보건대 모자가구와 부자가구의 지원양상을 차별화 할 필요성이 있다.

(1) 모부자가구 현황

① 모자가구 현황

[표 12-3] 모자가구 현황

(단위 : 1,000가구, %)

연도	한부모 가구수 (A)	모자가구 수					모자가구비율 (B/A)
		유배우	사별	이혼	미혼	계(B)	
1995	960	165(21.0)	458(58.2)	73(9.3)	91(11.5)	787(100)	82.0
2000	1,124	195(21.6)	438(48.4)	153(16.9)	118(13.1)	904(100)	80.4
2005	1,370	264(24.4)	427(39.4)	259(23.9)	133(12.3)	1,083(100)	79.1

※ 자료 : 통계청

② 부자가구 현황

[표 12-4] 부자가구 현황

(단위 : 1,000가구, %)

연도	한부모 가구수(A)	부자가구 수					부자가구비율 (B/A)
		유배우	사별	이혼	미혼	계(B)	
1995	960	51(29.5)	68(39.3)	51(29.5)	3(1.7)	173(100)	18.0
2000	1,124	58(26.3)	64(29.1)	93(42.3)	5(2.3)	220(100)	19.6
2005	1,370	64(22.3)	74(25.8)	140(48.8)	9(3.1)	287(100)	20.9

※ 자료 : 통계청

(2) 이혼 현황

① 이혼연령

이혼 연령을 살펴보면 <표 12-5>에서 보는 바와 같이 남녀 모두 평균 이혼연령은 30대 중반부터 40대 초반에 이루어지고 있음을 알 수 있다. 따라서 이 시기의 이혼예방을 위한 적절한 대책이 이루어져야 할 것이다.

[표 12-5] 평균 이혼 연령 : 1996~2006년

(단위 : 세)

구 분		1996	2000	2001	2002	2003	2004	2005	2006
평 균 이혼 연령	남자	38.6	40.1	40.2	40.6	41.3	41.7	42.1	42.6
	여자	34.8	36.6	36.7	37.1	37.9	38.2	38.6	39.3

자료 : 통계청, 「인구동태통계연보(혼인·이혼편)」, 「인구동태통계연보(총괄·출생·사망편)」 각년도

② 이혼 당시 20세 미만 총 자녀수

이혼 당시 20세 미만 미성년 자녀를 두고 이혼한 부부의 구성비는 전체 이혼 중 60.7%로 전년보다 2.6% 감소하였다. 2006년 이혼 부부의 20세 미만 미성년 자녀의 총수는 124.3천명이었으며 이 중 미성년 자녀 "2명 있음"은 전체 이혼의 29.6%로 "1명 있음"의 26.8%보다 2.8%(3.5천건) 높았다(통계청, 2006년 이혼통계결과).

[표 12-6] 이혼 당시 20세 미만 총 자녀수

(단위 : 천명)

	1996	1997	1998	1999	2000	2001	2002	2003	2004	2005	2006
20세 미만 자녀수	93.5	105.6	136.8	136.2	136.6	154.3	166.5	189.6	150.6	134.3	124.3

자료: 통계청, 2006년 이혼통계결과

③ 이혼사유별 이혼

이혼부부의 주된 이혼사유는 <표 12-7>에서 보는 바와 같이 2006년도의 경우 성격차이 49.7%, 경제문제 14.6% 순으로 전체 이혼사유의 64.3%를 차지하였다.

[표 12-7] 이혼사유별 이혼건수 및 구성비

(단위 : 천건, %)

	2000	2001	2002	2003	2004	2005	2006
계	120.0	135.0	145.3	167.1	139.4	128.5	125.0
배우자 부정	9.7	11.8	12.6	12.3	9.7	9.7	9.4
정신·육체적 학대	5.2	6.3	6.9	7.2	5.9	5.7	5.6
가족 간 불화	26.3	23.8	20.9	21.7	14.0	12.2	11.1
경제문제	12.8	15.6	19.7	27.4	20.5	19.1	18.3
성격차이	48.2	58.1	65.0	75.7	68.8	63.2	62.2
건강문제	1.1	1.0	0.9	1.0	0.9	0.8	1.0
기 타*	16.8	18.5	19.3	21.8	19.7	17.7	17.4
구 성 비							
계	100.0	100.0	100.0	100.0	100.0	100.0	100.0
배우자 부정	8.1	8.7	8.6	7.4	7.0	7.6	7.6
정신·육체적 학대	4.3	4.7	4.8	4.3	4.2	4.4	4.5
가족 간 불화	21.9	17.6	14.4	13.0	10.0	9.5	8.9
경제 문제	10.7	11.6	13.6	16.4	14.7	14.9	14.6
성격차이	40.1	43.0	44.7	45.3	49.4	49.2	49.7
건강문제	0.9	0.7	0.6	0.6	0.6	0.6	0.8
기 타*	14.0	13.7	13.3	13.1	14.1	13.8	13.9

* 미상 포함, 자료: 자료: 통계청, 2006년 이혼통계결과

③ 이혼으로 인해 자녀가 겪는 어려움

자신들의 이혼으로 인해 자녀가 경험하는 어려움 가운데 가장 순위가 높은 것은 "부모가 함께 사는 친구들과 있을 때 위축감"(43.4%), "친구들이 부모에 대해 물었을 때 당황함"(14.5%) 순으로 나타났다.

[그림 12-1] 이혼으로 인해 자녀가 겪는 가장 큰 어려움

(단위: %)

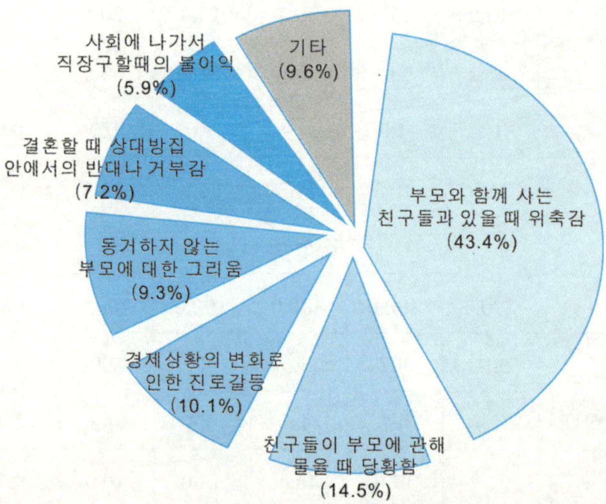

출처: 여성가족부(2006).

2) 한부모가족복지시설 현황

한부모가족시설은 <표 12-8>에서 보는 바와 같이 2007년도에 100개소이며 이 중 모부자보호시설이 42개(이 중 부자보호시설은 1개소), 미혼모자시설 25개이다.

(1) 연도별 시설 개소 수

[표 12-8] 연도별 시설 개소 수

(단위 : 개소)

시 설 별	2003년	2004년	2005년	2006년	2007년
계	73	79	85	95	100
모자보호시설	40	40	40	41	41
부자보호시설	–	–	–	–	1
모자자립시설	4	4	4	4	4
모자일시보호시설	14	14	14	14	14
미혼모자시설	10	12	18	20	25
미혼모자공동생활가정	5	9	9	16	15

(2) 시설 개요

[표 12-9] 시설별 개요

(2007. 12. 31 현재)

번호	시설별	시설수	대 상	보호기간 (연장가능기간)	입소정원
1	모자 보호시설	41	만 18세 미만의 자녀를 양육하는 무주택 저소득 모자가족	3년 (2년)	1,088세대
2	부자 보호시설	1	만 18세 미만의 자녀를 양육하는 무주택 저소득 부자가족	3년(2년)	20세대
3	모자 자립시설	4	만 18세 미만의 자녀를 양육하는 무주택 저소득 모자가족 모자보호시설에서 퇴소한 모자세대로서 자립준비가 미흡한 모자가족	3년(2년)	60세대
4	모자일시 보호시설	14	배우자의 학대로 인하여 아동의 건전 양육과 모의 건강에 지장을 초래할 우려가 있는 모와 아동	6월(3월)	476명
5	미혼모자 시설	25	미혼의 임신여성 및 출산 후(6월 미만) 보호를 요하는 여성	1년(6월)	577명
6	미혼모자 공동생활 가정	15	2세 미만의 영유아를 양육하는 미혼모로서 보호를 요하는 여성	1년(1년)	116명

(3) 연도별 미혼모자녀 입양아 현황(보건복지부)

[표 12-10] 연도별 미혼모자녀 입양아

(단위 : 명)

계	2001년	2002년	2003년	2004년	2005년	2006년
20,606	3,862	3,708	3,464	3,507	3,164	2,901

※자료 : 보건복지부

(4) 미혼모자공동생활가정 운영실적

[표 12-11] 미혼모자공동생활가정 운영실적

(단위 : 개소, 명)

년 도	시 설 수	당해연도 입소자수	당해연도 퇴소자수	연도말 수용인원	연입소인원
2005	9	97	86	82	168
2006	16	130	114	98	212
2007	15	83	62	64	126

※자료 : 여성가족부

3) 심리 · 사회적 문제

(1) 역할 갈등

한부모가족의 부모나 자녀 모두 역할에 대한 혼란감을 경험하게 된다. 자녀들은 성장과정에서 부모의 부재로 동일시 대상이 없어짐으로서 발달장애 또는 역할동일시에 대한 학습결핍 등이 발생한다.

(2) 자녀의 부적응

한부모가족 중 이혼한 가족의 자녀들은 공격적, 일탈적 행동이 많아 나타난다. 모자가족에서 부의 부재는 부가 자녀에게 행사해 오던 행동에 대한 통제력과 감독권이 갑자기 사라지므로 자녀는 자기 자신에 대한 통제력을 상실할 수 있다. 부자가족의 자녀는 모의 부재로 인해 감정이나 애정을 표현하는 등의 표현적 경험을 가질 기회가 박탈되어 가족원을 비롯한 타인과의 긴밀한 관계를 형성하는 데 어려움을 겪는다.

(3) 상실감과 소외감

한부모가족은 변화된 가족생활로 인해서 정서적, 심리적으로 어려움을 호소하고 있다. 이들은 절망감, 책임감, 슬픔, 스트레스 등의 부정적인 정서반응이 지배적으로 나타난다. 한 부모 가족의 정서적 문제는 사회적 지지체계의 부족에서도 비롯된다. 한부모가족은 실제로 친족 간의 지원이 감소하고 있으며, 특히 부자가족의 경우 배우자 친족과 멀어지는 경향을 나타내고 있다.

3) 성경 속의 한부모가족복지

결혼에 대한 하나님의 뜻은 분명하다. 그것은 한 남자와 한 여자가 결혼하여 한 몸을 이루는 것이다. 그리고 하나님이 하나 되게 하신 것을 사람이 나눌 수 없다. 한 남자가 한 여자와 결혼하여 부부가 되는 것이며 사람이 임의로 나눌 수 없는 것이 결혼에 대한 하나님의 뜻이다. 그럼에도 불구하고 인간의 죄성으로 인하여 어쩔 수 없이 이혼이 발생한다. 예수님께서 말씀하신 것처럼 모세의 율법에 이혼이 허용된 것은 사람의 완악함을 인하여 어쩔 수 없이 인정하게 된 양보의 규정인 것이다.

1) 구약에서 본 이혼

구약성서시대 이혼은 사회적으로 허용되었던 제도이다. 당시에 이혼이 허용되었음을 언급하고 있는 본문들이 구약성서 여러 곳에서 발견되기 때문이다(레21:7, 14, 22:13, 민수기30:9. 신22:19,29). 그러나 이혼을 다루는 구체적 내용은 구약에서 신명기 24장 1절부터 4절 한곳뿐이다.

이혼에 대한 구약성서의 교훈을 올바로 이해하려면 무엇보다 결혼제도의 기원과 그 영속성 및 신성함을 검토하여야 한다. 하나님은 사람을 남자와 여자로 창조하셨을 뿐만 아니라 아담이 홀로 독처하는 것이 보시기에 좋지 못하다고 여기시면서 그의 "돕는 배필"인 여자를 창조하셨다(창1:27, 2:18). 실제로 구약시대에 결혼하지 않는 것은 일종의 불명예로 여겼다(사4:1). 반면, 결혼은 하나님의 축복(잠18:22)이며, 슬기로운 아내는 하나님이 주시는 선물(잠19:4)이라고 보았다. 그러므로 결혼관계를 깨뜨릴 수 있는 간음은 십계명에 의하여 엄격히 금지되었을 뿐 아니라 성경의 다른 곳에서도 이를 사형에 해당되는 중요한 범죄로 여겼다(레18:20, 신22:22-24). 그런 점에서 볼 때 결혼은 하나님 앞에서 일생을 지켜야 할 일종의 거룩한 언약이었다(말2:14).

구약성경에서 이혼을 다루는 구체적인 내용은 신명기 24장 1-4절 뿐이다.

> 사람이 아내를 취하여 데려온 후에 수치되는 일이 그에게 있음을 발견하고 그를 기뻐하지 아니하거든 이혼 증서를 써서 그 손에 주고 그를 자기 집에서 내어 보낼 것이요 그 여자는 그 집에서 나가서 다른 사람의 아내가 되려니와 그 후부도 그를 미워하여 이혼 증서를 써서 그 손에 주고 그를 자기 집에서 내어 보내었거나 혹시 그를 아내로 취한 후부가 죽었다 하자 그 여자가 이미 몸을 더럽혔은즉 그를 내어 보낸 전부가 그를 다시 아내로 취하지 말지니 이 일은 여호와 앞에 가증한 것이라 네 하나님 여호와께서 네게 기업으로 주시는 땅으로 너는 범죄케 하지 말지니라 (신 24:1-4)

위의 본문구절을 이해하기 위해서는 당시의 사회적인 정황을 이해할 필요가 있다. 고대 이스라엘 사회는 가부장적인 성격이 아주 강했다. 그리하여 고대근동의 다른 나라들과 마찬가지로 남자가 원하는 대로 여자를 자신의 집에서 내어보낼 수 있었다.

고대 이스라엘사회에서 이혼이 남편의 구두선포로 성립되었다는 점을 놓고 볼 때, 성문화(成文化)된 이혼증서를 이혼당하는 여자에게 교부할 것을 의무로 규정하고 있는 것은 큰 의미가 있다. 즉 자유롭게 이혼을 선포할 수 있는 남자에게 이혼증서를 마련케 함으로 이혼성립을 제한시키는 제도적인 장치로 볼 수 있다. 그런 점에서 이 본문은 당시 사람들 사이에서 일반적으로 행하여지고 있던 이혼을 어느 정도 묵인하면서 동시에 그러한 이혼 풍습을 최대한 억제하는 역할을 하였다. 이 본문이 강조하고 있는 점은 결코 이혼을 장려하거나 명령하는 것이 아니라 제한된 범위 안에서만 이혼을 허용하라는 것이다. 그렇게 이루어진 이혼에 관하여는 당시의 시행법에 의하여 어떠한 제재를 받지 않을 것임을 보여주기도 한다.[3)]

2) 신약에서 본 이혼

이혼 문제를 다루는 복음서의 본문은 모두 네 곳이다(마5:31-32, 19:3-9, 막10:2-12,눅16:18),

> 또 일렀으되 누구든지 아내를 버리거든 이혼 증서를 줄 것이라 하였으나 나는 너희에게 이르노니 누구든지 음행한 연고없이 아내를 버리면 이는 저로 간음하게 함이요 또 누구든지 버린 여자에게 장가드는 자도 간음함이니라(마 5:31-32)

> 바리새인들이 예수께 나아와 그를 시험하여 가로되 사람이 아무 연고를 물론하고 그 아내를 내어 버리는 것이 옳으니이까 예수께서 대답하여 가라사대 ......누구든지 음행한 연고 외에 아내를 내어 버리고 다른 데 장가드는 자는 간음함이니라(마 19:3-9)

3) 권혁승(2002),「이혼은 하나님의 뜻이 아니다」, 기독교사상, 5월호, p. 25.

바리새인들이 예수께 나아와 그를 시험하여 묻되 사람이 아내를 내어 버리는 것이 옳으니이까 대답하여 가라사대 모세가 어떻게 너희에게 명하였느냐 가로되 모세는 이혼 증서를 써주어 내어 버리기를 허락하였나이다 ......이르시되 누구든지 그 아내를 내어 버리고 다른 데 장가드는 자는 본처에게 간음을 행함이요 또 아내가 남편을 버리고 다른 데로 시집가면 간음을 행함이니라 (막 10:2-12)

무릇 그 아내를 버리고 다른 데 장가드는 자도 간음함이요 무릇 버리운 이에게 장가드는 자도 간음함이니라(눅 6:18)

(1) 예수님의 이혼관

예수님의 이혼관에 대해서는 바리새인과의 논쟁 가운데 나타나 있다. 예수님은 이혼에 대하여 마태복음 5:31-32에서 다음과 같이 말한다.

또 일렀으되 누구든지 아내를 버리거든 이혼 증서를 줄 것이라 하였으나 나는 너희에게 이르노니 누구든지 음행한 연고없이 아내를 버리면 이는 저로 간음하게 함이요 또 누구든지 버린 여자에게 장가드는 자도 간음함이니라(마 5:31-32)

① 누구든지 음행한 연고 없이 아내를 버리지 말라 ② 아내를 버리면 아내로 하여금 간음하게 하는 것이다. ③ 이혼한 여자에게 장가드는 자도 간음하는 것이다.

또한, 누가복음 16:18절에서도

무릇 그 아내를 버리고 다른 데 장가드는 자도 간음함이요 무릇 버리운 이에게 장가드는 자도 간음함이니라(눅 6:18)

아내를 버리고 다른 데 장가드는 자도 간음하는 것이다. 누구든지 일단 결혼을 해서 부부가 된 사이라면 그 어떠한 이유에도 불구하고 이혼은 불가하다는 말씀이다. 그러나 아내가 음행을 저지른 경우에는 예외를 두고 있다. 이것은 간음을 포함한 성적 부도덕함을 포괄적으로 지칭한다고 할 수 있다. 그러나 예수의 명령의 강조점은 '아내를 버리는 것'이 아니라, 당시 보호받지 못했던 아내들에 대한 보호와 존중이란 차원에서 '아내를 사랑하는 것'에 있다.

(2) 바울의 이혼관

바울은 자신의 서신에서 이혼의 주제를 독자적인 크기로 언급하지 않았을 뿐 아니라 또한 여러 곳에서 다루지도 않았다. 고린도전서 7:10-16의 짧은 본문에서 바울은 예수의 가르침을 이어 받아 단호하게 이혼을 반대한다.

> 혼인한 자들에게 내가 명하노니 [명하는 자는 내가 아니요 주시라] 여자는 남편에게서 갈리지 말고 [만일 갈릴지라도 그냥 지내든지 다시 그 남편과 화합하든지 하라] 남편도 아내를 버리지 말라 그 남은 사람들에게 내가 말하노니 [이는 주의 명령이 아니라] 만일 어떤 형제에게 믿지 아니하는 아내가 있어 남편과 함께 살기를 좋아하거든 저를 버리지 말며 어떤 여자에게 믿지 아니하는 남편이 있어 아내와 함께 살기를 좋아하거든 그 남편을 버리지 말라 믿지 아니하는 남편이 아내로 인하여 거룩하게 되고 믿지 아니하는 아내가 남편으로 인하여 거룩하게 되나니 그렇지 아니하면 너희 자녀도 깨끗지 못하니라 그러나 이제 거룩하니라 혹 믿지 아니하는 자가 갈리거든 갈리게 하라 형제나 자매나 이런 일에 구속받을 것이 없느니라 그러나 하나님은 화평 중에서 너희를 부르셨느니라 아내된 자여 네가 남편을 구원할는지 어찌 알 수 있으며 남편된 자여 네가 네 아내를 구원할는지 어찌 알 수 있으리요(고전 7:10-16)

4 기독교 한부모가족복지의 실태와 사례

1) 교회 내의 이혼예방 프로그램적 접근

(1) 결혼 예비교육[4)]

교회는 결혼 적령기의 남녀, 또는 결혼을 앞둔 남녀를 대상으로 하는 결혼 예비교육을 실시해야 한다.

① 결혼 예비교육의 목적

결혼이란 한 번 결정하면 일생 동안 돌이킬 수 없는 것이기 때문에 후회없는 전(全)인격적인 결정이 되어야 하며, 무엇보다 하나님의 뜻이라는 확신을 기초로 해야 한다. 교회는 결혼 적령기에 있는 젊은이들에게 구혼과 배우자 선택과정에 있어 능동적인 역할을 담당하도록 도와주어야 한다.

즉, 어떤 배우자를 선택할 것인가? 성서가 제시하는 결혼과 가정은 무엇을 의미하며, 어떠한 가정을 이루는 것이 바람직한가? 그리고 가정생활에서 오는 문제들을 어떻게 극복해 나갈 것인가? 하는 것들이다. 이러한 교육을 통해 그들로 하여금 결혼에 대한 하나님의 계획을 알게 하고, 책임성 있는 결혼생활을 시작하도록 돕는 것이 결혼 예비교육의 목적이라고 할 수 있다.

② 결혼 예비교육의 내용과 방법

결혼 예비교육은 결혼을 약속한 젊은이들과 결혼 적령기의 남녀를 위하여 정기적으로 프로그램을 갖는 것이 바람직하다.

교육의 전반적인 내용은 젊은이들에게 바람직한 이성교제의 시야를 열어주고, 성서적인 가정의 모델을 제시해 주며, 행복한 가정을 이룸에 있어서 장애가 되는 내용들을 다루게 된다. 또한 이러한 교육 프로그램을 통해 서로 간에 더욱 깊은 신뢰와 사랑의 관계를 고취시키도록 이끄는 내용들로 준비한다. 교육방식은 강의, 소그룹 활동, 상담 등을 활용한다.

---

4) 문석구, "이혼문제에 대한 목회상담학적 고찰." pp. 148-149.

(2) 부부세미나

부부세미나의 주요 목표 가운데 하나는 적절한 성경의 진리를 가르치는 것이다. 그리고 몇 가지 넓은 범위의 목표를 지향할 수도 있다. 하나는 자기이해이며, 또 하나는 배우자에 대한 새로운 발견이다. 마지막으로 부부가 영적으로 하나가 되도록 돕는 것이다.[5] 다시 말하면 이러한 교육과정을 통하여 서로는 자아를 보는 새로운 계기를 마련하게 되고 배우자에 대한 새로운 모습에 눈을 뜨는 계기를 가질 수 있다는 것이다. 그리고 여기에서 행해지는 프로그램들은 가능한 한 전체적이어야 한다. 부부들에게 초점을 맞춰야 할 뿐만 아니라 개인, 교회, 세계공동체, 그리고 하나님을 생각해야 한다.

부부세미나의 내용으로는 부부간의 성(性)관계 교육, 부부 간의 열린 대화, 가정에서의 남편과 아내의 역할, 불신자 남편(아내)과의 갈등 등을 주요 주제로 다룬다. 교육방법으로는 어떤 기간을 택해 특별한 "부부의 밤"을 정하여 실시하든지, 세미나 형식을 취하여도 좋다. 또한 부부단위의 수양회를 갖는 것도 효과적이다. 중요한 것은 이러한 프로그램에 부부가 같이 참석할 수 있도록 유도하여야 하며, 지속적이고 정기적인 교육이 이루어져야 한다.

2) 한부모가족을 위한 교회의 운영 현황[6]

모자복지시설도 역시 일반 법인들에 의해 주도되고 있으나 천주교가 상당부분 기여하고, 장로교 통합(3곳), 성공회(2곳), 성결교단(1곳) 등이 일부 관심을 보이고 있는 상황임을 깨닫게 한다. 불교도 3곳을 운영하고 있었다. 그런데 초교파 법인들이 단 한 곳만을 운영하고 있는 것으로 드러나, 다른 복지분야의 적극적 참여와는 달리 모자복지 분야에는 초교파 법인의 진출이 거의 이루어지지 않고 있음을 보여준다.

---

5) 찰스 셀(2003), 「가정사역」, 정동섭역, 서울: 생명의 말씀사, pp. 368-369.
6) 손병덕(2004), 전국 복지시설의 운영주체 분석에 의한 종교·교단별 사회복지사업활동 현황조사 그리고 한국 교회사회복지의 과제, 총신대논총 Vol 24. p. 440.

[그림 12-2] 전국 모자복지시설 운영주체별 현황(n=68)

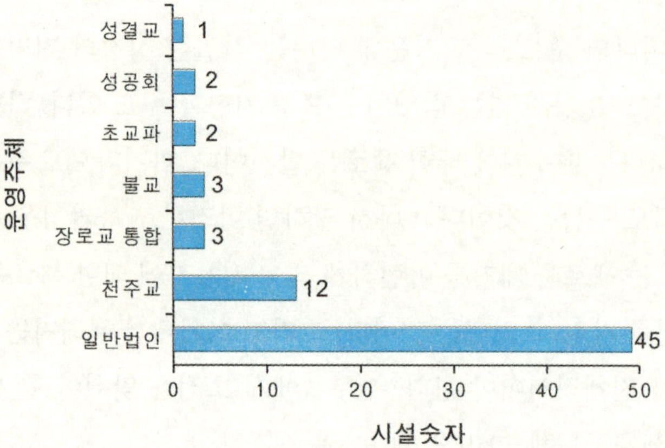

[표 12-12] 모자복지시설 운영주체의 시·도별 현황

	일반법인	천주교	초교파	장로교합동	장로교통합	감리교	성결교	성공회	불교	기타종교
서 울	6	1			2			1		
부 산	5	3			1					
대 구	7	1	1							
인 천	2									
광 주	1								3	
대 전							1	1		
울 산		1								
경 기 도	2	2								
강 원 도	1	1								
충청북도	1	2								
충청남도	2	1								
전라북도	6									
전라남도	2									
경상북도	5									
경상남도	3									
제 주 도	2									
시설합계	45 (68.1)	12(18)			3(4.5)		1(1.5)	2(3)	3(4.5)	

(2001. 모자복지시설 현황. 보건복지부)

3) 교회의 한부모가족복지 방안(이혼자 중심으로)

(1) 상담학적 접근

여기에서는 이혼자의 적응을 돕기 위한 상담을 어떻게 진행하는 것이 바람직한 것인가를 마틴(Martin)이 제시한 다섯 가지[7]를 중심으로 소개해 본다.

① 먼저 이혼자가 불필요한 개인적인 정신적 고통을 제거하도록 돕는 것이 바람직하다. 목회자는 좌절, 슬픔, 분노, 죄책감과 적개심의 고통에 빠진 이혼자들에 대해서 연민과 사랑으로 공감적 경청을 하고, 비판하고 정죄하는 태도를 조심해야 한다. 특별히 죄의식에 시달리는 이혼자에게 하나님의 용서에 대한 확신을 심어 주어야 한다. 성령을 훼방하는 죄, 즉 예수의 사역을 증거 하시는 성령을 의도적으로 가리고 계속적으로 거절하는 죄 이외에는 용서 받지 못할 죄가 없으므로, 이혼이 잘못된 것이지만 용서받지 못할 죄는 아님을 확신시켜 주어야 한다.

② 결혼 생활의 실패에 대한 책임 중 각자의 몫을 받아들이도록 양쪽 배우자를 설득하는 것이 바람직하다. 상대방의 잘못과 허물로 인해 야기된 문제라고 책임을 전가하는 태도가 아니라 자신의 역할을 제대로 감당하지 못한 부분이 있음을 또한 인정하도록 해야 한다. 이혼의 개인적 책임을 분담하기를 받아들이는 것은 원한을 제거하고 자녀들이 경험할 상처를 가볍게 하는 데 도움을 줄 것이다.

③ 자녀들에게 미치는 정서적 충격은 이혼 그 자체라기보다는 그것으로 파생되는 환경의 변화임을 아는 것이 필요하다. 이혼하고 난 다음 양부모의 태도, 가족관계의 어려움, 사회적인 시각, 경제적인 어려움과 가정에서의 새로운 역할 등으로 인해 이혼자는 더 큰 상처를 받게 된다. 그러므로 목회자는 먼저 이혼자들이 이혼의 현실을 적극적으로 수용하고, 부정적인 시각을 버리고 생활의 안정을 회복할 수 있도록 도와주어야 한다. 특히 이혼자의 경제적인 어려움이 있을 경우에는 직업

7) Martin, 「이혼과 재혼」,119-123. 박노권, "이혼에 대한 목회적 돌봄," 「현대신학과 목회」, 182에서 재인용.

알선을 위해서 전교회적으로 노력을 하도록 할 뿐만 아니라, 경제적 능력이 없는 이혼모의 자녀들에게 특별장학금을 지급하는 일이나 이들이 자립할 때까지 최소한의 생계를 유지할 수 있는 경제적 도움을 주는 등의 치유사역을 강구해야 할 것이다.

④ 정서적 위기의 기간 중에 상담으로 도와주는 것이다. 부부 간에 이혼을 최종 결심하게 되면 법정소송을 제기하는데, 법정소송 중에 있는 자는 우울증세와 자책감, 좌절감, 후회감에 시달릴 수 있다. 그리고 이혼이 법정에서 최종적으로 확정되고 나면 일시적인 무감각 상태를 거치면서 차차 참회와 비통으로 헤어나기 어려운 고독의 늪과 수치감을 갖는 경우가 많이 있다. 이렇게 이혼의 과정 속에서 수많은 심리적, 정서적 고통을 경험하는 이혼자의 말을 경청하여 이해할 뿐만이 아니라 그 가운데서도 소망을 줄 수 있어야 한다. 그리고 정확한 자료들을 수집하여 그의 비성서적인 정서들을 올바로 교정해 주고 치유해 주어야 한다.

⑤ 이혼자들이 새로운 관계들을 계발하도록 돕는 것이다. 이혼은 이혼당사자들의 관계뿐만 아니라 친척, 친구, 이웃들까지 빼앗아간다. 이혼자들이 겪는 큰 위기 가운데 하나는 관계의 상실에서 오는 고독감과 외로움이다. 그러므로 목회자는 먼저 이혼자 자신이 가진 대인관계의 기피증을 극복할 수 있도록 해 주어야 하고, 교회 안에서 소속감을 느낄 수 있는 소그룹모임에서 활동할 수 있도록 노력해야 한다. 대부분의 이혼은 영적인 위기로서 다가올 수 있는데, 이에 대한 치료는 그리스도의 이름 안에서 따뜻하게 돌봐주는 공동체를 통하여 이루어질 수 있다.

4) 기독교 한부모가족복지의 실천 사례

(영락교회http://www.youngnak.net, 모자가정을 위한 프로그램)

가. 프로그램명 : 부모역할교실

나. 실시배경

한부모 가정에서 부모역할을 감당해야 하는 모는 자녀양육 과정에서 상당한 어려움을 느낀다. 따라서 적절한 부모역할을 수행하기 위해서 부모역할에 대한 지식이 필요하다.

가정도 하나의 집단으로 가족구성원간(모-자녀)의 상호작용을 돕는 효과적인 방법적 기술들을 필요로 한다.

다. 프로그램 목적

가족 간의 올바른 의사소통 전달로 심리적 갈등을 해결하고 동시에 심신의 건강, 바람직한 가치관을 형성하여 미래지향적인 행동을 할 수 있도록 동기화 시켜준다.

라. 기대효과

어머니들이 자녀를 이해하여 수용영역을 넓히도록 한다.

타협의 과정을 통해 서로의 욕구를 존중하고 배려하는 마음을 키운다.

자녀를 향한 긍정적인 메시지 전달로 비전을 갖도록 한다.

마. 세부내용

횟수 (월/일)	단계	프로그램명	세부 내용	준비물	비 고
1회	초기 단계	오리엔테이션	부모교육의 필요성을 제시하며 교육기간 내 성실히 프로그램에 임할 것을 서약함	서 약 서	
2회		부모역할하기	좋은 부모란 어떤 부모인가?		
3회	탐색 단계	성격유형 검사 가계도 그리기	어머니의 성격유형에 따른 자녀양육방법 및 상호 관계 파악	성격 유형 검사지 종이, 펜	과제>일주일간 자녀의 행동을 무조건 수용
4회	문제 제기 단계	의사소통의 유형	의사소통의 유형 파악 및 분노 조절		
5회		자녀와의 문제영역 파악	의견충돌에 부딪힐 때 현재 표현하는 의사소통발표	5점척도 설문지	역할극
6회	문제 해결 단계	의사소통의 걸림돌	상대방에게 문제가 있을시 의사소통의 걸림돌 사용 금지		과제>자녀와의 대화 시걸림돌사용을억제
7회		경 청	경청으로 상대방을 이해하고 수용하여 공감대를 형성		과제>자녀와 즐거운 시간 만들기
8회		나-전달법 (I-message)	상대방의 행동에 대해 나의 감정을 전달		역할극
9회		타 협	타협을 통해 서로의 욕구를 존중하고 배려하는 마음 형성	편지지, 펜	자녀에게 편지쓰기
10회	종결 단계	평 가 회	종합 평가 설문지를 통해 교육 내용 평가	종합평가 설문지	

바. 평가

성격유형 검사를 통해 모-자녀간의 인성구조를 분석하여 서로를 이해, 수용할 수 있는 기회가 되었다.

프로그램 진행시 진행자가 참석자 자녀의 연령이 다양한 것으로 인해 공감대 형성이 어렵다는 문제를 해결하기 위해 서로의 경험을 나눌 수 있는 분위기를 조성해 주었고, 모-자녀가 가지고 있는 사고, 감정, 태도 등 여러 가지 특성을 case by case로 접근하여 개별화하였다.

교육일정을 좀더 늘려 충분한 이론을 바탕으로 모 자신의 위치와 문제를 평가하는 것의 필요성이 요구되었으며 어머니만을 교육하는 것이 아니라 상호작용을 하는 자녀도 함께 프로그램에 참석하도록 하면 좀더 교육의 효과를 높일 수 있을 것이다.

직장생활을 하는 모의 상황에 맞추어 저녁(오후 7시) 시간에 실시된 프로그램으로 교육시간 동안 자녀들의 보육을 해결할 수 있는 방안이 마련되었으면 한다.

* 별첨(참가자 대상 설문조사 결과)

<table>
<tr><th>구 분 / 항 목</th><th>매우만족</th><th>만족</th><th>보통</th><th>불만</th><th>매우불만</th></tr>
<tr><td>교육 장소</td><td>2명(20%)</td><td>8명(80%)</td><td></td><td></td><td></td></tr>
<tr><td>의사소통의 유형</td><td>2명(20%)</td><td>8명(80%)</td><td></td><td></td><td></td></tr>
<tr><td>자녀와의 문제영역 강의 내용</td><td>1명(10%)</td><td>7명(70%)</td><td>2명(20%)</td><td></td><td></td></tr>
<tr><td>의사소통의 걸림돌 강의 내용</td><td></td><td>10명(100%)</td><td></td><td></td><td></td></tr>
<tr><td>경청 강의 내용</td><td></td><td>7명(70%)</td><td>3명(30%)</td><td></td><td></td></tr>
<tr><td>나-전달법 강의 내용</td><td>1명(10%)</td><td>6명(60%)</td><td>3명(30%)</td><td></td><td></td></tr>
<tr><td>타협 강의 내용</td><td>3명(30%)</td><td>6명(60%)</td><td>1명(10%)</td><td></td><td></td></tr>
<tr><th>구 분 / 항 목</th><th>매우 되었다</th><th>되었다</th><th>그저 그렇다</th><th>안되었다</th><th>전혀 안되었다</th></tr>
<tr><td>프로그램을 통해 자신을 이해하는 기회가 되었다.</td><td>3명(30%)</td><td>6명(60%)</td><td>1명(10%)</td><td></td><td></td></tr>
<tr><td>프로그램을 통해 자녀를 이해하는 기회가 되었다.</td><td>7명(70%)</td><td>3명(30%)</td><td></td><td></td><td></td></tr>
<tr><td>프로그램을 통해 자녀와의 갈등원인을 이해하는 시간이 되었다.</td><td>6명(60%)</td><td>4명(40%)</td><td></td><td></td><td></td></tr>
<tr><td>자녀와의 갈등문제가 해결되었다.</td><td>2명(20%)</td><td>6명(60%)</td><td>2명(20%)</td><td></td><td></td></tr>
<tr><td>프로그램을 통해 가족간의 대화가 증진되었다.</td><td>4명(40%)</td><td>6명(60%)</td><td></td><td></td><td></td></tr>
<tr><th>구 분 / 항 목</th><th colspan="2">있 다</th><th colspan="3">없 다</th></tr>
<tr><td>앞으로도 이런 프로그램이 있으면 참석할 의향이 있습니까?</td><td colspan="2">10명(100%)</td><td colspan="3"></td></tr>
</table>

제13장 다문화 가족과 기독교복지

1. 다문화 가족에 대한 이해
2. 다문화 가족의 실태
3. 성경 속의 다문화 가족복지
4. 기독교 다문화 가족복지의 실태와 사례

한국사회에서 국제결혼은 1990년대 이전까지만 해도 매우 드문 현상이었다. 그러나 최근 국제결혼이 많아지고 특히 한국 남성의 국제결혼이 급증하면서 결혼이민자에 대한 사회적 관심이 증대되어가고 있다. 21세기에는 이러한 현상이 더욱 본격화, 가속화, 다양화 될 전망이다.

1 다문화 가족의 이해

1) 다문화 가족의 개념

'다문화 가족'은 현재 국내에 정주하고 있는 국제결혼가족을 통상 의미하며, 국제결혼가정을 다문화가정으로 고쳐 부르는 것에 이미 사회적인 합의가 진행되어 있다.

그동안 혼혈아동을 부르는 명칭으로는 '혼혈아', '코메리칸', '아메리시안', '아이꼬노', '코시안', '라이 따이한', '코피노' 등이 사용되어져 왔다. '혼혈아동'이라는 단어는 '우리와는 혈통이 다른'이라는 부정적인 의미를 내포하고 있고, 한국인(Korean)과 아시아인(Asian)의 합성어인 '코시안'이라는 말도 애초에 만들어진 의도와는 다르게 부정적인 내용을 언론에서 다룸으로써 또 다른 차별적 의미를 담게 되었다. 이러한 용어의 부정적 이미지를 해소하고자 건강가정시민연대(2004.4)가 가정용어 개선을 위해 '다문화가정'이란 용어의 사용을 권장하였다. 따라서 '다문화 가족'이란 우리와 다른 민족·문화적 배경을 가진 사람들로 구성된 가정을 통칭한다고 할 수 있다(다문화가정자녀 교육지원대책. 교육인적자원부2006).

2) 다문화 가족의 형성 배경

한국에서 다문화 가족의 형성패턴은 바로 1950-1970년대의 국제결혼이다. 그들은 미군 기지촌 주변에서 가정을 꾸려 생활하거나 본국으로 귀환하는 가장을 따라 미국으로 이주하였다. 그러나 이들에 대한 시선은 부정적인 경향이 더욱 강하여 이들이 당하는 고통은 오로지 그들의 고통으로 방치되었다. 1980년대 이후에는 외국인의 국내유입과 한국인의 해외진출이 증가하였고 그 과정에서 외국인 남성 전문직 종사자와 한국인 여성의 결혼이 새로운 유형으로 등장하였다.

1990년 약 700명 가량의 일본여성들이 통일교의 집단 결혼을 통해서 한국남자와 결혼해 한국에 들어오기 시작했고 1995년 국내에서 '농촌총각 장가보내기 운동'의 일환으로 국제결혼을 추진하면서 한국인 남성과 외국인 여성의 국제결혼이 증가하기 시작하였다.

1990년대 중반 이후 필리핀, 태국, 몽골 등으로 외국인 아내의 국적이 확대되었고, 최근에는 베트남과 구소련 등으로 더욱 다변화되는 양상을 보인다. 2003년 7월 1일 한·중 양해각서 폐지로 한국, 중국 어느 일방국가에서 혼인등기(신고)를 할 수 있도록 제도를 변경한 후, 중국인과의 국제결혼이 급격히 더욱 빠르게 증가하였다(국정브리핑, 2006.4.26).

3) 한국교회의 다문화 가족선교의 역사

(1) 1993년 이전 활동

한국교회들은 일찍부터 외국인 노동자에 대한 문제에 관심을 갖고 1990년대 초부터 이루어져 왔다. 이때의 활동은 주로 외국인 노동자들에 대한 산재와 임금체불에 대한 상담, 진료소개, 쉽터 제공, 노동환경개선 등이 위주였으나 외국에 나가지 않고도 이방인에 대한 기독교를 전파할 수 있는 기회라는 차원에서 선교활동에도 상당한 비중을 두었다.

한국교회의 외국인 노동자에 대한 선교는 1992년부터 본격적으로 시작되었다. 1990년대 초부터 외국인 노동자들이 증가하면서 동시에 취업현장에서 여러 가지 문제들을 겪는 외국인노동자들도 늘어나게 되는데 이때 이들 가운데 일부가 자신들의 어려운 처지를 본국에 있는 종교 및 국제인권단체에 호소하기 시작하였다. 이에 따라, 이들 본국 단체들이 국제적인 종교기관인 세계기독교협의회(WCCA), 세계교회협의회(WCC), 아시아기독교협의회(CCA)에 이 사실을 알렸고, 이들 국제기관들은 다시 한국기독교교회협의회(DNCC)에 이주 노동자 문제에 대해 보다 적극적인 관심을 가지고 대책마련에 힘써 줄 것을 촉구했다. 이에 한국기독교교회협의회는 1992년부터 계속해서 가맹교단의 교회들에게 외국인 노동자 문제에 관심을 가져줄 것을 권유하였으며, 1993년에는 '한국교회 외국인 노동자선교협의회'를 구성하였다. 결과적으로 전국적인 조직망을 갖춘 한국기독교교회협의회의 외국인 노동자 문제 개입과 한국교회 외국인 노동자 협의회의 설립으로 이후 교회들이 외국인 노동자 문제에 관심을 갖도록 하는데 큰 영향을 주었다고 할 수 있다.[1)]

(2) 1994년 이후 활동

1994년 이후 교회의 외국인 노동자들을 위한 활동은 주로 외국인 근로자들이 내부적으로 겪는 문제와 어려움을 해결하기 위해서 여러 가지 활동을 전

1) 석현호 외 4명(2003), '외국인 노동자의 일터와 삶, 서울: 지식마당, p. 381-382.

개하였다. 이러한 활동들은 상담소를 중심으로 이루어져 왔는데 여기에는 상담(임금체불, 산재, 법률문제 등) 쉼터제공, 진료알선, 선교, 송금, 교육, 여가, 직업알선, 외국인 노동자단체지원, 소식지 발간 등의 다양한 종류를 포함하고 있다. 이러한 활동들은 1997년 세계교회협의회가 이주 노동자, 남민, 국내 강제 이주자를 포함하는 '떠도는 이들과 연대하는 해'를 선포하면서 그 대응 양상들이 더욱 다양화되어 왔다.

이와 같이 한국교회들은 이방인과 더불어 사는 것이 하나님의 가족의 일원으로서 사명임을 알고 외국인 근로자이 유입되는 초반부터 그들과 함께 하였다는 것을 알 수 있다. 외국인 노동자들의 존엄성을 사수, 그들의 인권을 최대한 보호하기 위해서 다각적으로 노력해왔음을 알 수 있다.

2) 다문화 가족의 실태

<표 13-1>에서 보는 바와 같이 1990~2005년 사이에 한국 남성과 결혼한 외국 여성은 159,942명으로 매년 급증하고 있다. 2005년의 국제결혼은 총 결혼 건수의 13.6%로 100명 가운데 13명이 외국인과 결혼하였으며, 국제결혼 중 외국 여성과의 결혼은 72%로 나타났다. 이 같은 현상은 향후에도 지속될 전망이다.

[표 13-1] 국제결혼 건수와 비율 (단위 : 건, %)

연도	총 결혼 건수	국제결혼	외국인 아내	외국인 남편
1990	399,312	4,710 (1.2)	619 (0.2)	4,091 (1.0)
1995	398,494	13,494 (3.4)	10,365 (2.6)	3,129 (0.8)
2000	334,030	12,319 (3.7)	7,304 (2.2)	5,015 (1.5)
2003	304,932	25,658 (8.4)	19,214 (6.3)	6,444 (2.1)
2004	310,944	35,447(11.4)	25,594 (8.2)	9,853 (3.2)
2005	316,375	43,121(13.6)	31,180 (9.9)	11,941 (3.8)

자료 : 통계청, "2005년 혼인·이혼통계 결과", '06.3

※ 통계청의 「인구동태」 통계는 단순 혼인건수의 합계로서 현재 외국거주자, 국내에서 결혼하여 출국한 자, 사망한 자, 귀화한 자를 삭제하지 않고 국내 호적에 신고된 자를 모두 합산

1) 여성결혼이민자의 주요 특성

<표 13-2>에서 보는 바와 같이 국내거주 여성결혼이민자는 2005년 말 66,659명이며, 재중동포와 중국, 베트남, 일본 출신이 다수 거주하고 있다.

[표 13-2] 여성결혼이민자의 출신국 분포별 체류현황('05.12)

(단위 : 건, %)

출신국	인원수	출신국	인원수
재중동포	27,717 (41.6)	태국	1,447 (2.2)
중국	13,401 (20.1)	몽골	1,270 (1.9)
베트남	7,426 (11.1)	러시아	923 (1.4)
일본	7,145 (10.7)	우즈베키스탄	896 (1.4)
필리핀	3,811 (5.7)	기타*	2,623 (3.9)

※ 기타: 구소련, 동유럽, 아시아 저개발국, 아프리카, 중남미, 선진국 등 포함
자료 : 법무부
※ 법무부의 체류현황은 '현재 국내거주 여성결혼이민자 수'를 나타냄
※ 통계청 통계는 출국한 자, 사망한 자 등을 포함하고 있어 여성결혼이민자 지원대책의 기초자료로는 법무부자료가 적합

한편, 법무부의 「여성결혼이민자 지역별 체류 현황('05.12월 기준)」에서 보면 국내거주자의 75%는 도시(동지역)에 거주하고, 25%는 농촌(읍면지역)에 거주하고 있다. 이를 지역별로 살펴보면 경기·인천에 31.8%, 서울 25.1%에 다수 거주하며, 재중동포는 주로 도시에 거주하고, 필리핀·태국·베트남 여성은 주로 농촌에 거주하고 있다. 또한 국내로의 결혼이주가 1990년 중반 이전까지는 주로 농촌 노총각 장가보내기 일환으로 시작되었으나, 1990년대 후반부터는 도시로의 결혼이주도 증가하고 있다.

2) 결혼이민자 국적 · 지역별 체류 현황

출신국별로는 <표 14-3>에서 보는 바와 같이 한국계 중국인이 36,632명(33.2%)으로 가장 많고, 중국한족· 베트남· 일본· 필리핀· 몽골· 캄보디아· 태국 등의 순으로 나타났으며, 지역별로는 <표 14-4>에서 보는 바와 같이 결혼이민자의 절반 이상이 서울· 경기지역(51%)에 거주하며, 나머지 6개 광역시까지 포함하면 70.2%에 해당하는 등 주로 대도시에 거주하고 있는 것으로 나타났다(2006년 상반기 기준 도시거주자가 76.5%, 농촌거주자가 23.5%임). 한편, 성별로는 여성결혼이민자가 97,236명(88.1%)으로 압도적 다수를 차지하고, 남성결혼이민자는 13,126명(11.9%)에 불과하였다.

[표 13-3] 국적별 체류현황

	전체	남성	여성
전체	110,362	13,126	97,236
출신국			
한국계 중국인	36,632	5,566	31,066
중국 한족	26,571	2,595	23,976
베트남	21,614	101	21,513
일본	5,823	526	5,297
필리핀	5,033	152	4,881
몽골	2,088	28	2,060
캄보디아	1,919	5	1,914
타이	1,809	30	1,779
미국	1,436	904	532
우즈베키스탄	1,208	38	1,170
기타(112개국)	6,229	3,181	3,048

자료: 법무부, 『결혼이민자 국적별 체류현황』, '07. 12.31

[표 13-4] 지역별 체류현황

	전체	남성	여성
전국	110,362	13,126	97,236
서울	28,108	5,526	22,582
부산	5,018	487	4,531
대구	3,268	295	2,973
인천	6,536	955	5,581
대전	2,437	248	2,189
광주	2,053	148	1,905
울산	1,919	125	1,794
경기	28,135	3,918	24,217
강원	2,676	132	2,544
충북	3,425	201	3,224
충남	5,024	259	4,765
전북	4,314	160	4,154
전남	4,766	89	4,677
경북	5,487	210	5,277
경남	6,267	296	5,917
제주	929	77	852

3) 국제결혼 이민자 거주현황 ('07.5.1, 행자부 조사자료)

<표 13-5>에서 보는 바와 같이 국적 미취득자는 체류자에 해당하는 바, 국제결혼이 지속적으로 증가함에도 '07년 행자부 조사자료가 '06년 말 외국인 등록인원(93,786명)보다 적은 것으로 조사되었다. 이는 외국인등록 지역과 실제 거주지역이 다른 경우도 있고, 조사과정에서 일부 누락된 인원이 있을 수도 있다.

[표 13-5] 국제결혼 이주민 거주현황

결혼 이민자									자녀현황		
계			국적 미취득자			국적 취득자					
계	남	여	계	남	여	계	남	여	계	남	여
126,955	15,121	111,843	87,964	12,497	75,467	38,991	2,624	36,367	44,258	22,442	21,816

자료: 통계청(2008), 가족정책관련통계.

4) 국제 결혼이민자 자녀현황

국제 결혼이민자 자녀현황은 <표 13-6>에서 보는 바와 같이 학교급별로 초등학교 저학년일수록 취학아동수가 많고, <표 13-7>에서 보는 바와 같이 연령별로도 만6세 미만 미취학아동이 가장 많은 점과 국제결혼 증가 추이를 볼 때, 아동 수 지속적인 증가 예상하고 있다.

[표 13-6] 결혼이민자 자녀의 취학현황('07.4, 교육부)

구 분	국제결혼가정 학생수				모가 외국인인 학생수			
	계	초	중	고	계	초	중	고
학생수	13,445명	11,444명	1,588명	413명	11,825명	10,387명	1,182명	256명
비 율	100%	85.1%	11.8%	3.1%	88.0%	90.8%	74.4%	62.0%

※ 모가 외국인인 학생수 비율은 국제결혼가정 학생수 대비임
자료: 통계청(2008), 가족정책관련통계.

[표 13-7] 결혼이민자 자녀의 연령별 현황('07.5, 행자부)

구 분	계	만6세미만	만7～12세	만13～15세	만16～18세
학생수	44,258명	26,445명	14,392명	2,080명	1,341명
비 율	100%	59.8%	32.5%	4.7%	3.0%

자료: 통계청(2008), 가족정책관련통계.

5) 국제결혼 추세 및 인구구성

국제결혼 추세 및 인구구성은 <표 13-8>에서 보는 바와 같이 1997～2007년 10년간 국제결혼 건수는 261,079건이며, 한국남성과 결혼한 외국인 여성은 186,756명, 한국여성과 결혼한 외국인 남성은 74,321명이다. 2007년 외국인과 혼인은 38,491건으로 1990년의 12,448건보다 3배 이상 증가하였다. 1995년 이후 한국인 남성과 외국인 여성의 국제결혼이 비약적으로 증가하였다.

[표 13-8] 국제결혼 추세 및 인구구성 전망(10년)

(단위: 건, %)

연도	총 결혼건수	국제결혼		외국인 아내		외국인 남편	
		결혼건수	구성비율	결혼건수	구성비율	결혼건수	구성비율
1997	388,591	12,448	3.2	9,266	2.4	3,182	0.8
1998	375,616	12,188	3.2	8,054	2.1	4,134	1.1
1999	362,673	10,570	2.9	5,775	1.6	4,795	1.3
2000	334,030	12,319	3.7	7,304	2.2	5,015	1.5
2001	320,063	15,234	4.8	10,006	3.1	5,228	1.6
2002	306,573	15,913	5.2	11,017	3.6	4,896	1.6
2003	304,932	25,658	8.4	19,214	6.3	6,444	2.1
2004	310,944	35,447	11.4	25,594	8.2	9,853	3.2
2005	316,375	43,121	13.6	31,180	9.9	11,941	3.8
2006	332,752	39,690	11.9	30,208	9.1	9,482	2.8
2007	345,592	38,491	11.1	29,140	8.4	9,351	2,7
1997～2007	3,698,141	261,079	7.1	186,758	5.1	74,321	2.0

자료: 통계청, 인구동태(혼인) 2007

6) 한국인과 외국인 부부의 총 이혼현황

한국인과 외국인 부부의 총 이혼은 <표 13-9>에서 보는 바와 같이 6,280건으로 2005년보다 46.8% 증가하였다. 외국인과의 이혼 중 4년 이하 동거부부는 79.9%로 매년 증가하고 있으며, 한국인과 이혼한 외국인 처의 국적은 중국이 63.6%, 외국인 남편의 국적은 일본이 67.2% 차지하고 있다. 한편, 20대 외국인 처가 39.6%를 차지하고, 20세 미만 미성년자녀를 두고 이혼한 외국인 처는 7.7% 차지하고 있다.

[표 13-9] 한국인과 외국인 부부의 이혼

(단위 : 건, %)

	2002	2003	2004	2005	2006
총 이혼(A)	145,324	167,096	139,365	128,468	125,032
· 외국인과의 총 이혼(B=C+D)	1,866	2,164	3,400	4,278	6,280
총 이혼 대비 구성비(B/A)	1.3	1.3	2.4	3.3	5.0
증감	–	298	1,236	878	2,002
증감률	–	16.0	57.1	25.8	46.8
· 한국인 남편+외국인 처(C)	401	583	1,611	2,444	4,010
총 이혼 대비 구성비(C/A)	0.3	0.3	1.2	1.9	3.2
증감률	–	45.4	176.3	51.7	64.1
· 한국인 처+외국인 남편(D)	1,465	1,581	1,789	1,834	2,270
총 이혼 대비 구성비(D/A)	1.0	0.9	1.3	1.4	1.8
증감률	–	7.9	13.2	2.5	23.8

자료: 통계청(2008), 가족정책관련통계.

7) 국제결혼 이주여성의 인권문제

여성결혼이민자의 권익옹호를 위해서는 체류권 보호, 결혼중개업에 대한 규제 등 법적지위 안정을 도모하는 것이 필수적이다.

(1) 폭력: 가정폭력-상습적 구타

부부폭력을 보면, <표 13-10>에서 보는 바와 같이 지난 1년 동안 언어폭력을 경험했다는 사람이 31%, 신체적 폭력을 경험했다는 사람이 10~14%이다. 현재 별거나 이혼을 한 사람들 중 부부폭력 경험률이 높은데, 언어폭력은 70~80%, 신체적 폭력은 50%, 남편으로부터 성행위 강요는 40% 이상이 경험한 것으로 나타났다. 또한 가정폭력으로 경찰에 신고한 사람은 10% 정도로 낮으며, 신고를 하지 않은 이유로 결혼생활 유지를 위해(20%), 신고할 줄 몰라서(14%), 경찰 문제해결 능력 의심(13%), 체류자격 불안정에 대한 두려움(10%) 등을 들고 있다. 가정폭력으로 이주여성상담소나 상담전화를 이용한 적이 있는 사람은 13~14% 정도이며, 도움이 되었다는 사람은 20~40% 정도이며, 전혀 도움이 되지 않았다는 사람도 거의 30~50%로 만족도가 낮았다. 응답자 중 이혼을 심각하게 고려해본 적이 있다는 사람은 34%이며, 이혼하지 못하는 이유로 자녀문제, 체류자격 유지 문제 등을 많이 지적하였다.

[표 13-10] 결혼상태에 따른 부부폭력

(단위: %, 명)

구 분	전체	기혼	별거	이혼	동거	사별
	(921)	(755)	(76)	(38)	(32)	(20)
모욕적인 말	31.0	24.1	84.2	68.4	22.6	30.0
때리겠다고 위협	18.4	11.1	74.7	50.0	16.1	26.3
물건 던짐	23.7	19.5	60.5	52.6	3.1	20.0
세게 밀기	13.9	7.6	57.6	52.6	6.3	26.3
손발로 구타	13.5	8.1	48.7	57.9	.0	20.0
성행위 강요	14.0	6.9	63.2	47.4	21.9	20.0
변태적인 성행위 강요	9.5	3.4	47.4	42.1	15.6	20.0
계	100.0	100.0	100.0	100.0	100.0	100.0

$\chi 2=224.859$, $p<.000$

출처: 보건복지부(2005), 여성 결혼이민자 생활실태 조사결과 및 보건복지부 대책방안.

[표 13-11] 결혼유형별 부부폭력

(단위: %, 명)

구 분	전체	둘 다 초혼	남-초혼/ 여-재혼	남-재혼/ 여-초혼	둘 다 재혼
	(930)	(575)	(74)	(127)	(155)
모욕적인 말	31.0	23.5	43.8	37.8	47.1
때리겠다고 위협	18.6	11.8	27.4	28.6	31.6
물건 던짐	23.7	18.8	27.0	31.0	34.2
세게 밀기	13.7	7.7	21.9	22.8	24.5
손발로 구타	13.3	7.1	21.9	27.8	20.0
성행위 강요	13.9	8.0	26.0	27.0	19.4
변태적인 성행위 강요	9.5	4.5	20.5	21.4	12.9
계	100.0	100.0	100.0	100.0	100.0

출처: 보건복지부(2005), 여성 결혼이민자 생활실태 조사결과 및 보건복지부 대책방안.

(2) 성적 학대와 인격모독

한국남성과 결혼한 이주여성들이 힘들어 하는 것은 구타도 구타지만, 인격적인 모독이다. 대부분 국제결혼 알선업체나 특정종교기관을 통해 결혼한 경우, 결혼비용과 선물비 등 결혼의 부대비용을 한국남성이 부담한다. 자신이 결혼하기 위해서 든 비용 때문에 남편은 아내를 배우자로 대하는 것이 아니라 돈 주고 사온 소유물같이 취급한다. 이주여성들이 가장 싫어하는 중의 하나가 "너는 내가 돈 주고 사왔으니까 내 말을 잘 들어야 한다"라는 말이다. 자기 맘에 안들 경우 툭하면 "나가라"고 한다. 뿐만 아니라 남편이 가하는 성적 학대에 모멸감을 느끼기도 한다.

(3) 유기

아내 구타보다 더 무서운 폭력이 남편이 아내를 유기하는 경우다. 이 경우는 두 가지 모습으로 나타나는데 하나는 여성의 나라에서 결혼식을 하고 합방

절차까지 거친 남자가 한국에 돌아와서 자기 아내를 초청하지 않은 경우다. 한국남편이 초청하지 않아 오도 가도 못하는 경우가 된 여성들이 나타나고 있다.

다른 경우는 한국에서 살다가 같이 살기 싫다고 무단 가출해버리거나 외국으로 가버리든가 이혼을 종용하는 경우다. 비자 연장을 해야 하는데 신청해줄 사람이 없어 불법체류자가 될 위기에 처한 여성들이 늘고 있다. 이혼을 종용당해 이혼을 할 경우 결혼 사유가 해소되어 강제출국 대상이 되어버린다.

(4) 체류 등 신분상의 불안

여성결혼이민자는 한국국적 취득 전까지 외국인 신분이므로 국적취득 전에 이혼하면 본국으로 귀국하거나 불법 체류자로 전락 가능이 높다. 1, 2차 대책으로 체류자격으로 인해 취업 등에서 불리한 입장에 처했던 점 등은 개선되었으나, 남편이 일방적으로 신원보증을 해지할 수 있다는 점을 빌미로, 가정폭력으로 쉼터에 피신하고 있는 여성결혼이민자를 억압할 수 있으며, 이혼에 의한 간이귀화 신청시 전(前) 배우자의 귀책사유를 입증하기가 어려워 불법 체류자로 전락하는 사례가 발생하고 있다. 현재 영주권 또는 국적취득을 위해서는 2년간 정상적인 혼인생활 유지 필요가 있으며 일부 예외적인 경우에 국적취득이 가능하나 이 경우에도 2년이 경과해야 한다.

(5) 결혼 후 생활상의 문제점[2)]

첫째, 여성결혼이민자 자녀의 경우 유아기에 한국어가 미숙한 외국인어머니와 함께 생활하므로 언어 발달 지체의 우려가 있다. '코시안 아동 사례 연구('05, 중앙대 오성배)'에 따르면 일상적인 의사소통에는 큰 무리가 없으나 독해·어휘력·쓰기·작문 능력이 현저히 낮은 것으로 나타났다.

둘째, 언어 발달 지체 및 문화 부적응으로 인해 학교수업에 대한 이해도가 낮으며, 지나치게 소극적이거나 반대로 폭력성 또는 과잉행동장애(ADHD)를 보이는 등 정서장애도 보이고 있다.

---

2) 교육인적자원부(2006), 다문화가정 자녀 교육지원 대책. p.7.

셋째, 국제결혼가정 자녀의 17.6%가 집단따돌림을 경험하였으며, 따돌림 이유는 표 13-12에서 보는 것처럼 '엄마가 외국인이어서'가 34.1%로 가장 높다(복지부, '05).

[표 13-12] 집단따돌림을 당한 이유

집단따돌림을 당한 이유	비율(%)
엄마가 외국인이기 때문에	34.1
의사소통이 잘 안되어서	20.7
특별한 이유 없이	15.9
태도와 행동이 달라서	13.4
외모가 달라서	4.9
기타	22.0

*우리나라 초등학생의 집단따돌림 경험 비율도 13.4%(교육개발원, '05)로 나타나나, 가장 큰 따돌림 이유는 '잘난 척(29.4%)'으로 국제결혼 자녀와 차이를 보임
자료: 교육인적자원부(2006), 다문화가정 자녀 교육지원 대책.

넷째, 현재 초등학교에 재학 중인 국제결혼가정 자녀들(87%)이 중·고교 진학 연령대로 진입할 경우, 정서적으로 민감한 학생들이 편견과 차별을 견디지 못하고 학교를 포기하는 사례가 늘어나 사회문제가 될 우려가 있다. 펄벅재단 조사('01) 결과 혼혈인 중 9.4%가 초등학교 중퇴, 17.5%가 중학교 중퇴인 것으로 나타났다(일반인은 1.1% 수준).

(6) 의료서비스 접근성이 낮고 모성건강 위험도가 높음

<표 13-13>에서 보는 바와 같이 여성결혼이민자의 23.6%가 실질적인 의료보장 체계(건강보험, 의료급여) 안에 들어가 있지 못하고 있다. 의료보장을 못 받은 경우는 비귀화자(27.2%)가 귀화자(7.2%)보다 크게 높은 것으로 나타났다. 의료보험 제도에 가입되어 있지 않은 주된 이유는 외국인은 본래 가입이 안 되는 것으로 알고 있기 때문이다(여성결혼이민자는 국민건강보험의 임의가입 대상).

[표 13-13] 의료보장의 형태

(단위: %, 명)

구 분	전체 (544)	도시		농촌	
		중국 동포 (216)	기타 외국 (203)	중국 동포 (52)	기타 외국 (73)
직장가입건강보험	28.3	26.0	33.6	36.2	15.0
지역가입건강보험	43.3	44.2	37.9	46.8	53.0
의료급여 1종	3.1	0.0	4.4	1.9	9.4
의료급여 2종	1.7	1.5	0.7	1.9	5.1
아무 것도 없다	23.6	28.3	23.4	13.2	17.6
계	100.0	100.0	100.0	100.0	100.0

자료: 교육인적자원부(2006), 다문화가정 자녀 교육지원대책.

3) 성경 속의 다문화 가족복지

1)구약에서의 다문화 가족

성경에서 다문화 가족에 대하여 첫째는 신약에서 "ξενος/나그네"와 "παρεπιδημος/외국인"으로 번역되는 גֵּר이다. 두 번째는 שָׂכִיר로 신약에서 "ἐρνάτης/품꾼"으로 번역되고 마지막으로 "זוּר"인데 신약에서 "ἔζω/외방인, 외인"으로 번역되고 있다.

(1) גֵּר=ξενος/나그네, παρεπιδημος/외국인

גֵּר는 나그네와 임시 거주자 또는 새로운 이주민(상속권이 없는)을 표현하는 말로서 구약에 등장한다(출 12:19;레 24:16;민 15:30;수 8:23). 이 이름은 헤브론에 있는 아브라함에게 주어진 이름이자(창 23:4) 광야의 모세에게 주어진 이름이고(출 2:22), 그의 아들 게르솜의 이름에 나타난 명칭이다(출 18:3). 구약 성경이 גֵּר에 대해서 어떠한 인식을 바탕으로 하고 있는지 알아보면서 이주노동자에 대한 구약적인 태도를 살펴보고자 한다.

먼저 출 20:10;23:12에서는 "גר"가 이스라엘 공동체의 테두리 바깥을 형성하는 외적 존재로서가 아니라 공동체의 부분으로서 안식일의 휴식을 공유해야 할 사람으로 인식하고 있다.

> 제 칠 일은 너의 하나님 여호와의 안식일인즉 너나 네 아들이나 네 딸이나 네 남종이나 네 여종이나 네 육축이나 네 문 안에 유하는 객이라도 아무 일도 하지 말라(출 20:10)

> 너는 육 일 동안에 네 일을 하고 제 칠 일에는 쉬라 네 소와 나귀가 쉴 것이며 네 계집종의 자식과 나그네가 숨을 돌리리라(출 23:12)

또한, גר는 할례받은 성민으로서 이스라엘과 완전히 동일한 것은 아니지만 이스라엘 사회의 신분으로서 어느 정도 이스라엘과 권리뿐만 아니라 동등한 의무를 가지고 있다고 언급되어 있다.

> 칠 일 동안은 누룩을 너희 집에 있지 않게 하라 무릇 유교물을 먹는 자는 타국인이든지 본국에서 난 자든지 무론하고 이스라엘 회중에서 끊쳐지리니(출 12:19)

> 본토인에게나 너희 중에 우거한 이방인에게나 이 법이 동일하니라 하셨으므로(출 12:49)

> 너희는 영원히 이 규례를 지킬지니라 칠 월 곧 그 달 십일에 너희는 스스로 괴롭게 하고 아무 일도 하지 말되 본토인이든지 너희 중에 우거하는 객이든지 그리하라(레 16:29)

> 이스라엘 족속과 이스라엘 가운데 우거하는 외인 중에 무릇 나를 떠나고 자기 우상을 마음에 들이며 죄악의 거치는 것을 자기 앞에 두고 자기를 위하여 내게 묻고자 하여 선지자에게 나아오는 자에게는 나 여호와가 친히 응답하여 그 사람을 대적하여 그들로 놀라움과 감계와 속담거리가 되게 하여 내 백성 가운데서 끊으리니 너희가 나를 여호와인 줄 알리라 (겔 14:7-8)

구약에서 גֵּר는 주로 친절을 베풀어야 할 대상으로 약자의 모습으로 등장한다.

> 너의 포도원의 열매를 다 따지 말며 너의 포도원에 떨어진 열매도 줍지 말고 가난한 사람과 타국인을 위하여 버려 두라 나는 너의 하나님 여호와니라(레 19:10)
>
> 너희 땅의 곡물을 벨 때에 밭 모퉁이까지 다 베지 말며 떨어진 진을 줍지 말고 너는 그것을 가난한 자와 객을 위하여 버려 두라나는 너희 하나님 여호와니라(레 23:22)

גֵּר와 사회 내적으로 비슷한 신분을 이루고 있었던 고아와 과부를 신원하시는 하나님이심을 기억하게 하고 גֵּר를 사랑하시는 하나님이시며 그들의 현실 필요에 응답하시는 하나님으로 게시되고 있다. 또한 십일조를 풀어서 이들의 필요를 채우도록 하는 명령을 통해 소외되기 쉬운 גֵּר에 대한 세세한 관심을 반영하고 있다.

> 너희 중에 분깃이나 기업이 없는 레위인과 네 성중에 우거하는 객과 및 고아와 과부들로 와서 먹어 배부르게 하라 그리하면 네 하나님 여호와께서 너의 손으로 하는 범사에 네게 복을 주시리라(신 14:29)

구약에서 גֵּר에게 학대하지 말아야 할 이유는 바로 이스라엘 자체도 이전에 애굽에서 나그네의 생활을 했으므로 그것을 기억하여 자신의 처지와 비슷한 גֵּר에게 부당한 압제를 가하지 말 것을 강조한다.

> 사람이 소나 양을 도적질하여 잡거나 팔면 그는 소 하나에 소 다섯으로 갚고 양 하나에 양 넷으로 갚을찌니라(출 22:21)
>
> 너는 객이나 고아의 송사를 억울하게 말며 과부의 옷을 전집하지 말라(신 24:17)
>
> 여호와께서 이같이 말씀하시되 너희가 공평과 정의를 행하여 탈취당한 자를 압박하는 자의 손에서 건지고 이방인과 고아와 과부를 압제하거나 학대하지 말며 이 곳에서 무죄한 피를 흘리지 말라(렘 22:3)

이상과 같이 구약에서 하나님은 גֵּר를 선대하고 학대하지 말 것을 명하시면서 과거 역사를 통해서 이스라엘도 비슷한 처지였음을 상기시키고 있다.

(2) שָׂכִיר = ἐρνάτης/품꾼

성경은 힘없는 계층으로서의 שָׂכִיר에게 부당한 대우와 그들의 노동에 대한 정당하지 못한 취급을 당하지 않도록 보호를 해주고 있다.

너는 네 이웃을 압제하지 말며 늑탈하지 말며 품꾼의 삯을 아침까지 밤새도록 네게 두지 말며(레 19:13)

안식년의 소출은 너희의 먹을 것이니 너와 네 남종과 네 여종과 네 품꾼과 너와 함께 거하는 객과 네 육축과 네 땅에 있는 들짐승들이 다 그 소산으로 식물을 삼을지니라(레25:6-7)

(3) זוּר = ἔζω/이인, 타인

זוּר는 자기 가족 이외의 사람을 가리켜 사용되는 폭넓은 외인의 개념으로 이스라엘 공동체의 안으로 들여보내기 거리껴지는 사람을 통칭해서 성경은 זוּר를 사용하고 있다.

형제가 동거하는데 그 중 하나가 죽고 아들이 없거든 그 죽은 자의 아내는 나가서 타인에게 시집가지 말 것이요 그 남편의 형제가 그에게로 들어가서 그를 취하여 아내를 삼아 그의 남편의 형제 된 의무를 그에게 다 행할 것이요(신 25:5)

나의 해산한 지 삼 일에 이 계집도 해산하고 우리가 함께 있었고 우리 둘 외에는 집에 다른 사람이 없었나이다(왕상 3:18)

내 집에 우거한 자와 내 계집종들은 나를 외인으로 여기니 내가 그들 앞에서 타국 사람이 되었구나(욥 19:15)

내가 친히 그를 보리니 내 눈으로 그를 보기를 외인처럼 하지 않을 것이라 내 마음이 초급하구나(욥 19:27)

2) 신약에서 다문화 가족

디아스포라(διασπορα)는 "흩어진 자, 또는 흩어져 사는 자(요 7:35, 약 1:1, 벧전 1:1)"라고 번역되는데[3] 히브리어의 'גּוֹלָה/추방된 자"(렘 48:11, 49: 2, 겔 12:1, 25:3, 암 1:15)에 해당한다. 신약시대의 디아스포라(διασπορα)는 이와 같이 추방된 사람들이 후손들이 대부분이었다. 디아스포라로서 그리스도인들은 당시에 흩어져 생활을 하였는데, 이는 오늘날 이민자의 삶과 너무나 흡사한 모습이다.

> 그러므로 이제부터 너희가 외인도 아니요 손도 아니요 오직 성도들과 동일한 시민이요 하나님의 권속이라(엡 2:19)

또한, 사도행전 2장에서 나타나는 초대교회의 모습을 통해서도 우리는 바람직한 다문화 신앙공동체의 모습을 찾을 수 있다.

> "오순절 날이 이미 이르매 그들이 다같이 한 곳에 모였더니...그들이 다 성령의 충만함을 받고 성령이 말하게 하심을 따라 다른 언어들로 말하기를 시작하니라...우리가 우리 각 사람이 난 곳 방언으로 듣게 되는 것이 어찌 됨이냐 우리는 바대인과 메대인과 엘람인과 또 메소보다미아, 유대와 갑바도기아, 본도와 아시아, 브루기아와 밤빌리아, 애굽과 및 구레네에 가까운 리비야 여러 지방에 사는 사람들과 로마로부터 온 나그네 곧 유대인과 유대교에 들어온 사람들과 그레데인과 아라비아인들이라 우리가 다 우리의 각 언어로 하나님의 큰일을 말함을 듣는도다 하고...그 말을 받은 사람들은 세례를 받으매 이 날에 신도의 수가 삼천이나 더하더라 그들이 사도의 가르침을 받아 서로 교제하고 떡을 떼며 오로지 기도하기를 힘쓰니라 사람마다 두려워하는데 사도들로 말미암아 기사와 표적이 많이 나타나니 믿는 사람이 다 함께 있어 모든 물건을 서로 통용하고 또 재산과 소유를 팔아 각 사람의 필요를 따라 나눠 주며 날마다 마음을 같이하여 성전에 모이기를 힘쓰고 집에서 떡을 떼며 기쁨과 순전한 마음으로 음식을 먹고 하나님을 찬미하며 또 온백성에게 칭송을 받으니 주께서 구원받는 사람을 날마다 더하게 하시니라"(행 2:1-47)

3) 고영민(1973), 신약성서 헬라어 사전, 기독교문사, p. 92.

이 구절을 보면 오순절에 성령을 체험하면서 15개의 서로 다른 언어로 방언하게 되고 바울의 설교를 듣고 회개하여 세례 받고 가르침을 받아 서로 교제하며 도우면서 초대 교회를 형성해나가는 것을 볼 수 있는데, 오늘날 교회가 감당해야 할 사귐, 예배, 가르침, 복음전도, 사회봉사의 영역을 고루 갖춘 이상적인 모습을 보여주고 있음을 확인하게 된다.

4) 기독교다문화 가족복지의 실태와 사례

1) 기독교다문화 가족복지의 실태

2000년도에 기독교사회문제 연구원이 설동훈 교수를 통하여 이주노동자 지원단체별 활동 내용을 조사하였다. 그 결과 이주노동자 지원단체들의 주된 활동은 상담, 의료, 한글학교 및 각종 행사 등에 프로그램이 집중되고 있음을 알 수 있었다.

[표 13-14] 이주노동자 지원단체의 주요 활동내용

주요활동	비율(%, N=81)
각종 행사	86.4
의료 지원 사업	76.5
소식지·출판물 제작	65.4
연대 사업	64.2
쉼터 운영	42.0
각국 이주노동자 공동체 지원	35.8
국내 노동조합으로부터 지원을 끌어내는 사업	13.6
국제결혼 가족 모임	7.4
기타 사업	30.9

또한, 이들의 선교의 내용들은 <표 13-15>에서 보는 바와 같이 한글교육 선교에 매우 열심임을 알 수 있다. 언어를 배운다는 것은 그 사회로의 통합을 의미한다. 한국 사회의 문화에 대하여 배우기 원하는 그들에게 효과적인 선교적 한글교실이 될 수 있도록 노력이 필요하다고 할 수 있다.

[표 13-15] 이주노동자 지원 단체의 교육 및 선교 활동 내역

교육 내용	비율(%, N=83)
한글 교육	85.5
종교 교육(전도·포교사업)	84.3
컴퓨터 교육	32.5
국내법 교육	26.5
산업안전 교육	25.3
성 교육	12.0
기타 교육	33.7

국내 기독교 단체의 이주민 지원 활동은 1992년에 서울 자양동 성당에서 필리핀 출신 이주노동자들을 위해 미사를 올리면서 시작되었다. 이들의 종교 활동과 함께 인권침해 사례들이 언론에 소개되면서 이주노동자들을 돕기 위한 시민운동단체들이 발족되었으며, 개신교에서는 1992년에 '한국기독교교회협의회'가 '한국교회 외국인노동자 선교위원회'를 설립하면서 이주노동자 대상 무료진료와 함께 상담을 진행하게 되었다. 1994년부터 외국인 사업연수제도가 실시와 동시에 이주노동자의 인권 문제가 심각해지면서 성남, 안산, 부천, 남양주, 인천 등 수도권 각 지역에서 이주노동자를 위한 상담과 목회를 병행하는 교회들이 곳곳에 늘게 되었다. 1996년 서울조선족교회의 창립을 시작으로 외국인 중 한 민족이나 국민만을 대상으로 목회를 하는 교회가 설립되기도 했으며, 대형교회에서도 이주노동자 사역에 관심을 가지고 참여하기 시작했다. 현재 국내 이주민 관련 교회와 단체들을 170여 곳에 이르지만 대부분은 작은 교회나 선교단체들에 의해 운영되는 것으로 아직도 대부분의 교회나 단체가 다문화적 상황에 대해 아직 초보적이며 경제적으로 매우 열악한 상황에 있다고 볼 수 있다.

[표 13-16] 이주민 선교 교단별 현황[4)]

분류	선교기관수	분류	선교기관수
통합	70여 곳	성결교	10여 곳
합동	30여 곳	기타교단	10여 곳
기장	15여 곳	선교단체	20여 곳
감리교	10여 곳	계	170여 곳

이주민을 대상으로 하는 한국 교회의 목회는 개 교회의 특성에 따라 그 방향성과 사역의 형태가 다양함을 볼 수 있다. 우선 지금까지의 한국 교회의 이주민 목회는 종교적 활동과 상담 복지 및 인권 옹호 활동이라는 두 가지 방향성을 가지고 목회활동을 지속해왔다.

2) 다문화가족복지의 실천 사례

정동제일교회(http://chungdong.onmam.com)

정동 다문화 어울림 학교

◎ 목적

한국에서 일하는 부모들과 함께 "이주"생활을 하는 이주노동자 자녀들에게 한글교육과 문화체험교육, 상담프로그램을 실시. 한국사회에서 의사소통과 문화적 적응을 도와 이주노동자 가정의 안정은 물론 한국사회 내 차별적 문화를 개선하고자 한다.

◎조직

: 교장 - 김창규
: 담당목사 - 최성복
: 교사 - 정재은, 정연욱, 김경애, 김종열, 신석환, 바트
: 자원봉사자 - 방과 후 학습 자원봉사자, 특기적성자원봉사자, 행정도우미 등

◎주요사업계획

– 교육사업 : 이주노동자 자녀대상 한글교육, 문화체험교육, 방과후교육, 특기적성교육

4) 박천웅(2007), "다문화 이주민 선교 패러다임 전환과 당면 과제", 「교회와 신학」, 제 70호, 가을호.

- 홍보사업 : 이주노동자 자녀 한글교육을 위한 자원봉사 매뉴얼, 한글학교 브로슈어 제작
- 조사사업 : 이주노동자 자녀의 한국학교 취학에 관한 조사
- 주요행사 : 다민족다문화체험캠프, 한국문화체험캠프 등

◎ **사업세부실행계획**

▷ 한글교육

- 제목 : 한국학교 진학을 위한 한글교육
- 장소 : 사회교육관 3,4층
- 모집인원 : 1학기당 50～60명, 연간 100～120여명
- 운영 정규반 월-금 9:30～15:00, 토 9:30～12:00
- 참여대상 : 정규반 학생 140여명(1년)
- 활동내용 : 한글자음/모음 등 기초 한글교육부터 한국어능력시험 1급～5급 과정가지 교육.

※ 매월 한국어능력시험 실시.
※ 한국어 실력에 따라 급수별로 7개 반 운영.

▷ 특기적성

- 제목 : 한국학교 적응을 위한 특기적성교육
- 장소 : 사회교육관 2,3,4층
- 참여대상 : 정규반 학생 중 특기적성 교육을 희망하는 학생
- 편성 : 영어, 수학, 컴퓨터, 한자 등 총 11개반 운영
- 활동내용 :
  한국학교 진학 대비 초등반, 중등반으로 나누어 수학, 영어수업진행.
  컴퓨터와 한자반은 정규반 학생 전원 실시.

▷ 방과 후 교실

- 제목 : 한국학교 진학 학생을 위한 방과 후 교실
- 장소 : 사회교육관 3,4층
- 참여대상 : 정동한글학교 수료생으로 한국학교에 진학한 학생
- 활동내용 : 한국학교 진학 후 사교육을 받지 못하는 학생들에게 방과 후 학교 숙제, 과외지도 실시.
  정동한글학교 교사와 자원봉사자가 학생과 1:1 개인지도 수업실시(간식제공).

▷ 문화체험

- 제목 : 현장체험학습
- 장소 : 박물관, 민속촌, 미술관, 서울의 명소 등
- 참여대상 : 정규반 학생 전원
- 활동내용 : 한국사회 적응을 위해 박물관, 민속촌, 미술과, 서울의 명소 등을 관람(월 1회).
- 제목 : 체육활동
- 장소 : 수영장, 스케이트장, 운동장 등
- 참여대상 : 정규반 학생 전원
- 활동내용 : 농구, 자전거타기, 축구, 수영, 스케이트

제14장 노숙자와 기독교복지

1 노숙자의 이해

1) 노숙자의 정의 1)

누가 노숙자인가? 현재 공식적인 정의는 없지만 대체로 다음과 같다.

UN 기준 "Homeless"

① 집이 없는 사람과 옥외나 단기보호시설 또는 여인숙 등에서 잠을 자는 사람

②집이 있으나 UN의 기준에 충족되지 않는 집에서 사는 사람

③안정된 거주권과 직업과 교육, 건강관리가 충족되지 않은 사람

---

1) http://www.homelesskr.org (노숙인다시서기지원센터)

미국 NCH(National Coaliation for Homeless)

정규적이고 고정된 적절한 주거시설이 없고 주로 길거리나 일시적인 보호시설, 사람이 자도록 고안되지 않은 공공의 장소 등에서 자는 사람(NCH, 1998)

맥킨니(Stewart B. Mckinney)법 (U.S.General Accounting Office; GAO, 1999)

① 밤을 보낼 적절한 고정적이고 정규적인 주거가 없는 사람
② 밤을 보내는 주 주거지로 일시적인 주거의 제공을 목적으로 하는 공공 혹은 사설의 임시보호시설, 수용을 목적으로 개인들에게 임시적 주거를 제공하는 시설을 활용하는 사람
③ 사람이 자는 것을 목적으로 고안되지 않은 공공이나 사설의 시설 등을 밤을 보내는 장소로 이용하는 사람

우리나라의 경우도, 노숙자(Homeless)에 대한 공식적인 개념정의는 없다. 노숙자이라는 용어가 등장한 것은 1997년 IMF 경제위기 이후로 IMF 이전, 역 지하도를 중심으로 노숙을 하는 사람들에 대한 공식적 용어는 부랑인이었다. 그러던 것이 IMF 경제위기 이후 실직상태에서 노숙을 하는 사람들이 급증하자 이들을 노숙인(노숙자)로 부르기 시작했다. 이로 보건대 노숙인은 일정한 주거 없이 상당한 기간 거리에서 생활하거나 그에 따라 노숙인쉼터에 입소한 18세 이상의 자를 일컫는다(2007노숙인보호사업안내, 보건복지부). 현재 이와 같은 노숙인의 지원사업의 정책 대상은 거리에서 생활하는 노숙인과 노숙인 쉼터에 입소한 사람들이다(노숙자보호사업편람, 2003, 보건복지부).

2) 노숙의 발생원인

노숙의 원인은 여러 가지가 있지만, 노숙자는 주로 IMF체제 이후 실직·가정해체 등 사회구조적 원인과 질병·장애 등 개인적 원인이 복합적으로 작용하여 발생한다(보건복지부, 2005노숙인복지사업 안내). 노숙에 이르는 원인은 다음과 같이 여섯 가지로 요약할 수 있다.[2)]

첫째, 불우한 가정환경

빈곤은 한 개인을 노숙생활로 떨어뜨리는 가장 근본적인 요인임에 틀림없다. 부모의 빈곤 혹은 부모의 상실로부터 비롯되는 경제적 결핍이 이들의 인생에 지속적으로 작용하고 있다. 물론 불우한 성장 배경을 지니지 않은 예외적인 노숙자들도 존재한다. 또한 불우한 가정환경 속에서 성장한 많은 사람들이 노숙자로 전락하는 것은 아니다. 그러나 현재의 노숙인들 중 다수는 불우한 가정환경 속에서 성장했음을 고백하고 있다. 성장과정에서 아동학대, 가정폭력 등을 경험하는 사례가 많고 동시에 부모의 알코올의존이나 정신질환을 경험하는 경우도 있다.

셋째, 불안정한 주거생활

저소득 가구의 수와 저렴한 주거공간의 비율이 일치하지 못하는 구조적인 문제는 노숙자 발생의 가장 직접적인 요인이다. 빈곤한 가구의 구성원들이 주거상품을 구매할 수 있는 물질적 자원이 고갈될 때 노숙생활로 전락하기 때문이다. 이러한 구조적인 문제는 극빈계층의 직장생활의 한 특성을 규정하기도 한다. 일반인들은 임금을 받으려고 직장을 선택하지만, 잠재적 노숙자들에게 직업은 임금과 더불어 숙소의 획득을 위한 하나의 방편 노릇을 한다. 그래서 이들의 경우에는 직장의 공간과 숙소가 결합되어 있는 사례가 많았다.

넷째, 취약한 가족 구성

빈곤과 불안정한 직장생활은 이들로 하여금 정상적인 가족구성을 어렵게 하고 있으며, 가족이 구성된 경우에도 배우자의 사망, 배우자의 가출, 이혼, 질병 등으로 해체되는 경향이 있었다. 이러한 취약한 가족형태는 이들의 이동성을 증폭시키고 있으며, 불안정한 주거생활이 유지될 수 있는 배경이 되고 있다.

다섯째, 저임금과 불안정한 고용상태

저임금과 불규칙적인 소득 획득은 안정적인 주거생활을 어렵게 한다. 특

2) http://homelesskr.org

히 만성적인 빈곤상태에 있는 계층에게 직업의 상실로 인한 장기적인 소득 단절은 이들을 노숙생활로 떨어뜨리는 직접적인 요인이 되고 있다.

3) 노숙자 문제

(1)취업대책 문제

노숙자들의 취업을 유도하기 위해 공공근로 사업의 일환인 사업장 개발 사업이 있었다. 노숙자 노숙자들에게 취업의 일환으로 제공된 공공근로는 이들의 근로능력을 유지하는 한편, 공공근로를 통해 번 임금을 모아 자활의 물적 기반을 마련하기 위해 제공된 것이었다. 즉, 공공근로는 노숙자들에게 일거리를 제공하여 물적 기반을 제공한다는 긍정적인 측면과 쉽게 돈을 벌 수 있고 돈 뿌리기 정책이라는 부정적인 시각을 동시에 가져왔다. 따라서 노숙자들의 취업대책으로 마련한 공공근로는 노숙자들의 적응력 부족과 이들에 대한 편견으로 성과가 그리 크지 않았다. 이와 같이 취업이 미미한 것은 노숙자 채용에 대하여 고용주들이 부정적인 시각을 가지고 있고, 노숙자들이 열등감으로 인해 사소한 일에도 인내하지 못하고 일을 쉽게 그만 두는 경향이 있기 때문이다(Kroloff & Anderson, 1998).

(2)재활 프로그램의 전문성 부족

노숙이 길어질수록 사회적·심리적 혹은 신체적으로 상황이 악화되어 경제적 보상만으로는 이들이 노숙에서 벗어나기가 힘들다. 즉 낙담과 절망, 그리고 수치심과 죄책감으로 노숙자들은 자존감과 자긍심에 하강곡선을 그리면서 자기 자신을 포기해 간다(Herberg, 1992). 때문에 자활은 노숙자가 노숙의 상태를 벗고 사회복귀를 하는 것이 궁극적인 목적이다. 전국실직노숙자대책 종교·시민단체협의회에서 발간한 자료에 의하면 1999년 10월에 57개 단체가 노숙자 재활 프로그램을 실시한 것으로 보고하고 있다(평가위원회 실무팀, 2000). 그러나 이러한 자활 프로그램은 시행의 경험이 적고 전문성도 떨어지는 일회성 프로그램이 많았다. 대문에 이들은 얼마 후 다시 노숙의 길로 접어들고 만다. 이는 노숙자들이 다시 노숙의 길로 접어드는 것이 단순히 경제적인 요인만이 아니라 심리·사회적 기능이 약하다는 것을 보여주고 있는 것이다(조홍식, 2000).

(3) 의료지원의 한계

노숙자들은 불결한 잠자리와 한경, 그리고 위생관리의 불철저 때문에 항상 질병의 위험에 노출되어 있다. 1999년 5월 노숙자들의 거주지인 '자유의 집'에서 조사한 바에 따르면 질병 유병률은 일반인의 유병률보다 월등히 높아 고혈압은 일반인이 3.6%, 노숙자가 11.8%, 매독은 일반인 2.7%, 노숙자 7.6%, 만성B형 간염은 일반인 3.7%, 노숙자 6.2%로 노숙자가 질병에 더 많이 노출되어 있음을 알 수 있다(주영수, 2000).

(4) 민 · 관 협조 네트워크의 부족

노숙자들이 계속 증가하자 국가 및 지방자치단체는 노숙자에 대한 효과적인 관리와 노숙흐름에 따르는 대책에 나서기 시작하였다. 보건복지가족부, 지방자치단체, 종교·시민단체간 노숙자 지원사업이 연계 추진되도록 하는 목적을 가지고 만들어졌다. 중앙정부는 주로 재정적·행정적 지원을 하고 지방자치단체는 지역 민간단체와 연계하여 노숙자 쉼터를 지원하도록 하는 방법이다. 이러한 시스템은 각 시도에서 노숙자 지원 사업에 참여하고 있는 종교계, 시민단체, 사회복지계 등의 순수 단체들의 연합으로 구성된다. 이들 단체의 기능은 노숙에 관한 주요 이슈를 공론화하고 복지자원을 발굴하며 노숙자 지원과 관련하여 정부와의 가교 역할을 하는 것이다. 그러나, 종교시민단체가 노숙자 발생 초기부터 이에 대한 대응을 하여 순발력이 있는 것이 사실이나 훈련 받지 않은 인력과 민간기관 사이의 협조체계가 잘 이루어지지 않는 것으로 보인다.

(5) 노숙자의 음주문제

우리나라의 음주문화는 외국과 비교하여 비교적 허용적이다. 이러한 문화적 환경에서 노숙인의 음주문제는 더욱 심각한 양상을 보이는데 보건사회연구원(1998)의 조사에서 매일 술을 마시는 노숙인은 전체의 12%로 일반 국민의 음주율과 비교하여 무려 3배로 그 심각성을 보여주고 있으며, 음주 빈도 측면에서도 48%의 노숙인이 매일에서 1주 1~2회 이상의 음주를 하고 있는 것으로 나타났다. 인도주의실천의사협의회가 남성 노숙인 355명을 대상으로 수행한 연구(1998)에서도 거리노숙인의 40%, 쉼터노숙인의 13~26%가 매일 음주를 하고 있는 것으로 나타났다.

4) 노숙자들에 대한 사회적 인식의 단계

노숙자들에 대한 사회적 태도는 일반적으로 다음과 같은 세 단계를 거친다. 첫째, 동정(compassion), 둘째, 동정쇄약(comapassion fatigue)의 단계, 셋째, 낙인부여(stigmatization), 및 범죄화(criminalization)의 단계이다.

첫째, 동정(compassion)의 단계

경제위기와 맞물려 대량실업 사태가 빚어지면서 노숙자의 수가 급증하여 사회문제로 부각화되었다. 그래서 이 시기에는 노숙자에 대한 언론보도 역시 일반인들에게 동정심에 호소하여 노숙자를 옹호하는 사회집단이 출현할 수 있도록 사회적 책임에 입을 모은다. 즉, 민간의 자발적 참여와 정부대책에 대한 촉구, 전반적인 사회 내 동정론에 의해 주로 쉼터나 무료급식 지원 등의 응급서비스지원을 골자로 하는 정부대책이 뒤따른다(Dalay, 1997).

둘째, 동정쇄약(comapassion fatigue)의 단계

정부가 개입하면서 나타나는 특징 중 하나는 민관부문간 상호 이존성의 증가로 민간이 관의 행정적 지원을 받기 시작하는 것이다. 즉, 정부에 대한 민간의 전제기능이 약화되고 안정성과 예산사용의 책임성이 강조되면서 노숙문제에 대한 사회적 책임에 대한 주장이 약해진다. 초창기의 정부개입은 그 예산규모가 설사 막대하더라도 기본전제는 임시적이고 단기적이었다. 막대한 예

산투자와 집중적인 노력에도 불구하고 노숙자 문제가 기대만큼 빨리 줄어들지 않자 초기의 동정심은 쇄약해지고 무관심해지다가 결국 변화가 없는 건 노숙자의 탓이라는 비난으로 진행된다는 것이다(Dalay, 1997).

셋째, 낙인부여(stigmatization), 및 범죄화(criminalization)의 단계

초창기 정부의 개입시점에서는 막대한 예산을 투입해 가며 노숙자 문제를 해결하려고 하지만, 막대한 예산투자에도 불구하고 노숙자의 수가 눈에 띄게 줄어들지 않자 정부 관료들의 태도는 이전과 다르게 차별적으로 변화하기 시작한다. 노숙자들을 범죄시하는 풍조가 만연해지고 그들을 견제하는 방향으로 사회분위기가 변모하기 시작한다(Wright, 2000).

5) 노숙자 정책 변화과정[3)]

지난 10년의 노숙자 정책 변화과정을 살펴보면 다음과 같다.

(1) 2000년 이전

가장 많은 노숙자들이 밀집한 서울시에서는 1998년 7월 10일 시장 자문기구로서 각계 전문가, 종교계, 시민단체, 관계공무원 등이 참여하는 「서울시 노숙자대책협의회」를 구성하였다. 이후 포괄적인 '노숙자다시서기프로그램'을 마련하여 집행하고, 노숙자대책협의회를 정기적으로 개최하였다(서울시장 방침, 제833호). '노숙자다시서기프로그램'을 통해서 실무총괄기구로 1998년 9월 '노숙자다시서기지원센터'의 설치하였으며, 1999년 1월 4일 영등포구 문래동에 「자유의집」을 설치하였다. 서울시의 쉼터설치와 입소상담을 중심으로 한 활동과 더불어 민간에서는 인도주의실천의사협의회와 실업극복국민운동위원회, 실직노숙자대책종교·시민단체협의회를 중심으로 노숙인에 대한 지원활동이 전개되었다.

3) 성공회다시서기센터(2007 서울시노숙인정책토론회), "노숙인 보호 10년, 노숙인 복지정책 어디까지 왔나".

(2) 2000년~현재

IMF위기에서 탈피 이후에도 노숙자들의 숫자는 감소되지 아니하였다(노숙자대책협의회, 2001:145). 이에 좀 더 체계적이고 본격적인 노숙인 지원 프로그램의 필요성이 대두, 2000년 1월에는 서울시장방침(제91호)에 의거, 2000년 3월부터는 돈의동과 양동지역에 각각 「사랑의 쉼터」와 「남대문지역 상담센터」가 개소되어 시범적으로 쪽방 상담소가 설치 운영되었다.

2002년도에 들어 서울시의 쉼터 입소 노숙자들의 수는 줄어들었으나 거리노숙자들의 수는 오히려 증가하게 되었다(노숙인다시서기지원센터, 2003). 이에 2002년 말 거리노숙인들을 위한 '드롭인센터'가 개소되었다. '드롭인센터'는 노숙인들이 24시간 자유롭게 들러 빨래 등은 물론 이·미용 및 의료서비스를 받고 잠도 잘 수 있는 곳으로 영등포 지역에 「햇살보금자리」와 서울역에 「구세군드롭인센터」가 개소되었다. 노숙인 인권에 대한 관심과 더불어 민간단체에서는 건교부의 '매입임대 정책'을 통한 노숙인 주거지원의 필요성 등에 대한 논의를 진행하였다(노숙인다시서기지원센터, 2004).

2006년의 노숙자 지원 사업은 크게 두 가지로 나누어 볼 수 있는데, 「노숙인 일자리 갖기사업」과 「임시주거지원사업」이다. 노숙인의 주거지원 사업에서 획기적인 전환을 이룬 것은 2007년부터 제공된 건설교통부의 「매입임대주택」을 활용한 주거지원이다.

현재 민간 차원에서는 정부의 타 부처들 및 기업들과 연계하여 다양한 활동들이 시도되고 있는데 사단법인 굿피플은 행정자치부의 「2007년도 비영리 민간단체공익 활동 지원사업」으로 남성노숙인들을 위한 카페인 「굿피플 하우스」를 2007년 9월 개소하여 남성노숙인들을 위한 휴식과 교육을 위한 공간을 제공하고 있다. 구세군 브릿지센터는 노숙인 50명을 고용하여 재활용 가전제품·생활용품 등을 수거한 후 수리·보수를 통해 저소득가구에게 무료 또는 저렴한 가격으로 판매하는 재활용 사업을 노동부의 지원으로 운영하고 있으며, 기업복지재단의 도움으로 노숙인 알코올 및 약물 중독자 치유센터인 ARC센터의 수익사업을 위한 재활용품 전문 매장 "희망나누미"를 운영하여 노숙인들이 일할 수 있도록 하고 있다. 또한 구세군 브릿지센터와 다시서기 상담보호센터는 2007년부터 노동부의 지원으로 노숙인을 위한 「고용지원센터」를 운영하여 노숙인을 위한 전문적 취업알선과 취업 후 사후관리 등을 하고 있다.

2. 노숙자의 실태

1) 노숙자 분포현황

전국 노숙자 쉼터 101개소(정원 4,245명, 11월말 현재 84.6% 입소)에 분포되어 있는 노숙인의 현황은 <표 14-1>과 같다. 노숙인의 대다수는 서울 70%(3,230명), 부산 9%(449명) 등 대도시에 집중되어 있으며, 이는 '99. 2월 6,300여명을 정점으로 감소하다가 최근 약간 증가하는 경향을 보이고 있다[4]

[표 14-1] 시·도별 노숙자 분포현황

('05.11월말 현재, 단위 : 명)

구분	합계	서울	부산	대구	인천	광주	대전	울산	경기	강원	충북	충남	전북
계	4,654	3,230	449	274	60	20	132	42	293	59	15	33	47
쉼터	3,591	2,541	351	180	40	20	77	25	228	50	15	28	36
거리	1,063	689	98	94	20	0	55	17	65	9	0	5	11

자료: 노숙인보호종합대책(2006), 보건복지부.

2) 쉼터입소 노숙자 건강상태

쉼터 노숙자의 질병상태는 <표 14-2>에서 보는 바와 같이 대부분은 건강하였으나, 만성질환자(11.6%), 알코올중독자(7.9%), 그밖에 신체장애 및 정신장애는 각각 5.3%, 6.1% 순으로 나타났다.

4) '99.2(6,312명)→ '00.12(5,046명)→ '01.12(4,838명)→ '02.12(4,439명)→ '03.12(4,540명)→ '04.12(4,466명)→ '05.11(4,654명)

[표 14-2] 쉼터입소 노숙자 건강상태

('05.9월말 현재, 단위 : 명)

계	건강함	만성질환	알코올중독	신체장애	정신질환	정신지체	비고
3,441 (100%)	2,033 (59.1%)	399 (11.6%)	271 (7.9%)	182 (5.3%)	178 (5.2%)	32 (0.9%)	346 (10.0%)

자료: 노숙인보호종합대책(2006), 보건복지부.

3) 시설 수 및 입소자 현황

2006년도 노숙자시설 입소 현황은 <표 14-3>에서 보는 바와 같이 부랑인복지시설 38개소에 8,193명의 생활자를 보호하고 있다.

[표 14-3] 2006년 노숙인시설 입소자 현황

시·도	시설수	입소자현황(1입원 환자 제외)		
		계	남	여
계	38	8,193	5,604	2,589
서울	4	2,521	1,726	795
부산	3	383	252	131
대구	1	904	541	363
인천	1	370	299	71
광주	1	132	102	30
대전	1	182	133	49
경기	3	571	387	184
강원	3	260	183	77
충북	2	852	614	238
충남	1	132	96	36
전북	4	293	182	111
전남	6	696	496	200
경북	2	349	203	146
경남	4	389	267	122
제주	2	159	123	36

* 서울시 시립여성보호센터 151명(국고 미지원)포함

자료: 2006보건복지백서, 보건복지부

4) 노숙자 지원대책

구분	내용
주거대책	○ 101개 쉼터(정원 4,245명)에서 숙박과 함께 급식, 의료구호 등 제공 ○ 상담보호센터 확장 및 신규 개소로 서울역 주변 거리노숙인에 대한 응급 잠자리 제공 등 공간 부족 해소 - 신규설치 : 다시서기 상담보호센터('05. 3월개소, 300여명) - 확장이전 : 구세군 상담보호센터('05. 9월개소, 50명→150명) ※ 현재 7개소 운영(서울4, 부산·대구·대전 각 1개소)
급식대책	○ 쉼터입소자의 경우 조식과 석식 제공 ○ 거리노숙인 등을 대상으로 종교·시민단체에서 순번을 정해 서울역 지하도 등에서 실외 급식 제공 - 서울역 주변 무료급식은 쪽방지역의 노인, 저소득층 등 1일 2,600여명 이용
의료대책	○ 쉼터 노숙인에 대한 진료 - 운영비중 의료구호비 예산으로 외래 및 입원진료 실시 - 주민등록 말소자 및 확인 불능자는 1개월 이상 거주하면 의료급여 ○ 거리노숙인에 대한 진료 - 서울 등 대도시에 설치된 무료진료소(4곳)에서 일차 현장진료 입원이 필요한 경우에는 진료의뢰서를 발급받아 시·도립병원, 적십자 병원 등에 입원 진료 조치 - 응급의 경우 행려자에 준하여 응급진료 실시 - 가급적 쉼터에 입소하여 쉼터에서 의료보호를 받도록 유도 ○ 복권기금에 의한 무료진료('05. 5월부터) - 노숙인 등 의료사각지대에 있는 사람들에게 입원·수술 등 무료진료 실시(지방 공사의료원 등 56개 의료기관) - 진료실적 : '05. 10월말 현재 , 노숙인 162명, 4억 지원
자활대책	○ 쉼터노숙인 근로활동 현황 (계: 3,594(100%) / 근로활동 참여자: 1,270(35.3) / 근로활동 비참여자: 2,231(62.1) / 근로곤란자: 93(2.6)) ('05.11월말 현재, 단위 : 명) ※ 근로활동이 노숙인들의 자활에 크게 도움이 되고 있으나, 실제 수혜자는 35% 정도로서 일자리가 크게 부족한 실정임 ※ 알콜 재활, 심리재활 등 총 48개 자활사업 실시(1,098백만원)
여성 노숙인대책	○ 여성노숙인은 '05. 9월말 현재 총 323명이며, 문제가 되는 거리 여성노숙인은 45명으로 파악되고 있으나, 숫자는 매우 유동적임 - 11개소의 여성가족노숙인 쉼터에서 단신여성 또는 모·부자가족 단위의 노숙인 보호 ○ 여성전용 상담보호센터 1개소 운영('05. 3. 17개소, 정원30명) - 상담 후 쉼터 등의 사회복지시설에 인계하거나 일시적으로 생활편의 제공 ○ 성폭력 등에 대한 대비 - 거리 여성 노숙인에 대한 중점상담 및 동절기 쪽방제공

쉼터노숙인 근로활동 현황:

계	근로활동 참여자	근로활동 비참여자	근로곤란자
3,594(100%)	1,270(35.3)	2,231(62.1)	93(2.6)

자료: 노숙인보호종합대책(2006), 보건복지부.

3) 성경 속의 기독교노숙자복지

노숙자 문제에 대한 교회의 사회복지적 접근과 노숙인 문제 해결을 위한 교회의 노숙인 보호사업은 신학적 근거와 토대 위에서 이루어져야 한다. 노숙인 복지의 가치적 기반은 성서에서 찾을 수 있다.

1) 성경에 나타난 노숙의 모습

(1) 인류 최초의 노숙

아담과 하와는 선악과를 따먹음으로 하나님의 명령을 거역하게 되고 풍요와 영생의 아름다운 땅인 에덴동산에서 추방을 당하게 된다(창 3:23). 이렇게 인류의 역사는 타락과 노숙으로부터 시작이 된다. 하나님은 아담과 하와를 위하여 가죽옷을 지어 입히지만(창 3:21) 땅이 저주를 받아 종신토록 수고하는 일을 해야만 먹고 살 수 있는 환경으로 내몰았고 주거의 개념을 찾아볼 수 없는 생활을 하게 되었다(창 3:17-19). 즉 인류 최초의 노숙으로 여겨지는 인간 생활 형태가 시작된 것이다.

(2) 개인의 죄로 인한 노숙

아담과 하와의 자손인 가인은 동생 아벨을 죽이는 최초의 살인죄를 범하여 살던 땅에서 추방을 당하고 일정한 주거를 정하지 못하고 유리하는 자가 되어(창 4:12) 최초로 개인의 죄로 인한 노숙 형태로 여겨지는 삶이 시작된다.

야곱도 자신의 형에서를 속인 죄로 인해 외삼촌 라반의 집으로 피신하여 브엘세바에서 하란으로 향하여 가던 중 길거리에서 유숙하여(창 28:11 참조)잠을 자며 꿈을 꾸게 되는데 이는 노숙생활을 의미하는 것이다.

(3) 소명으로 인한 노숙

믿음의 조상인 아브라함은 노숙 형태의 소명적 삶을 시작으로 하나님의 부르심을 입는다. "너는 너의 본토 친척 아비의 집을 떠나 내가 네게 지시할 땅으로 가라(창 12:1)." 는 말씀에 순종하여 아브라함은 하나님이 지시하시는 땅으로 떠나게 된다. 하나님이 구체적으로 약속하신 땅이 아닌 지시할 땅으로 미지의 땅을 향해 온 가족을 데리고 부르심에 순종하며 광야 길을 노숙을 무릎쓰고 떠난 것이다. 즉 소명으로 인한 노숙 형태가 시작된 것이다. 이것은 개인의 죄나 공동체의 잘못이 아닌 하나님께서 복을 주시기 위한 시험과 소명의 노숙으로 그 의미를 갖는다.

(4) 출애굽에서 볼 수 있는 노숙

요셉을 알지 못하는 애굽왕 바로의 학대와 핍박에 시달리던 이스라엘 백성들이 하나님이 세운 모세를 통해 애굽에서 나오게 되었고(출 3:7-8) 약속의 땅인 가나안에 도착하기까지 광야에서 집단노숙을 하게 된다. 그런데 이스라엘 백성들은 출애굽의 여정에서 하나님께 불순종함으로 무려 40년 동안이나 광야에서 노숙생활을 하게 된다(민 14:20-35). 그 결과로 출애굽1세대 중 여호수아와 갈렙 외에는 모두 광야에서 다 죽고 후 세대만이 가나안땅에 들어가게 되었다.

(5) 예수 그리스도의 노숙

복음서에 보면 예수 그리스도의 공생애는 그의 일생 동안 "오직 인자는 머리 둘 곳이 없다(마 8:20)"는 말에서와 같이 여러 지역을 돌아다니면서 복음을 전파하였다. 그래서 배에서 자기도 하고(마 8:24) 여러 마을을 다녔으며(막 1:38-39), 고향에서도 배척을 받았다(막 6:3). 이는 산에서 노숙을 하시거나 자신의 집이 아닌 타인의 집에서 불안정하게 잠자리를 정했음을 알게 해 주는 것이다. 또한 제자를 파송하면서도 "너희 전대에 금이나 은이나 동이나 가지지 말고 여행을 위하여 주머니나 두 벌 옷이나 신이나 지팡이를 가지지 말라 이는 일군이 저 먹을 것 받는 것이 마땅함이니라(마10:9-10)" 말씀하시면서 노숙 형태의 생활을 일반적으로 천거하고 있다.

2) 노숙자 보호의 신학적 근거[5)]

(1) 행복추구의 권리선언

하나님께서는 태초에 인간을 자신의 형상대로 창조하시고 복을 주셨다(창1:27). 그러므로 모든 인간은 그 존재 자체로서 존귀하며 하나님께서 창조해 주신 이 땅과 하나님이 주신 복 가운데서 사람답게 살 수 있는 권리가 있다. 따라서 누구나 신분, 직업, 인종, 계급 등의 이유로 차별받을 수 없다. 더구나 일자리가 없다거나, 집이 없어 길거리에 노숙한다는 이유로 행복추구의 권리를 빼앗길 수 없으며 안전하게 삶을 유지하기 위한 사회적 행복의 권리와 혜택, 그리고 하나님의 복을 받을 기회를 잃을 수 없다.

(2) 노동의 권리선언

하나님께서는 모든 인간에게 피조물을 다스리며 일하도록 명령하셨으며(창1:26, 2:5, 15), 또한 예수님께서도 "내 아버지께서 일하시니 나도 일한다"(요 5:17)고 말씀하셨다. 그러므로 노동은 인간 삶의 본질이자 권리이자 의무이다. 노동을 통해서 하나님이 인간 각자에게 허락하시고 부르시는 이 땅에서의 소명과 책임을 성취할 수 있으며, 보람과 자기실현을 이룰 수 있다. 또한 이 노동을 통해서 만물을 새롭게 하시는 하나님의 창조의 역사에 동참할 수 있다. 따라서 실직자들에게는 노동할 수 있는 기회가 제공되어야 하고, 노숙자들에게는 노동할 수 있도록 육체적, 정신적 재활과 자활, 자립의 기회가 제공되어, 자기실현과 사회적 재창조에 참여케 하여야 한다.

(3) 떠돌이 고아 과부 등 가난한 자들에 대한 권리선언

"너는 이방나그네를 압제하지 말며 그들을 학대하지 말라 너희도 애굽 땅에서 나그네였음이라. 너는 과부나 고아를 해롭게 하지 말라 네가 만일 그들을 해롭게 하므로 그들이 내게 부르짖으면 내가 반드시 그 부르짖음을 들으리라

5) 실직노숙자선교지침서, 대한예수교총회

(출22:21-23)"라고 성서에서는 가난한 자들에 대한 최소한의 권리를 천명하고 있다. 또한 사회적 약자에 속하는 이들의 복지 방안으로서의 배려가 십일조제도와 십계명에도 나타나 있다.

(4) 사회적 약자에 대한 사랑의 실천선언

예수님께서는 주의 영이 내리셨다고 선포하시며 가난한 자에게 기쁜 소식을, 포로된 자들에게 자유를, 눈먼 자들에게 다시 보게 함을, 억눌린 자들에게 해방을 전하신다.(눅 4:18, 19)고 말씀하셨다. 도움을 필요로 하는 사회적 약자들(마25:31-46 주린 자, 목마른 자, 나그네 된 자, 헐벗은 자, 병든 자, 옥에 갇힌 자)이 이 시대에는 더 다양한 모습으로 존재하고 있으며, 실직노숙자들은 대표적인 사회적 약자들이다. 그러므로 우리 사회에서 일자리가 없거나 노숙으로 말미암아 가난이 대물림되고 사회구조로부터 억압받으며 가정이 해체된 사회적 약자들에 대해 교회는 그리스도의 사랑을 실천하는 사명을 다해야 한다.

(5) 더불어 사는 공동체 선언

초대교회는 믿는 사람들이 한마음과 한 뜻이 되어 모든 물건을 서로 통용하고 각 사람의 필요에 따라 나눠주며 떡을 떼며 음식을 먹음으로(행2:44-46) 그 중에 가난한 이들이 하나도 없고 무리가 큰 은혜를 받았다(행4:32-33). 교회는 자립적으로 자신의 삶을 유지할 수 없는 사회적 약자들에게 더불어 함께 사는 이웃이 되어 주어야 하는 섬김과 나눔의 공동체이다.

(6) 하나님 나라 실현의 영성선언

예수님은 "가난한 자와 주린 자와 우는 자가 복이 있나니 하나님의 나라가 저희 것이며 배부름을 얻을 것이며 웃을 것이라"(눅6:20-26)고 말씀하셨으며, 약 1장 27절에는 "하나님 아버지 앞에서 정결하고 더러움이 없는 경건은 곧 고아와 과부를 그 환난 중에 돌보고 또 자기를 지켜 세속에 물들지 아니하는 그것이니라"는 말씀이 있다. 사회적 약자를 섬기고 돕는 것은 하나님의 정의와 평등을 이루는 구체적 실천으로서 우리 속에 현존하는 하나님 나라이며 진정한 경건이다(눅7:18-23). 따라서 하나님의 나라의 정의와 평등을 위해 몸소 실천하는 가운데 받는 핍박과 고난은 하나님의 축복으로서 영성의 열매이다(마5:10).

4 기독교노숙자복지의 실태와 사례

1) 기독교노숙자복지의 실태

한국 기독교가 노숙인 보호사업에 참여하게 된 동기는 1998년 보건복지부가 노숙자를 위한 민간종교시민단체의 참여를 요청한 데 따른 것으로, 이에 그 해 5월 전국실직노숙자대책종교시민단체협의회(약칭: 전실노협)가 창립되고 여기에 개신교단들이 적극적으로 참여하여 노숙인 보호사업을 시작하게 된 것이다. 기독교교단들이 운영을 시작한 노숙인 보호시설들은 <표 14-4>과 같이 총 38곳이었다.

예장통합 교단의 노숙자 보호시설들은 1998년 12월 20일 23개 시설이 개소하여 시작 되었는데 2006년에는 17곳이 운영되었다. 예장통합교단 소속 노숙인보호시설의 자세한 운영 실태는 다음과 같다.

[표 14-4] 노숙자 보호사업에 참여한 개신교 현황[6)]

교단	예장통합	기독교장로회	구세군	성고회
시설	23	6	5	4
총계	38			

6) 한국종교계사회복지대표자협의회, "종교 사회복지의 정체성과 방향," (1999. 11), 35-87.

(1) 쉼터

① 원주 밥상공동체

강원도 원주 허기복 목사 의관 장로교회는 사회문제와 빈곤의 문제를 선교적 과제로 여기고 가난한 자들을 위해 '밥나눔 운동'을 전개했다. 자활사업으로는 취업상담과 일용직, 임시취업, 계약직 등 단순취업과 취업교육, 구직연계에 주력하는 한편, 야채수거, 의류모음, 무료집수리, 도서보급, 거리청소, 교통지도, 승하차 도우미 등의 활동을 했다. 한편 원주밥상공동체는 저소득층 복지욕구조사를 1999년 7월부터 9월까지 두 달간, 2000년 1월 3월까지 두 달간 두 차례에 걸쳐 실시했다.

② 전주 희망의 쉼터

1994년부터 빈민과 노동자, 외국인 노동자를 위해 선교사역을 하던 전주의 나실교회는 전북노회와 전주노회의 협력을 받아 1998년 5월 전주근로자상담소를 조직하고 실직자의 일거리 상담에 이어 실직자와 노숙자를 위해 희망의 쉼터를 개소했다. 이때는 아직 보건복지부로부터 쉼터로 지정을 받지 못해 20~30명의 노숙인들의 식사 해결이 어려운 과제였다. 당시에 입소자들은 대부분 식사를 해결하기 위해 입소한 경우가 많았다. 또 입소인들의 건강진단을 주요한 사업으로 시행했다. 가장 긴급한 서비스는 주민등록증이 말소된 노숙인들에게 주민등록증을 복원하고, 의료보험 또는 한시적 생활보호대상자가 되도록 조치하는 일이었다. 1999년에는 입소인들로 하여금 자활하고자 하는 의지를 갖게 하려 했고, 자활을 이루도록 애쓰던 시기였다. 이 기간에 입소한 노숙인은 156명이며, 이 가운데 알코올 중독 노숙인은 59명이었다. 이들 중 지금까지 연락이 되는 노숙인은 27명 정도이고, 안정적으로 1~5년 단주하면서 사회생활을 하는 사람은 6명 정도다.

③ 서울선교교회 쉼터

1996년부터 외국인근로자선교에 주력하던 서울선교교회는 1998년 5월부터 노숙인을 위한 쉼터를 시작했다. 1999년 11월 3일까지 연인원 2,190명이 쉼터에 입소했고, 평균인원은 6명, 현재는 8명으로 이 가운데 재활 가능자는 3명, 의료보호 대상자는 2명, 귀가대상자가 3명이었다. 적은 수의 인원이기에 특별한 프로그램 없이 9시까지 교회에 나와서 노인 급식 때 노인들을 돕고, 외국인이주노동자들이 많이 오므로 그들에게 우리말을 가르쳤다. 노인 무료급식도 1998년 5월부터 시작했다. 하루 평균 이용 인원은 70여 명이다.

④ 수원 한벗교회 희망의 쉼터

1995년부터 방과후 어린이들을 위한 어린이 사랑방을 실시하던 한벗교회는 1998년 5월 20일 실직 노숙인을 위한 희망의 쉼터를 시작했다. 정부로부터 지원은 1998년 7월부터 받았다. 1999년 10월까지 쉼터를 이용한 연인원은 250명이다.

자활사업으로는 자활의지가 있는 사람들에게 고물수집에 따른 리어카를 대여하여 고물수집과 폐지 수집을 하게 했는데 자활의지가 있는 사람들에게 약간의 자본금을 지급하여 붕어빵을 판매하고 군고구마 장사를 하는 두 팀이 있다

⑤ 태백 희망의 살림터

태백에서도 1998년 5월 2일 쉼터를 개소했다. 쉼터는 태백지역 사회선교협의회와 연합하여 설립되었다. 경제위기 여파로 탄광촌에서도 실직 노숙자들이 생겨나고 외지에서 들어오는 노숙인들로 인해 쉼터를 개소해 숙식과 상담을 실시했다. 쉼터는 2층 건물로 1층은 사무실과 녹색가게(재활용 매장), 여성숙소가 있고, 2층에는 청소년 독서실로 활용하며 외부 별관을 남성숙소(방 2개)로 이용하고 있다. 매일 10명 내외의 노숙자들이 급식이나 쉼터에 참여하고 있다. 실시하는 프로그램으로는 심리정서재활프로그램과 취업 안내 및 알선, 취업 훈련, 재활용품 수집 등이다.

⑥ 대구 구민교회 근로자의 집

1996년 외국인노인상담소와 쉼터를 개소했던 대구 구민교회는 1998년 실직노숙인을 위해 근로자의 집을 개소했다. 겨울철 인력시장 노동자들을 대

상으로 새벽에 컵라면과 차를 나누는 것이 인력시장 나눔터였고, 이것이 계기가 되어 기독교근로자센터가 태동되었다. 3년간 봉사활동을 통해 실직자들과 노숙인들의 삶에 대해 알기 시작했다. 1997년 외환위기가 오면서 인력시장의 노동자들이 동사하고 자살이 이어지자 이들을 보호하기 위해 노동자자활공동체인 '구민건축과 용역'을 만들어 25평 반지하 공간에 함께 생활하게 했다. 1999년 10월까지 평균입소 인원이 40명 정도이고, 입소인원은 40명이다. 6개의 방에 5~9명이 함께 기거하고 있다. 주 1회 신앙교육과 분노조절 훈련을 하며 월 2회 금전관리 교육을 했다. 알코올 중독자들은 주 1회 상담을 하고, 사회적응을 위한 직장 적응 훈련을 하며, 가정복귀를 위해 가정과 부부에 대해 이해하는 프로그램을 실시하고 있다.

⑦ 부산 소망관

재단법인 호주장로교선교회(1924년 설립)는 1998년 부산 시청과 소망관 위탁운영을 체결하여 9월 9일 노숙인 지원센터 소망관을 개관했다. 쉼터 운영이 장기화되면서 입소자 전체의 60%가 장기 노숙인으로 이루어져 대책마련이 시급하다. 취업의 경우 임시직이 많아서 재입소하는 경우가 많다. 공공근로의 경우 중간에 10일 정도 쉬는 기간에 술을 마시거나 안정된 생활이 깨어지는 것을 막기 위해 2, 3단계가 끝나는 7월과 10월 두 차례에 걸쳐 성경통독을 실시했다. 자아정체성 확립을 위한 재활프로그램으로는 헬스, 에어로빅, 여러 운동 경기를 하고, 자아정체성 회복을 위한 프로그램으로는 다면적 인성검사, 연극, 관련강의, 진로탐색 검사 등을 실시했다

⑧ 부산 금정 희망의 집

부산에서 1986년부터 어린이 집 등 사회선교를 해오던 이필숙 전도사는 1998년 12월 18일 실직노숙자 쉼터인 '금정 희망의 집'을 개소했다. 1999년 10월까지 쉼터 이용 연인원은 215명으로 평균 50명이 입소했다. 쉼터 위치가 공단지역으로 퇴근 시간 이후에는 한가한 편이다. 실시한 프로그램은 정신교육, 인간관계훈련 등이다.

⑨ 강릉 희망의 집

강릉에서도 희망의 집이 1998년 12월 23일에 개소했다. 희망의 집은 상담, 의료 구호활동을 하고, 심성개발, 교육원 사업의 재활용품을 수거하는 자활지원사업을 모색했는데, 이 사업이 실업극복국민운동 제3차 제안사업공모에 선정되어 지원을 받아 실시되었다. 자활지원사업으로 목공예 공방사업을 벌였다. '생명의 숲 가꾸기' 사업을 통해 생긴 부산물인 나무를 활용하여 목공예 작업을 거쳐 생활용품이나 관광상품 등을 제작하여 판매했는데 모두 3명이 참여했다. 또 6개월에 걸쳐 준비해 1999년 11월 강원도 실업대책 시민연대를 발족하는 데 동참했다

⑩ 안양노회 희망사랑방

1983년부터 노회 전도부 산하에 안양노동상담소를 설치했던 안양노회는 실직자가 급증하면서 사회부를 중심으로 노숙인 쉼터를 설치하고자 준비하다가 1999년 1월 7일 '희망사랑방'을 개소했다. 희망 사랑방은 노회의 지원으로 무로급식소를 운영했다. 나사로 겨울나기 저녁밥집은 안양노회의 결의로 이뤄진 노회의 사회선교활동이라는 데 특징이 있다. 노회는 한시적인 무료급식소선교활동이 지역 푸드뱅크와 연계함으로써 희망사랑방을 중심으로 여름에도 무료급식 활동이 계속 되어졌다. 쉼터 시설의 전세 기간 만료로 이전을 하려할 때 전세금 부족분에 대해 안양노회가 자선음악회를 적극적으로 지원해 해결했다. 쉼터의 자활사업으로는 쉼터가 기획하여 입소자들이 재활용 옷을 수거하여 판매하고, 각 교회는 교회 입구에 재활용 옷 수거함을 마련하여 이 사업을 지원했다. 재활프로그램으로는 지역 목회자들이 인간관계 프로그램이나 영성 프로그램을 진행했다. 또 '희망교실'과 '내일을 여는 교실'을 열어 노숙인들의 재활을 도왔다. 재활프로그램은 사회복지 프로그램과 인성훈련을 그대로 실직노숙인 프로그램으로 변환시켜 사용했다.

⑪ 성수삼일교회 내일의 집

1983년부터 지역에서 산업선교에 앞장서던 성수삼일교회가 총회 사회부

에 제안을 하고 서울시에 사업안을 제출해 1998년 6월에 서울시로부터 승인을 받아 1998년 9월 13일 여성노숙인 쉼터 성수삼일교회 '내일의 집'을 개소했다. 내일의 집 개소 이후 서울역, 영등포역, 잠실역, 서소문공원 등 거리에서 여성노숙인들과 입소상담을 했다. 재화프로그램을 여성권역 연합프로그램과 자체 프로그램으로 집단상담, 분노조절훈련, 인간관계훈련 등 여성노숙인 치유프로그램을 실시했다.

한국여성단체연합의 지원을 받아 실직여성가장 지원사업을 위탁해 실시했다. 자활을 준비하는 '자율의 집'을 시작하였는데 '자율의 집'은 쉼터(재활의 집)에서 자활의지가 높고 경제능력이 있는 식구들이 거치는 곳으로, 식비와 집세는 내일의 집과 삼일교회가 부담하고, 본인들이 생활비를 부담하여 생활훈련과 자활훈련을 하는 집이다.

(2) 상담보호센터

① 부산 소망관 상담보호센터

보건복지부는 거리노숙인들을 위한 자유이용시설의 필요성을 절감하고 부산소망관을 시범 사업장으로 선정해 2002년 3월부터 재정적으로 지원했다. 소망관은 2001년 12월부터 상시이용시설을 운영해왔다. 상시이용시설은 거리노숙인들에게 기초적인 서비스(인권상담, 세탁, 목욕, 정보제공과 의료지원)와 취업의 기회를 제공하여 최소한의 응급구호를 받을 수 있는 종합안내소의 기능을 담당하는 시설이다. 2002년 1월부터 2002년 11월 20일까지 시설을 이용한 연인원은 6,662명이고, 하루 평균 이용인원이 약 20명이다.

② 영등포산업선교회 햇살보금자리 상담보호센터

영등포산업선교회는 1998년부터 희망사랑방을 개소해 노숙인 쉼터를 운영해 왔으나 거리에 있는 노숙인들에게는 야간상담 이외에는 아무런 대책을 제시하지 못한 채 그들을 외부 위험에 방치하는 것을 안타깝게 여기다가 2000년 7월 노숙인 주간 편의 시설인 햇살보금자리를 개소했다. 쉼터에 적응하지 못하거나 쉼터에 입소하기를 거부하는 거리노숙인들을 위험으로부터 보호하고 자활의 토대를 마련하기 위한 시설과 임시숙소가 필요하다는 평가를 실천에 옮긴 것이다. 햇살보금자리의 목적은 거리노숙인들의 현장보호체계를 마련하는 것이다. 이를 위해 거리노숙인들에게 목욕, 세탁, 이발 등의 기초적인 편의시설을 제공하고, 지역내 무료 급식소(토마스의 집), 무료 병원(요셉의원) 등과 연계 활동을 벌여 최소한으로 그들에게 필요한 서비스를 제공하려 하고 있다. 또 신체가 건강한 일부 노숙인들에게 임시숙소를 제공하고 일자리를 연계함으로써 재활의지가 고취되도록 하고 있다. 이런 과정을 통해 거리노숙인들이 스스로 자신의 생활을 관리하고 청결을 유지하며 노숙인에 대한 부정적 이미지를 극복하고 쉼터에 적응하지 못한 노숙인들의 자활의지를 북돋아 자활의 토대를 마련하고자 한다.

2) 기독교노숙자복지의 실천 사례(광야교회 http://www.kwangya.org)

(1) 노숙자쉼터

100여 명의 노숙자가 현재 3개의 건물에서 생활하고 있으며, 숙식과 의복제공은 물론 매일 드려지는 예배와 치유상담, 내적치유프로그램, 취업알선 등의 프로그램을 제공하고 있다.

예배와 복음전도 사역	매일 드려지는 새벽 5시 30분과 11시 예배 수/금/주일-저녁 7시 예배, 주일 11시 예배
내적치유 프로그램	(알코올중독자를 중심으로) : 2박 3일의 합숙프로그램 (현재까지 14차에 걸쳐 연인원 140여명이 참가)
화요자정 역전예배	매주 화요일 저녁12시 영등포역에서 거리노숙인들을 위한 예배 후 무료급식
공공근로 및 취업알선	공공근로 및 취업 알선을 통해 자활의 기반을 조성할 수 있도록 함.

(2) 영등포쪽방상담소

교회가 위치한 영등포역 옆의 쪽방지역에는 800여 개의 쪽방이 있으며 이곳에서 600여 명의 쪽방주민들(독거노인, 장애인, 전과자, 알코올중독자, 부랑인, 실직가장 등)이 있으며, 영등포역을 중심으로 100여명의 거리노숙인들이 있습니다. 이들을 위해서 상담소에서는 다음과 같은 사역을 해오고 있다.

무료급식(매일 3끼)	노숙인과 쪽방주민들을 대상으로 무료급식 제공 6) 의료봉사 : 내과/외과 (매주 목요일)
의료봉사	내과/외과(매주 목요일)
이·미용 봉사	(매월 2차례)
주민상담 및 실태조사	주민등록복원, 기초생활보장, 장애인등록 등
물품지원	사랑의 쌀 나누기, 의복제공, 가옥수선, 도배봉사 등
편의시설 제공	휴게실, 샤워실, 세탁실, 물리치료실 등
사랑의 결연운동	독거노인과 지체장애인(현재 30여명)
밑반찬 제공	독거노인과 지체장애인(현재 80여명)
일일 온천 나들이	독거노인과 지체장애인
무료합동 결혼식	(현재까지 14가정)

(3) **홈리스복지센터**

16년 동안 노숙인과 쪽방주민들을 섬겨온 광야교회는 2001년 8월부터 교회의 철거를 대비해 주님께 기도하면서 홈리스복지센터를 건립을 위한 작정헌금을 시작하면서 모금운동을 펼쳐왔다.

※ 철거진행 현황

- 쪽방지역의 800여 개 쪽방 중 교회를 포함한 250여 개의 쪽방이 철거될 예정이며 구체적인 철거계획이 시행되어 철거가 진행 중에 있음
- 200여 개의 쪽방은 2003년 10월에 철거 완료
- 교회와 50여 개의 쪽방은 2004년 중순까지 보상 및 철거가 완료될 예정임

※ 홈리스복지센터 건립 추진 현황

- 2001년 8월부터 작정헌금 및 모금운동 시작
- 2003년 5월 철거되지 않는 장소에 90여 평이 되는 부지를 매입
  (총 금액 : 10억 - 후원금 : 4억 5천, 은행융자 : 5억 5천)
- 철거에 대비하여 복지센터를 건립하기 위해서는 급히 은행융자를 상환해야 할 형편임

제15장 한국 기독교사회복지의 발전 방안

한국교회는 그 동안의 정치적, 사회적, 경제적 문제의 와중에서도 눈부신 성장을 거듭해 왔다. 그러나 교회는 급속한 산업화, 도시화, 가족해체, 외국인 근로자 문제 등의 부작용으로 인한 지역 주민의 어려운 복지 문제에 신속하고도 적절하게 대응하지 못하여 여론과 지역사회로부터 비난을 면하기 어려웠다. 그 결과 현재에 이르러서는 국가와 민간 차원에서 특별히 기독교에 대하여 구체적으로 지적하기에 이르렀다.

1 한국 기독교사회복지의 문제점

1) 일반적 문제

한국 교회는 왜 사회봉사에 대하여 적극적으로 활동을 하지 못하는가?. 이에 대한 것을 예의 3가지 조사에 의하여 살펴보면 <표 15-1>과 같다.

교회지도자들의 사회봉사에 대한 부진의 이유를 대다수가 재정적인 문제를 거론하고 있으며, 그 다음이 공간상의 문제, 방법, 기술상의 문제를 언급하며, 아울러 교인들과 재직들의 낮은 호응에 대하여 지적하고 있다.

따라서 이러한 생각들은 아직도 앞에서 언급한 바와 같이 목회자들의 의식과 이에 대한 활동들 그리고 이를 뒷받침하는 조건들을 생각할 때 한국 교회의 사회봉사는 오랜 역사를 소지하고 있으나 고도경제성장의 한파 속에서 중단되고, 변절된 경향을 가지고 있으며, 또 사회봉사에 대한 바른, 정확한 이해에 대한 부족과 이를 추구하려는 바른 이념과 생각의 정립이 필요할 것으로 생각된다.

[표 15-1] 한국 개신교회 사회봉사 부진의 원인

조사 기관	조사 결과
한국교회 사회봉사사업 조사연구 (795개 교회, 1,235명의 교회 지도자, 1990년)	교회재정문제(40.2%), 교회시설, 공간부족(17.6%), 지식과 기술부족(15.8%) 교인들의 소극성(9.2%)
한국교회의 사회복지참여에 대한 연구 (목회자 344명 대상, 1991년)	교회 재정상의 어려움(47.1%), 전문적 기술 및 지식의 부재(22.4%) 교인들의 낮은 호응(13.7%) 시설 및 공간의 부족(12.2%)
사회봉사총람 (예장 산하 2,008명의 목회자 대상, 1992년)	재정의 부족(61.4%) 시설 및 공간의 부족(16.1%) 당회, 재직회의 소극적(11.6%) 지식과 기술의 부족(9.9%)

*전광현, "기독교와 자원(사회)봉사", 서울신학대학교 사회복지학과자료 인용

2) 구조적 문제

한국교회의 구조적인 문제점들은 다음과 같다.[1]

1) 이원규(1994), " 교회 사회봉사에 대한 사회학적 접근", 대한예수교장로회 총회편, [교회사회봉사편람], 서울: 한국장로교출판사, pp. 242-243.

(1) 한국 교회는 전통적으로 개인복음, 개인 구원을 강조하여 왔다. 개인 구원은 각자 개인이 예수를 믿고, 천당 가는 것이라는 신앙이 지배적이었고, 축복은 개인에게 내리는 선물이라는 신앙이 강한 것이다. 이러한 신앙의 자세는 반사회적, 탈 역사적 세계관을 만들어서 사회구원에 대한 관심과 책임을 외면하게 만든 것이다.

(2) 한국 교회에서는 믿음의 차원에서 강조한 것은 수직적인 사랑만을 강조하여 왔지, 수평적 사랑을 덜 강조하여 왔다. 한국 교회는 너무도 고상한 "하늘 신앙"에만 집착하여 왔지, "이웃 신앙"을 그다지 중요하게 여기지 않았다. 따라서 교인들에게는 기도, 교회 출석, 성경 읽기, 헌금 등을 강조하고, 이를 잘해야 신앙이 있는 것으로 생각하는 풍조가 교회에 존재하고 있다는 것이다. 따라서 오늘날 크리스천들의 믿음은 실천이 없는 믿음, 사랑의 실천이 없는 믿음 즉 죽음은 믿음을 소유한 형태가 되어 크리스천들의 적극적인 사회봉사를 가로막는 요인이 되었다.

(3) 한국 교회는 그 동안 선교를 주로 복음화로만 생각을 하여왔지, 인간화로 생각을 못하였던 경향이 있었다. 선교를 복음화로 보기 때문에 전도의 성과는 매우 컸지만 선교의 인간화 차원이 간과되었기에 인간 생활의 복지, 인권, 봉사의 차원이 소홀히 취급되었던 것이다. 이로 인하여 교회가 사회봉사에 적극 참여하지 못하는 요인이 된 것이다.

(4) 한국 교회는 개인주의 교회로 발전되었기 때문이다. 한국 교회는 인적 물적 자원을 개교회 즉 자기 교회의 발전과 성장에만 투자, 투입하는 경향이 있다. 교회의 힘은 큰 교회, 대형 교회에 있다는 생각들이 많아서 교회의 모든 힘을 이 부분에 투입, 투자하는 경향이 많았다. 따라서 사회봉사 같은 다른 사람들을 위하고, 본인들의 교회와는 직접 상관이 없는 일들은 교회가 어느 정도 성장하면, 또 어느 정도의 재력의 여유가 생기면 그때에 하여도 늦지 않는다는 인식을 갖게 되어 결국 사회봉사는 뒷전으로 물러나게 되는 결과를 초래하였다고 볼 수 있다.[2)]

---

2) 전광현, 기독교와 자원(사회)봉사, 서울신학대학교 사회복지학 자료.

2 한국 기독교사회복지의 과제

1) 인적자원의 활용

교회 내 성도들의 의식이나 교육수준이 점차 높아지고 있는 현시점에서 한국 교회는 막대한 인적자원을 보유하고 있다고 할 수 있다. 따라서 교회는 이러한 인적 자원을 활용할 수 있도록 조직적이고 체계적인 사회복지 활동을 기획해야 한다.

과거에는 자원봉사를 위한 특별한 교육과 관리의 미비로 주로 여성이나 학생위주로 이뤄졌으며 자원봉사자들의 낮은 참여율과 지속적이지 못하고 단기적으로 끝나는 경우가 많았다. 따라서 교인들의 자원봉사에 대한 동기 유발은 기독교 교육, 예배와 설교, 기도와 토론 등 교회의 전반적인 활동에 깊게 반영시킴으로서 가능하고 이외에 현장 답사, 전문가를 초청하여 인간이 당하는 고통의 현실 정보를 취득케 하는 방법으로도 동기 유발을 시킬 수 있을 것이다.[3)]

2) 시설자원의 활용

시설 면에서 자체 건물을 가지고 있는 교회들은 예배시간과 공식적인 모임 시간을 제외하고는 대부분 이용 가능한 교회시설을 지역주민들에게 개방한다면 지역사회를 위한 다양한 사회복지 프로그램을 수행할 수 있을 것이다. 물론 예배시설을 개방하는 데는 제약이 있다 할지라도 그 외의 건물 즉 교육관, 부수건물, 운동장, 주차장, 기타 건물 등을 지역사회를 위해 개방선교적인 차원에서도 많은 도움이 될 것이다.

3) 재정자원의 활용

우리의 모든 자원은 하나님의 소유이며 사람은 그것을 선하게 쓰는 청지기의 입장이다.

3) 박종삼·이삼열 편 "사회사업의 시각에서 본 교회의 봉사" 「사회봉사의 신학과 실천, 1988」, p. 186.

한국교회의 재정자원을 사회복지 사업 활용에 관한 방안으로 재정 관리에 대한 원칙을 세워 집행해야 한다. 첫째 교회 재정의 구조 즉 예산 계획에서부터 구제비 항목을 책정하여 정규적으로 지출하도록 하고 둘째 미자립 교회를 지원함으로써 지역사회의 복지를 위한 교회로서의 사명을 담당한다. 셋째, 사회복지를 위한 예산을 정기적인 헌금이나 기금설립 등의 제도적인 방법을 통해 확보하는 것과 개교회의 성장이라는 지향적인 경향을 개선함으로써 함께 하는 교회가 되어 교회가 보유하고 있는 막대한 재정자원을 사회복지사업에 활용하도록 해야 하겠다.[4)]

4) 지역사회중심의 복지프로그램의 개발

교회의 복지선교는 인간의 다양한 욕구의 영역인 사회적, 경제적, 문화적, 육체적, 심리적, 윤리적, 영적인 범주를 포괄해야 한다. 실제로 교회는 복지대상자들(client)의 실제적 욕구와 갈망한 무엇인가를 이해하는 것이 중요하다. 사회복지전담 목회자의 필요성에 대한 질문 중 매우 필요하다는 것에 대해 목회자의 48.8%가 찬성을 하였고, 조금 필요하다고 생각하는 것에 41%가 찬성을 했다.[5)] 이로 보건대 사회복지전담목회자의 필요성에 대하여 90% 정도가 긍정적으로 생각하고 있는 것으로 볼 수 있다. 교회의 사회복지 실천에는 반드시 사회복지전담 목회자가 있어서 지역사회의 사회문제와 지역사회주민들의 전인적 치료를 위한 다양한 생활영역에 관심을 두어야 한다. 목회자는 지역사회를 대변하는 역할을 감당해야 한다. 지역 주민의 각종 행사에 교회 대표를 파견하며 그 문제에 교회가 관심을 표명하되, 특히 가난하고 소외된 자들의 자활을 돕고 필요한 경우 그들의 의견을 대변할 수 있는 역할을 수행해야 한다.

---

4) 서정호(1983), "한국교회자원의 사회복지 활용에 관한 연구", 석사학위논문, 중앙대학교 사회개발대학원.

5) 유장춘(1997), "지역사회복지시설의 자원봉사활성화를 위한 교회와의 연계방안", 대전광역시 사회복지협의회, p.85.

5) 전문성의 구비

교회의 복지선교는 교회의 평신도의 적극적인 동원과 참여가 요구된다. 초대교회에서 교회의 복지사업과 그 활동을 관리하고 협력했던 주체가 평신도였던 것과 같이, 현대교회에서도 전문적인 복지사업과 사회봉사의 교육을 받은 평신도들의 전문성을 효과적으로 활용해야 한다.

동시에 교회의 평신도들의 전문성을 활용하여 국가공공기관과 사회단체의 복지제도의 문제점을 개선하는 일에 적극적이어야 한다. 교회의 복지선교는 활동의 범위와 영역을 분명하게 정하고 복지선교에 참여할 수 있는 평신도들을 선정하여 훈련시켜야 한다. 교회는 교회의 내적 사역을 통하여 계발한 평신도의 영성(spirituality)과, 그리고 주어진 삶의 터전과 직장생활을 통하여 계발한 전문성 양자를 복지선교의 바람직한 자원들로 활용하여야 한다.

6) 목회자의 복지패러다임의 전환

목회자의 의식에 따라 교회는 성격을 달리한다. 한국의 교회에서는 대체로 교회의 책임자가 기관의 정책방향을 결정하는 데 가장 큰 영향을 미친다. 따라서 기독교기관의 사회복지가 활성화되기 위해서는 무엇보다 교회의 지도자가 사회복지를 바라보는 견해가 긍정적이어야 한다. 교회의 사회복지를 활성화시키기 위해서는 담임목사의 의식전환이 무엇보다도 시급한 문제이며, 이들 목회자의 사회복지 의식을 전환시키는 데는 사회복지에 관한 깊이 있는 교육이 있어야 한다. 또한, 교회가 지역사회 안에서 존재한다고 할 때 지역사회 안에 있는 교회는 그 지역사회와 불가분의 관계에 있다.

교회는 건물이나 시설 면에 있어서 지역사회활동의 장을 제공할 수 있으며 다른 단체나 조직, 개인에 비해 지역사회 발전에 활용할 수 있는 인적, 물적 자원을 많이 가지고 있다고 할 수 있다.

따라서 교회가 적극적이고 능동적으로 지역사회 발전을 위해 이러한 자원을 활용할 때 교회의 지역사회와 지역사회의 교회화가 가능해지고 교회가

지역사회의 정신적, 도덕적 구심점으로서의 기능을 다 할 수 있을 것이다.[6]

또한, 교회의 사회선교의 효율성을 높이기 위해서는 목회자의 민주적 리더십을 요구한다.[7]

첫째, 민주적 지도자는 독단적이고 독선적인 견해를 강요하기보다는 구성원들의 가능성 있는 다양한 대안들을 수집하고 탐구와 토의를 거쳐 선택, 결정하도록 유도한다.

둘째, 현명한 지도자는 민주적이고 예언자적 성직자의 태도(prophetic churchmanship)로 구성원들이 자신의 의견을 개진할 수 있도록 격려한다. 비록 의견이 다양하고 대립된다 할지라도 자신의 의견을 제시할 수 있고 '몸의 지체가 많으나 한 몸'이라는 공동체적 상호이해와 수용하는 태도로 토론을 거쳐 합의에 이르도록 유도한다.

셋째, 지역사회 주민의 의식이나 태도, 행동수준이 여하하든 간에 항상 주민들의 수준을 있는 그대로 인정하고 수용하며 그 수준에서부터 일을 시작한다.

넷째, 모든 창의적 사람과 마찬가지로 목회자의 의무는 가능한 한 사람들의 마음을 끌 수 있는 상품을 개발하는 것이다. 모든 사람과 우정 어린 교제를 할 수 있어야 하며 성실한 태도로 사람을 깊이 사랑해야 한다.

다섯째, 종교지도자는 언제나 기독교적 기반이나 신념을 토대로 한 결론을 제시할 수 있어야 하며 지역사회 내에서 이루어진 합의를 바탕으로 반대의견을 설득할 수 있어야 한다.

여섯째, 민주적인 지도자는 현실파악 능력을 구비해야 한다. 현실을 정확하게 파악하고 이에 합당한 프로그램을 추진할 수 있어야 한다.

일곱째, 고정관념에 집착되어 있는 가치나 태도를 바람직한 방향으로 변화시켜 합의점을 도출해낼 수 있는 능력을 구비해야 한다. 일반적으로 사람은 습관적이고 익숙한 것에 집착하는 경향을 지니고 있으며, 새로운 변화에 대한 거부감을 갖기 쉽다. 그러므로 이러한 사람들을 변화시키기 위해서는 다양한 방법을 구사할 수 있어야 한다.

---

6) 구종회(1999), "지역사회중심의 사회복지 선교", 우원사상논총 Vol. 7, pp.315.
7) 전게서. pp.318-319.

여덟째, 창의적인 사람은 갈등을 결코 회피하지 않는다. 민주적 교회지도자 역시 십자가의 고난을 회피하지 않고 그 고난에 자신을 맡긴다. 복잡한 사회는 계속해서 새로운 사회문제를 야기시킨다. 그리스도의 십자가의 고난을 직시하고 이를 자신의 아픔으로 받아들이는 크리스천은 방관자의 편안하고 안전한 상태에 만족하지 않는다. 바로 이러한 문제를 해결하기 위하여 행동하는 것이다.

7) 인프라구축

교회의 복지선교는 지속적이고 장기적인 사업으로 추진되어야 한다. 이것을 위해 교회는 사전에 복지선교를 위한 면밀한 검토와 연구를 통하여 체계적인 계획이 수립되어야 한다. 또한 교회는 복지선교를 추진하는 과정에서 예상되는 모든 것을 사전에 준비하고 계획하여야 한다. 교회는 지역사회의 전통과 문화적 특수성을 주의 깊은 관찰과 연구를 통해서 복지선교의 한 분야를 선택하여 계획적이며 집중적으로 추진해 가는 것이 필요하다. 또한 복지선교의 대상자들에게 국가공공기관 및 사회단체가 제공하는 사회보장과 연금혜택, 각종 보험으로 경제적 보호를 받을 수 있도록 적극적으로 도와야 한다. 교회는 복지대상자들이 사회보장제도와 각종 보험혜택을 보장받기 위해 국가공공기관과 사회단체와 긴밀하게 협조하는 네트워크(cooperative network)를 구축해야 한다.

참고문헌

강기정(2003),『여성의 지역사회봉사 실태와 교회의 여성 사회봉사 모형개발의 기독교 복지적 접근』, 진리논단 제 8호, 천안대학교.

고수현 외(2002),『사회복지개론』, 대학출판사.

________(2004),『노인복지론』, 양서원.

고재식(1991),『사회선교와 기독교 윤리』, 대한기독교서회.

공계순 외(2003),『아동복지론』 학지사.

곽금주(1992),『인지능력의 발달』, 청소년심리학. 한국청소년연구원.

곽안전(1973),『한국교회사』대한기독교서회.

교회사회봉사총람(1994), 대한예수교장로회 총회.

교회사회사업학회 창립준비위원회 (2002),『교회사회사업학회 창립발기문』 한국교회사회사업학회.

구종회(1999),『지역사회중심의 사회복지 선교』, 우원사상논총 Vol. 7.

굿네이버스(2005). 굿네이버스 광주지부 10주년 기념 자료집.

권혁승(2002).『이혼은 하나님의 뜻이 아니다.』 기독교사상 제521호.

기독교사회복지엑스포(2005),『국제학술심포지엄 자료집』.

기독교사회복지엑스포 조직위원회(2005),『전시영역별 기관사업 보고서』.

기독교 사회복지전시 기관자료집, 2007 한국교회대부흥 100주년기념대회.

김광수(1978),『한국민족 기독교 백년사』한국교회사연구원.

김규삼(1995),『노인복지론』, 학문사.

김균진(1995),『역사의 예수와 하나님의 나라』 연세대학교 출판부.

김기원(1995),『기독교와 사회복지』 예안.

______(1997),『자원봉사참여욕구 활성화 방안에 관한 연구』, 사회복지연구, 10호.

______(1997), 현대사회문제와 기독교사회복지의 과제. 한국기독교사회복지회.

______(1997),『교회의 사회복지실태에 대한 인식도』, 목회와 신학, 3월 호, 두란노.

______(1998), 기독교사회복지론, 대학출판사.

김기태·박병헌·최송식(2004),『사회복지의 이해』박영사.

김남식(1994),『결혼과 가정에 대한 성경적 원리』. 상담과 선교, 제1권 3호.

김대원 외(2004),『사회문제와 사회복지』학지사.

김덕준(1982),『기독교 사회복지사업』사회복지 통권 75호, 한국복지협의회.

______(1993),『기독교사회복지』, 한국기독교사회복지학회.

김동배(1993), 기독교 사회봉사의 비판적 고찰. 연세사회복지연구 창간호, 연세대학교 사회복지연구소.

______(1994),『기독교 사회봉사의 비판적 고찰』, 연세대 사회복지연구. 연세사회복지연구소.

김만두(1993),『한국계신교와 사회복지서비스』. 전주한일신학대학 개교70주년 학술 심포지움, 기독교 사회복지 기독교 종합연구원.

김만두 외(2001),『현대사회복지개론』, 홍익제.

김만두· 한혜경(1997),『현대사회복지론』, 홍익제.

김미숙 외(1999),『종교계의 사회복지활동 현황과 활성화 방안연구』, 한국보건사회연구원.

김상균, 여성을 위한 사회복지정책 여성복지 제2권4호, 한국여성개발원.

김상근(1995),『한국지방자치와 교회의 역할』한국기독교장로회 신학연구소.

김성이(1993),『청소년복지의 개념과 의의』, 청소년복지론. 한국청소년개발원.

김성이 외(2005),『교회사회복지의 철학과 방법』나눔의 집.

김성철(2000),『Diakonia』, 평화사회복지연구소.

김성태(1994),『세계선교전략사』, 생명의 말씀사.

김신일(1998),『사회복지론』형성출판사.

김안나 외(2005),『2005빈곤통계연보』한국보건사회연구원.

김연택(1998),『한국종교와 교회성장』대한신학대학원출판부.

김영애(1995), 여성상담론『여성상담과 여성복지』, 한국여성의 전화.

김용복(1996),『기독교적 섬김에 대한 성경적 신학적 고찰』, 교회와 지역사회, v17.

김용복(1993),『한국기독교 사회봉사와 사회복지』. 개교 70주년 기독교 사회복지 학술심포지움. 전주한일신대 기독교 종합연구원.

김우영(1997),『교회와사회복지』문영사.

김융일 외(2003),『사회복지학개론』동인.

김인숙(1998), 여성복지시설의 운영 실태,『사회복지 리뷰』제3집, 가톨릭대학교사회복지연구소.

______(1999), 여성복지정책의 현황과 발전방향,『여성복지발전을 위한 포럼』, 사단법인 여성단체연합.

김장대(1998), 『기독교 사회복지학』, 도서출판 진흥.

김태련(1992), 『청소년기의 발달과 발달과업』, 청소년심리학. 한국청소년연구원

김태성 외(2007), 『빈곤과 사회복지정책』 청목출판사.

김통원·김혜란(1998), IMF 경제위기와 민간 자원의 복지 참여. 사회복지. Vol 37, 한국사회복지협의회.

김하태 외(1984), 『종교와 기독교』, 연세대학교 출판부.

김혜란(2001), 아동을 위한 교회 사회복지사업. 교회의 사회복지 참여하고 실천하기. 대한기독교서회.

남희수(2007), 기독교사회복지론, 기독교문서선교회.

노 혁(1984), 교회사회사업의 방향과 교회사회사업가의 역할. 사회사업연구. 제9집. 숭실대학교 사회사업연구소.

______(2000), 교회사회사업과 청소년복지. 나사렛논총. 제5호 나사렛대학교출판사.

노상학(1979), 『기독교와 사회복지』, 사회복지, 통권 63호, 한국사회복지협의회, 겨울호.

노상현(2003), 『새로운 가정 패러다임 목회가 필요하다』, 목회와 신학 5월호.

노용호(2005), 『청소년 복지론』 도서출판 구상.

노윤식(2000), 『새천년 시대의 인간 이해와 기독교 선교』, 한국기독교학회 한국신학논총19집, 대한기독교서회.

노치준(1994), 『한국 교회의 재정연구』, 대한기독교서회.

______(2000), 『한국사회발전과 기독교의 역할』, 숭실대학교 기독교사회연구소.

노혁(2000), 『교회사회사업과 청소년복지』, 나사렛논총 제5호. 나사렛대학교출판사

______(2006), 『청소년 복지론』 서울; 대학출판사.

대한예수교장로회 총회편(1994), 『교회사회봉사편람』, 한국장로교출판사.

류형기(1984), 『기독교회사』, 한국기독교문화원.

림병덕(1987), 『기독교와 장애자 복지사업』, 장로회보, Vol 3(5).

______(1999), 『장애인 선교와 복지, 그 상관성과 문제점』, 세밀련 장애인 선교 정책자료집.

맹용길(1987), 『Stanley Hauerwas의 윤리사상, 敎會와 神學(제19집)』 장로회신학대학출판부.

민경배 (1984), 『한국교회 제2세기의 교회사적 전망』, 목회의 전문화와 영성 제4회 연신원목회자신학세미나 강의집.

______(1984), 『한국기독교회사』, 대한기독교출판사.

민영진(1987), 『희년의 의미』, 민중과 한국신학, 한국신학연구소.

박광덕(2002), 『사회복지개론』, 삼영사.

박노권(2003), 『현대신학과 목회』, 목원대학교출판부,

박동현(1992), 『구약성경에서의 사회봉사』, 한울아카데미.

박선희(2003),『아동복지』, 방송통신대학교 출판부.

박선희·조홍식(2004),『아동복지』, 한국방송대학교출판부.

박승탁(2003),『청소년복지를 위한 기독교 사회복지의 실천방안』, 신학과 목회, 제19집, 영남신학대학교.

박영복(1995),『한국기독교사회교육사』, 교육과학사.

박영호 (1979),『기독교와 사회사업』, 예수교 문서선교회.

박영호(2002),『기독교사회복지』 기독교문서선교회.

박요한(2007),『함정』, 나남출판사.

박용순(1999),『사회복지개론』 학지사.

박종삼(1981),『민간자원동원과 종교사회복지의 과제』 한국사회복지협의회.

______(1992),『21세를 향한 한국교회와 사회봉사』, 기독교사회복지 제2호 서울신학대학교 사회복지연구소.

______(1993),『신학교/기독교 대학의 사회복지(사회사업) 교육 정립의 과제』, 한국기독교 사회봉사와 사회복지, 전주한일신학교, 기독교종합연구원.

______(1994),『교회 사회봉사에 대한 사회복지적 접근』, 교회사회봉사총람, 대한예수교장로회 총회.

______(1995),『지역사회와 지역사회복지 선교』. 현대교회와 사회봉사. 대한예수교장로회총회 출판부.

______(1996),『한국교회사회사업의 정립과 종교사회학』, 연세사회복지연구』 제3권, 연세대학교 사회과학대학 사회복지연구소.

______(2002),『교회사회사업』, 사회복지학개론, 학지사.

박종삼 외(2003),『사회복지학 개론』 학지사.

박종삼· 이삼열 편(1988),『사회사업의 시각에서 본 교회의 봉사』, 사회봉사의 신학과 실천.

박종수(2001),『구약성경외 사회복지사상』, 홍익제.

박종옥(2006), 기독교 사회복지에 관한 연구, 기독교사회복지, 제 14호, 서울신학대학교 사회복지연구소.

박준서(1991),『한국교회사회복지 참여에 관한 연구』, 연세대 부설 한국 기독교 문화연구소.

박천웅(2007),『다문화 이주민 선교 패러다임 전환과 당면 과제』, 교회와 신학, 제 70호(가을호).

사랑의 실천운동 안내서(1984),『한국기독교 100주년 기념사업협의회』, 성광문화사.

새문안교회 100년사(1887-1987), 대한예수교장로회 새문안교회, 역사편찬위원회.

서봉연(1992),『자아정체감의 형성과 발달』, 청소년심리학. 한국청소년연구원.

서울시정 개발연구원(1997), 『서울시 사회복지 기초수요조사 및 정책연구』 서울특별시.

______(1993), 서울특별시 부녀복지관 발전 방안.

서정운(1991), 『교회와 선교』 두란노서원.

______(1992), 『선교신학에서 본 사회봉사』, 사회봉사의 신학과 실천, 한울출판사.

______(1994), 『선교신학에서 본 사회봉사』, 교회사회봉사총람, 대한예수교장로회 총회출판국.

선우덕 외(2001), 『노인장기요양보호 욕구실태조사 및 정책방안』, 한국보건사회 연구원.

설동훈(2005), 『국제결혼 이주여성 실태조사 및 보건』, 복지 지원 정책 방안. 보건복지부.

______(2005), 『다문화 사회에서의 조화와 공존. 국제인적 교육 지원을 위한 세미나』, 법무부· 형사정책연구원.

설동훈· 한건수· 이란주(2003), 『국내 거주 외국인 노동자 아동의 인권실태조사』. 국가인권위원회.

성공회다시서기센터(2007 서울시노숙인정책토론회), 『노숙인 보호 10년, 노숙인 복지정책 어디까지 왔나』.

성규탁(1990), 『한국교회의 사회복지 참여에 관한 연구』, 한국학술진흥재단.

성규탁 외(1991), 『한국교회 사회복지참여에 관한 연구』 한국기독교문화연구소.

성혜영·김연지(2004), 『아동복지의 이론과 실제』, 동문사.

손규태(1998), 『한국교회의 사회선교에 관한 연구』, 신학사상 제100집 봄호.

손병덕(2004), 『전국 복지시설의 운영주체 분석에 의한 종교·교단별 사회복지사업활동 현황조사 그리고 한국 교회사회복지의 과제』, 총신논총 Vol 24.

손병덕(2005), 『기독교사회복지』 대한예수교장로회 총회.

손용철(1998), 『교회의 사회봉사』, 기독교사회복지 제7호, 서울신대 기독교사회복지연구소

신광섭 (1994), 『한국 기독교의 복지사적 고찰』, 대한예수교장로회 총회편(교회사회봉사편람). 한국장로교출판사.

신광섭(1994), 『한국기독교의 복지사적 고찰』, 교회사회봉사 총람, 한국장로교 출판사.

양옥경(1994), 『사회복지실천과 윤리』 한국 아카데미.

엄명용 외(2003), 『사회복지실천의 이해』 학지사.

오정수 외(2006), 『지역사회복지론』 학지사.

오치준(1998), 『한국개신교 사회학』 한울아카데미.

유수현(1993), 『소외계층 청소년의 사회화를 위한 기독교 사회복지기관의 역할』, 기독교사회복지, 제3호.

유의웅(1995), 『현대교회와 사회봉사』, 대한예수교 장로회 출판국, 1995.

유장춘(1997), 『지역복지시설의 자원봉사활성화를 위한 교회와의 연계방안』 대전시 사회복지협의회.

______(1999),『미국교회의 교회사회사업 양상과 그 한국적 적용』, 기독교사회복지 제8호, 서울신학대학교 기독교사회복지연구소.

______(2002),『교회의 목회와 사회봉사』, 교회사회사업의 목회적 적용; 침례교신학연구소 편.

______(2002)『기독교사회복지운동의 방향과 전략』, 연세사회복지연구 제8집, 연세대학교사회복지연구소.

______(2003),『사회복지실천을 위한 영성적 접근 가능성에 대한 탐색』, 통합연구 41. 제16권 2호 통합연구학회.

______(2004),『영성의 다양성과 한국인의 토착적 영성 그리고 교회사회사업적 과제』, 교회사회사업 제2호, 한국교회사회사업학회.

유효순· 정원식(1987),『부모교육』, 한국방송통신대학.

은준관(1976),『교육신학』, 대한기독교서회.

이광규(1981),『한국의 가족구조분석』, 일지사.

이광순 외(1996),『선교학개론』 한국장로교출판사.

이근홍(1999),『여성복지』, 한국사회보장제도의 재조명, 중앙대학교사회복지학과편, 사회복지정책연구소.

이덕주(1993),『태화기독교 사회복지관의 역사』 대화기독교사회복지관.

이만식(1999),『기독교의 사회복지 참여실태 및 활성화 방안』 종교 사회복지연구소.

이만열 (1981),『한국기독교와 역사의식』, 지식산업사.

이무영(2006),『아동을 위한 기독교사회복지 활동』, 광신논단 제15집, 광신대학교.

이삼열 역(1992),『교회사의 전통에서 본 사회봉사』, 이삼열 편. 사회봉사의 신학과 실천 숭실대학교 기독교사회연구소.

______(1999),『사회봉사의 신학과 실천』 한울.

이성희(1994),『교회사회봉사 실천을 위한 목회학적 고찰 : 대한예수교장로회 총회 사회부편』, 교회사회봉사총람. 한국장로회출판사.

이소희(2005),『이동복지론』, 현학사.

이소희(2002),『아동복지론』, 양지.

이용교(1992),『청소년의 생활시간』, 청소년문화론. 한국청소년연구원.

이원규(1991),『한국교회의 사회적 기능』, 신학과 세계.

______(1993),『봉사활동과 지역사회의 조사』, 종교와 사회복지, 심대섭 편저, 원광대학교출판국.

______(1994),『교회사회봉사에 대한 사회학적 접근』, 교회사회봉사총람 한국장로교 출판사.

______(1995),『한국교회의 사회적 역할과 과제』, 한국기독교사회복지회 편. 기독교와 사회복지. 예안.

이정서 외(2002), 『사회복지학개론』 유풍출판사.

이회능(2000), 『21세기 교회의 교육적 과제』, 나사렛논총 제5호. 나사렛대학교출판사.

이희승(1992), 『엣센스 국어사전』, 민중서림.

임종권 외(1985), 『한국노인의 생활실태』, 보건연구원.

임종운· 임구원(2003), 『기독교사회복지론』, 홍익제.

장로회 총회전도부(1981), 『교회와 산업선교』 총회출판부.

장병욱(1979), 『한국감리교 여성사』, 성광문화사.

장인협(1989), 『사회복지학개론』, 서울대학교 출판부.

장진광(1994), 『희년과 복음』(두란노).

장혜경(2004), 『외국인 근로자 자녀의 교육소외 실태와 대책』, 교육소외집단의 실태와 복지대책, 한국교육개발원 제25차 교육정책포럼.

전광현 외(2007), 『기독교사회복지의 이해』, 양서원.

전혜정(2004), 『한국의 기독교 사회복지사업의 과거와 현재』, 호서신학 제11집, 호서대학교 연학신학대학원.

전호진(1985), 『한국교회와 선교 제2집』, 엠마오.

정무성 (1997), 『산업복지의 사회복지적 성격』, 사회과학연구 제13집. pp.51-65.

______(1998), 『한국 개신교회의 사회복지사업행태와 개선과제』. 기독교사회복지 제6집.

______(1999), 『민간 사회안전망의 필요성과 효율적 구축방안』, 민간 사회안전망 구축을 위한 세미나 자료집.

정소영(2006), 『이혼 후 자녀상담 : 읽음을 잃는 아이들』, 전국상담전문가 교육대회 자료집. 한국상담전문가연합회.

정희수(2001), 『신약성경의 사회복지사상』, 기독교와 사회복지, 홍익제.

조홍식(2000), 『재활 프로그램에 대한 총평』, 노숙자 재활 워크샵, 전국실직노숙자대책 종교. 시민단체협의회.

조홍식 (1998), 『종교 사회복지활동의 방향과 과제』, 제1회 종교와 사회복지 심포지엄 자료집. 한국종교계사회복지대표자협의회.

조홍식 외(2002), 『가족복지학』, 학지사.

주선애(1998), 기독교 가정의 적신호, 교회 교육 11월호.

주영수(2000), 『자유의 집 노숙자들의 의료문제』, 전국실직노숙자대책 종교. 시민단체 협의회, 희망나눔, 2:4.

차종순(1992), 『교회사』 대한예수교장로회 총회출판국.

찰스 셀(2003), 『가정사역』, 정동섭역. 생명의 말씀사.

채수일(1998), 『21세기의 도전과 선교』, 대한기독교서회.

총회 남선교회 지도위원회 편(1997), 『교회와 청소년 지도』, 한국장로교출판사.
최무열(1998), 『한국교회의 의도적 나눔을 통한 경제위기의 극복』, 교회와 신학(여름)
______(1999), 한국교회와 사회복지. 나눔의 집.
______(2003), 『교회사회사업의 신학적 기초』, 교회사회사업편람. 인간과 복지.
최성수(1994), 『교회 사회봉사 사업의 계획과 실천』, 교회 사회봉사 총람 예장총회 사업부.
최성재 외(2000), 사회복지행정론. 나남출판.
______(1988), 『서울시 사회복지시설 운영실태조사』, 서울대 사회복지연구소.
최순남(1999), 『인간행동과 사회환경』, 한신대학교출판부.
______(1986), 『교회와 사회복지』, 세계선교 10월호, 한신대학교.
최인식(1996), 『미래의 교회와 미래신학』, 대한기독교서회.
최일섭(1999), 『지역사회복지론』,서울대학교 출판부.
콘라드 라이저(1990), 『기독교와 사회발전』, 숭실대학교 기독교사회연구소편, 사회발전과 사회운동, 한울출판사.
태화기독교 사회관(1971), 『태화기독교 사회관 50년』, 태화기독교 사회관 발행.
한건수(2004), 『외국인 노동자 자녀의 교육실태』, 한국교육개발원 교육정책토론 자료집. 한국교육개발원.
______(2005), 『이주노동자 자녀교육을 문화 다양성 교육으로 활용』. 교육개발 Vol.32 No.1 통권 149호, 한국교육개발원.
한국갤럽 (1998), 『한국인의 종교와 종교의식: 제3차 비교조사(1997년도 조사)』 한국갤럽.
한국기독교 사회복지회편(1995), 『기독교와 사회복지』, 서울 예안.
한국기독교교회협의회(1976), 『기독교연감』 한국기독교협의회.
한국기독교부모교육연구회(2005), 『성격적 자녀양육』, 양서원.
한국기독교장로회 여신도회 전국연합회.
한국아동복지시설연합회(1998), 『국민의 정부와 아동복지 정책방향』, 제23회 아동복지세미나.
한국자원봉사자 능력개발 연구회(1993), 『한국교회 봉사사업 조사연구』,성광문화사.
한국종교사회연구소(1997), 『한국종교연감』.
한국청소년개발원(2000), 『청소년복지론』, 나남출판.
한중식(1992), 『기독교의 이해』, 숭실대학교 출판부.
한형수(2000), 『사회복귀를 위한 노숙자 대책에 관한 연구』, 사회와 문화 제11집.
허구생(2006), 『빈곤의 역사 복지의 역사』, 한울.
홍기영(2002), 『기독교 선교와 사회복지』, 지성과 창조 통권 제5호, 나사렛대학교출판사.

황순환(2001), 『기독교사회복지에 대한 선교신학적 접근』, 신학과 문화 제10집, 대전신학대학교.

♣ 국외문헌

Bonhoeffer Dietrich(1967). *Latters and Papers from prison.* N.Y.: Macmillan Co.

Bruce Kaye(1985), "Lawand Morality in the Epistles of the New Testament" J. I. Packer ed., *The Law Morality and the Bible :* A Symposium 박권섭 역, (백합출판사).

Canda, E. R. (1988). Spirituality, religious diversity and social work practice. *Social case work: The journal of contemporary social work,* 69(6).

Daiber, Karl-Fritz. Diakonie und Kirchliche Identitt(1998), 『교회의 정체성과 교회봉사』 황금봉 역, (한국장로교출판사).

Daly, G(1997), Charity begins at home : A cross-national view of the voluntary sector in Britain, Canada, and the United States. In M. J. Huth & T. Wright(eds), *international critical perspective on homelessness.*

Friedlander, W.A.(1976). *Concepts and Methods of Social Work.* Englewood Cliffs, NJ: Prentice-Hall.

Gilbert, N., H. Specht, P. Terrell(1993). *Dimensions of Social Welfare Policy.* Englewood Cliffs, NJ: Prentice-Hall.

Haward A. Snyder(1999), Moldes of the Kingdom 이철민 · 이승학 공역, 두란노출판사.

Hendricks, W. L. (1988). The theological basis for christian social ministry. *Review and expositor,* No. 85, Spring, 221-232.

Herberg, E. L.(1992), "The Homeless in the United State : Conditions, typology and interventions", international Social work.

James E. Fisher(1976), Democracy And Mission Education In Korea. 연세대 출판부.

Kramer, R.(1981). *Voluntary Agencies in the Welfare State.* Englewood Cliffs, NJ: Prentice-Hall.

Kroloff N. M & S. C. Aderson(1998), "Alcohol-free living center : Hope for Homeless Alcoholics", Social Work (November).

Lawrence Richards(1985). *Expository Dictionary of Bible Words.* Grand Rapids: Zondervan Publishing House.

Macaulay, Ranald & Barrs, Jerram(2000), 인간: 하나님의 형상, 홍치모 역, 한국기독학생회출판부.

Manston, T. B.(1991), 『성경 그리고 현대사회』, 이석철 역, 요단출판사.

Marty, M. E(1980). *"Social Service: Godly and Godless".* Social Service Revice.

May. Roy. H Jr.(1985), *"The Church and Latin American community Development"*, chicago Theological Seminary Register.

Miller. D. L.(1989), *"The Development Ethic"*, Christian Relief and Development Word Publishing.

Moberg, D. O. (1984). *The church as a social institution,* Grand Rapids: Baker Book House.

Parrillo, Vincent N., et.al.(1988), *Contemporary Social Problems,* Macmillan Publishing Company, N.Y.

Philip Klein, *Foom Philanthropy to Social Welfare* (San Francisco Jossey-Bass, 1968), 7.

Robert L. Barker(1995), *The Social work Dictionary* (Washington D.C: NASW Press.

Rouald Sider & C. Rene Padilla(1993), 『복음 전도 구원 사회정의』, 한화룡 옮김, (한국기독학생회출판부).

Sell, C. M.91991), 『가정사역』, 양은순, 송헌복 역. 생명의 말씀사.

Stott John(1975). *Christion Mission in the Modern World.* Downers Grove, Intervarsity Press.

Watkins, D. (1994), *Christian social ministry: An introduction, Nashville,* TN: Broadman & Holman Publishers.

Wilensky. Harold L. & Charles. N, (1985), *Inustrial Society and Social Welfaer.* N.Y : The Free Press.

Wright, T.(2000), Resisting homelessness: Global, national, and local solutions, *Contemporary Sociology*, 29(1), 27-43.

♣ 인터넷

국민건강보험공단 http://dns.paran.com
국민연금관리공단 http://www.nps.or.kr
국제노동기구 http://www.ilo.org
노동부 http://www.molab.go.kr
보건복지가족부 http://www.mw.go.kr
여성부 http://www.mogef.go.kr
통계청 http://www.nso.go.kr
한국보건사회연구원 http://www.kihasa.re.kr
한국생명학연구원 http://www.oikozoe.or.kr
한국성폭력상담소 http://www.sisters.or.kr
한국여성개발원 http://www.kwdi.re.kr/index.jsp
한국여성노동연구소 http://kiwlr.org
한국기독교사회복지협의회 http://www.kcsw.or.kr

찾아보기

인명 찾아보기

주제 찾아보기

ㄱ

ㅂ

ㅅ

ㅇ

ㅈ

저자 소개

이 정 서

I. 학력

– 신학 –

· 안양대학교 신학대학
· 안양대학교 신학대학원 석사(실천신학 전공)
· 아세아연합신학 대학원 석사(선교학 전공)
· 미국 Fuller Theological Seminary 박사(선교 전공)

– 사회복지 –

· 단국대학교 행정대학원 석사(사회복지학과 . 사회복지 전공, 사회복지사 1급)
· 서울기독대학교 대학원 박사(기독교사회복지전공)

II. 경력

· 전 한국복지신문사 논설위원
· 전, 안양대학교 신학대학원 교수
· 전, 대한신학대학원대학교 사회복지 · 선교학 주임교수, 사회교육원장
· 현, 한영신학대학교 교수

III. 저서 및 논문

· 사회복지학개론(유풍출판사)
· 한국사회복지정책론(청목출판사)
· 기독교와 사회복지(범론사)
· 재가노인복지론(유풍출판사)
· 사회봉사와 신학입문(은혜출판사)
· 가족치료와 상담(은혜출판사)
· 21세기 교정 복지의 방향으로서 선교활동방향과 전략 외 다수

기독교사회복지와 사회선교

2009년 2월 20일 1판 1쇄 인쇄
2009년 2월 25일 1판 1쇄 발행

저 자 : 이 정 서
발행인 : 김 동 규
발행처 : 교육과학사

경기도 파주시 교하읍 문발리
파주출판문화정보산업단지 514-5
전화 (031) 955-6956 ~ 8 / FAX (031) 955-6037
Home-page : www.kyoyookbook.co.kr
E-mail : kyoyook@chol.com
등록 : 1970년 5월 18일 제2-73호

Printed in Korea.

정가 14,000 원
ISBN 978-89-254-0264-2